周期真实义

4

周金涛 —————— 著

中信出版集团 | 北京

图书在版编目（CIP）数据

周期真实义 . 4 / 周金涛著 . -- 北京：中信出版社，
2025. 1. -- ISBN 978-7-5217-7032-2

Ⅰ. F014.8

中国国家版本馆 CIP 数据核字第 2024WH0658 号

周期真实义 4
著　者：　　周金涛
出版发行：中信出版集团股份有限公司
　　　　　（北京市朝阳区东三环北路 27 号嘉铭中心　邮编　100020）
承印者：　　北京启航东方印刷有限公司

开本：787mm×1092mm　1/16　　印张：20.25　　字数：304 千字
版次：2025 年 1 月第 1 版　　　　印次：2025 年 1 月第 1 次印刷
书号：ISBN 978-7-5217-7032-2
定价：138.00 元

版权所有·侵权必究
如有印刷、装订问题，本公司负责调换。
服务热线：400-600-8099
投稿邮箱：author@citicpub.com

目录

[第六章]
宿命与反抗

33　2016 年：为资源而战　　　　　　　　　003

34　宿命与反抗　　　　　　　　　　　　　009
　　——未来三年全球周期和大类资产配置

35　中国经济即将触底　　　　　　　　　　080
　　——以产能周期和库存周期的逻辑

[第七章]
周期真实义

36　2016 年：论资源的持久战　　　　　　 161

37　过程与系统：周期真实义（一）　　　　164

38　周期即人性：周期真实义（二）　　　　169

39	周期需要更淡定：周期真实义（三）	173
40	再轮回与再平衡	178
	——2016年全球周期和大类资产配置框架	
41	反抗低点已现 宿命滞胀复来	253
	——继续为资源而战	
42	弱需求下的价格修复	278
	——大宗商品主升段的逻辑及节奏	

后记 / 周允元　　　　　　　　　　315

[第六章]

宿命与反抗

33　2016年：为资源而战

- 2015年11月30日

宿命与反抗

关于2016年的全球经济格局,首先要在我们的报告《宿命与反抗》的框架下进行分析,全球经济未来四年可能处于下行期,各国之间的博弈能够改变的只是走向结果的过程。2015年之后,我们注定要在经济分析的框架中加入很多博弈和国际政治的因素,这是中周期回落的结果,也是康波衰退向萧条转换的宿命。所以,2016年的变数只在于反抗中的过程变数,而不在于宿命。

全球因资源而分裂

2015年是全球中周期的转折点,货币宽松和增长都达到边际高点,而此时的资产价格却严重分裂，股债泡沫和大宗商品暴跌并存，这种分裂实际上说明，世界经济的复苏极其脆弱，主导国美国、欧洲各发达国家和追赶国中国都从低资源价格、高资产价格中获益，但资源国却被压制到最低点，如此下去，整个系统必将变得不稳定。这是当前全球经济中的核心风险，也是我们分析2016年的根本出发点。

中周期高点之后，全球一定会显露出分裂之相：一方面，对资源国的压制必将导致其反抗，俄罗斯必将为寻求能源的定价权而努力；另一方面，美国复苏已经走到高点，如何既维护美元本位又维护复苏势头是美国的核心诉求，美国的核心风险是资产价格；而对中国来讲，产能周期的持续回落已经开始显现出明显的负面影响，如何维持经济稳定，为人民币国际化和"一带一路"推进争取空间是中国的核心诉求，这就是世界经济的大格局。

资源国需要逆袭

在这个大利益格局下分析2016年的世界经济要从两个角度出发。第一个角度是我们刚刚提出的分裂。第二个角度是逆袭，2016年与2015年经济背景的不同在于，2015年全球都处于第二库存周期下行阶段，这也是导致资源国被压制到极限的周期因素。而2016年，中国将展开第三库存周期复苏，这是对原有趋势的修正，系统的崩溃总是要经历一个反复的过程，而2016年恰好就是这个逆袭阶段。

2016年：在分裂的状态中把握逆袭

欧盟、美国、中国、俄罗斯自身有不同的利益和状态，但2016年它们有共同的利益，那就是为延续复苏成果而努力，因而，在分裂和逆袭中各方都有相互妥协的要求。在周期回落的过程中，随着各国实力的减弱，它们更注重自我保护，从而使全球走向分裂，这是大趋势。但各国各自的利益诉求如果得不到协调，就很难实现，主导国需要给资源国一次逆袭的机会，以防止系统崩溃。所以，2016年的分析框架是在分裂的框架中把握逆袭的机会，而这需要各个国家间的政策协调。

主导国的宽松与变数

美国作为世界经济的主导国，也是当前复苏的核心力量，其核心诉求是在中周期回落的过程中尽量维持复苏的可持续性，而美国在复苏中最明显也是其最脆弱的环节，就是其资产价格。在流动性主导的复苏中，劳动生产率的提高是有限的，而在如此低迷的商品价格背景下，固定资产投资也是不可持续的。所以，美国的股市和债市一定存在泡沫，这是其最脆弱的一面。从这个角度看，加息只是权宜之计，不可能存在加息周期，美国的货币政策大方向依然是宽松，只不过这种宽松的效果越来越弱。因此，在12月之后，美元暂时不会出现持续强势的基础，只会因欧洲发达国家和日本的短周期回落或者持续宽松而走强，我们判断这将在2016年中期发生。

2016年欧洲本来就处于库存周期的回落阶段，巴黎事件可能会使这个进程雪上加霜。从经济的角度看，欧洲需要进一步宽松的过程；从政治的角度看，巴黎恐怖袭击可能会促使欧洲提高介入中东地缘纷争的速度和深度，加快石油欧元战略实施的步伐和进度。但欧洲的最终诉求应该是维持统一和稳定，从这个意义上看，欧洲2016年的格局仍属于低位自保。

中国作为世界经济的追赶国，人民币国际化和"一带一路"是其对外的核心诉求。但就2016年来说，中国的核心诉求是国内经济的企稳反弹，这既是经济周期自然运动的要求，也是国内社会稳定的要求，货币宽松和财政政策持续发力都是不可避免的。巧合的是，周期的运行达到了第二库存周期底部，2016年中国将出现第三库存周期反弹。2015年，汇率和资产价格的波动给人留下了深刻的印象，在人民币加入SDR（特别提款权）之后，货币政策和汇率政策的均衡显得更加重要，但是正像我们所说的，2015年不过是在货币宽松的背景下维持汇率的稳定，这显然与通缩的背景有关。而2016年，一旦如我们所判断的库存周期出现反弹，通缩的预期就可能达到边际高点。此时，货币政策的预期可能发生相应变化，这有可能在2016年上半年发生。这种状况是否会引发资产价格波动，从而波及汇率稳定，可能是2016年的核心不确定性。

资源已经成为国际利益分配的焦点

以俄罗斯为代表的资源国，在过去四年的资源熊市中不断式微，汇率和资产价格都遭受重创，这迫使俄罗斯必须为获得资源的定价权而努力。而2016年是第三库存周期的开启之年，能不能在这个时刻稳住商品价格将是一个重要的转折点。我们前面提出，在过去的几年中，资源国的式微和主导国的获益，核心都源于商品价格的熊市，所以，2016年的国际博弈，核心应当是围绕商品价格展开的。资源国必然在获得资源定价权上有所作为，因而，商品价格将是2016年的最大赌注。当前已经迫近商品价格调整的极限，我们可以相信，如果2016年上半年价格持续处于跌势，外围资源国将依次发生系统性风险，从而2016年第一季度开始，资源价格将是资产价格的核心问题，资源已经成为国际利益分配的焦点。

资源价格如何博弈，总结成三句话：供需看中国，货币本位看美国，地缘看中东。这里的核心博弈是国际货币体系问题，美国虽然实力在减弱，但仍要维持美元体系，而中国、欧洲主要发达国家，甚至俄罗斯在这方面都有诉求，石油美元问题更是问题的核心。现在看来，国际货币体系的核心问题将出现在资源定价上。

2016 年：要资源还是要军工？

现在看 2016 年的投资，宽松依然是不变的货币环境，只不过宽松的预期不一样。2015 年，我们即使看到资源价格的反弹，也是预期通货紧缩。但 2016 年，资源上涨可能带来的是通胀预期，这是一个非常关键的区别。所以资源触底点十分关键，大宗商品价格反弹和中国库存周期触底如果在同一时刻发生，则发生在第一季度概率较大。而从美元周期来看，2016 年欧洲短周期将惯性下滑，欧洲量化宽松仍有必要，而第二季度日本同样存在宽松的可能。从这些角度看，整个第二季度将是美元变化期，也有可能是流动性变局期。所以，比较理性的状态是第一季度大宗商品价格触底，第二季度后美元偏强，中国复苏有待确认，大宗商品底部也需确认，2016 年第一季度是一个核心博弈点。2015 年已经把资源国逼到死角，如果 2016 年第一季度大宗商品价格不触底，那就会是另外一番景象，那时国际政治博弈将对资产价格产生巨大影响，可能会超出经济分析逻辑。对于 2016 年而言，宏观对冲的首要问题就是要资源还是要军工。

中国：供给侧改革的实战意义

对中国而言，经济复苏也是一个两难问题，如果经济不复苏，则不能扭转持续通缩预期，这是一条深度伤害实体经济的路径。如果经济明确复苏，则会带来通胀预期，而全球的通胀预期可能带来美元强势和资产价格波动，危及中国的债务问题。所以，中性的出路是以供给侧改革稳定实体经济预期，但又不能以需求刺激引导通胀预期，这就是供给侧改革的实战意义。这样来看，最终被牺牲的依然是资源行业和资源国。

资源国的宿命

所以从康波衰退和萧条的规律来看，在康波向萧条转换的过程中，资源国的利益可能会受损，这就是宿命，2016年我们看到的不过是资源国在被牺牲的过程中如何反抗。这一点从国内来看，最终被牺牲的就是重化工业，这是历史的宿命，也是供给侧改革的必然。资源国的抗争，就是周期下降过程中库存周期的抗争，但这种抗争无法改变其宿命。

34　宿命与反抗

未来三年全球周期和大类资产配置

- 2015年9月25日

提要

"反危机"后全球中周期高点的确认——宽松逻辑的高点

2009年全球以流动性反危机开启新一轮中周期，2015年主导国美国已经表现出中周期中后段的特征：设备投资高点已现，逐渐向充分就业靠拢，收紧货币的预期等。美国中周期高点标志着全球进入本次中周期的高点，全球由中周期上升六年转为未来下降三年，康波衰退二次冲击的序幕已经开启。就资产配置的逻辑而言，宽松的逻辑结束，配置原则由攻转守。

中周期的未来——强美元周期下如何开启第三库存周期

就历史经验而言，未来一个较为确定的命题是，美国如何将自己的中周期向前推动，即展开第三库存周期。中周期中后段的流动性紧缩带来的强美元效应可能会明显冲击美国经济的基本面，在博弈与协作中，我们推测美元强势将明显弱于前两轮美元强势周期，这是全球框架下风险偏好可能回暖的重要看点。从康波和中周期的角度看，最终终结周期的力量是滞胀，2015年资本市场的表现已经是这种逻辑的预演，未来的关键点是在周期宿命中把握库存周期反抗的过程。

中期资产配置——大宗商品可能是资产价格的掘墓人

从中期资产配置的方向来看，利率债的配置价值逐渐向高点迈进，未来将受制于在利率低位下逐渐温和上行的价格因素。大宗商品价格将经历痛苦的筑底，未来会缓慢攀升，价格体系的回升将是全球风险偏好回升的重要边际变化。股市在去泡沫之后将会逐渐孕育新的结构性机会，我们要关注未来短周期上行期中出现的盈利改善。

短周期的节奏——全球短周期共振回落后，大宗商品将率先反弹

美国于2015年初开启的第二库存周期下行期会在2016年中期触底，第三库存周期将开启。欧洲在QE（量化宽松）下明显地延长了第二库存周期上行期，并于2016年稍晚于美国开启第三库存周期。中国2016年初将出现第三库存周期启动点，产能周期第一低点反弹和房地产周期B浪将共同成为第三库存周期的动力。这样的复苏节奏将决定短期内美元趋弱走势和大宗商品率先反弹。

短期资产配置——观察流动性约束改善，守望新一轮短周期开启

预期第三库存周期上行将维持4~6个季度，至2017年中期结束，这是未来三年最核心的机会。从战术上讲，这遵循着一种"债券—商品—权益"的运动路径。

未来的结束——2018年四周期共振低点的意义

2018年将是全球库存周期、中周期的共振低点，是康波由衰退向萧条的转换点，对中国而言，更是其房地产周期的低点。如何保全资产将是未来

的核心问题。

前言——垃圾时间后，全球周期运行的宿命与反抗

2015年6月，我们发表了《全球变局——关于三季度的大类资产配置和A股趋势》以及《二论全球变局——大类资产配置的垃圾时间》两篇报告，核心就是警示全球资产剧烈波动的可能性，而这种预感来自我们对世界经济周期的长期跟踪。2015年第二、第三季度以来，从大宗商品的反弹到德国国债被做空，从美联储的加息预期到A股异常波动，从人民币的贬值到全球陷入"恐慌模式"。流动性的冲击和连锁反应向我们展示了当前世界经济的结构性矛盾，而这种结构性矛盾正是世界康波周期运行至当前阶段理应出现的特征。就像我们在2014年10月《康波的二次衰退正在靠近》中提到的，以静态的收敛形态来看待经济的趋势一定会存在重大不确定性，此时是必须重新审视中长期资产配置的时间。

全球美元供给的收缩僵局本质上是旧的"共生模式"受到冲击，总需求不足导致增长乏力。在结构主义周期嵌套的指导思想下，我们还需要从问题的根源入手，对美国中周期的认识是重要的切入点。长度为8~10年的美国中周期，美国已经走过了近7年，从中周期表现出的特征来看，当前美国固定资产投资已经达到边际高点，并出现拐点特征，经济主要靠消费拉动，同时就业水平逐渐向充分就业靠近。对美国中周期的制约来自全球长波衰退期后半段的大周期位置，要素回报率的持续下降是其主要特征。主导国的中周期高点同时对应着全球经济中周期的高点。周期的变局点则决定了资产配置的变化。

自2009年的新中周期以来，全球经济主要经历了宽松主导下的资产配置逻辑，上半场是宽松刺激增长下的逻辑，下半场是宽松压低无风险收益率刺激风险资产价格的逻辑，而这两大逻辑分别运行在本次中周期的前两个短周期中。在宽松逻辑将风险资产价格推向高位后，全球中周期高点的确认使全球风险偏好出现收缩，从而出现了风险资产的回落。由于美元的主权货币

和世界货币属性，美国的货币政策选择陷入矛盾和纠结，未来三年，我们将与过去六年有着不一样的投资逻辑。

预测未来的关键点在于对大概率事件的判断，以及在这个基础上对不确定事件的跟踪和观察。就历史经验而言，未来一个较为确定的命题是，美国如何向前推动自己的中周期。逐渐接近充分就业的中周期的中后阶段，美国出现就业增速高位震荡或回落之际，往往是第二库存周期的中后段，此后美国仍然可以开启第三库存周期，只不过中周期特质的不同决定了第三库存周期在强度和时间长度上也有较大的差异。此次的美元强周期本质上是美国房地产周期对其消费经济的推动，而本次中周期的强度使得强美元效应不可避免地对经济基本面造成冲击，美国将试图通过降低货币政策收紧带来的强美元溢出效应，在政策取向上选择一条明显弱于前两轮美元强周期的美元升值路径，而这是全球框架下风险偏好可能回暖的重要看点。

在这样的中期框架下，把握未来短周期运行节奏显得格外重要。我们首先会观察到全球流动性约束在一种合作和协商的机制下得到缓解，从而在中周期层面避免真正的金融危机和经济危机提前到来。在这样的背景下，全球第三季度开始经历的调整虽然具有中长期的拐点意义，但仍是短周期级别的回调，风险偏好的收缩更多是在等待短周期有效的底部。在这个过程中，探索2016年开启的新的短周期意义重大，未来我们需要探索在中周期剩余时间里短周期的动力问题。对中国而言，未来几个季度将是底部探明的煎熬期，在持续去产能和财政货币政策双宽松与改革深化下，传统产业能否在低位找到弹性，新兴产业能否继续提供调结构的动力，决定着新的短周期弹性和高景气度的方向。世界和中国的大类资产配置，都是在大周期运行的宿命下艰难地寻求反抗。

"反危机"后全球中周期高点的确认
——宽松逻辑的高点

未来全球市场的大类资产配置，首先要从主导国美国为期 8～10 年的经济周期（朱格拉周期）入手进行周期位置的确认，从而确定在当前经济周期位置美国经济的特质以及对全球经济的影响。进入2015年后，美国已经逐渐表现出中周期后半段的特质，固定资产投资已经出现高点，经济表现为消费拉动，同时逐渐向充分就业迈进。全球在2015年第二、第三季度之前的资产配置都围绕着宽松展开，各个国家宽松的节奏有差异但是殊途同归，在"债务—通缩"的困扰下，通过压低无风险收益率推高资产价格是唯一的选择。但是随着资产价格的走高以及世界经济周期的运行，宽松的逻辑在2015年第二、第三季度达到边际高点。这是大类资产配置的一个核心变化。

美国中周期——迈入朱格拉周期中后段的消费推动阶段

再工业化后固定资产投资的边际高点

从固定资产投资占比的角度可以看到，从2014年第四季度到2015年第一、第二季度，美国固定资产投资占比已经开始掉头向下。中周期的时间一般为8~10年，具体的时间长度和中周期所处的康波周期以及本国的房地产周期的位置有关，但是从时间维度来讲，从2009年周期启动开始，美国本次中周期已经走过了7年，我们完全有理由相信，当前已经是中周期中后期。同时，从中周期特征的历史规律看，美国当前的消费以及就业情况具备中周期中后期的特质（见图34-1）。

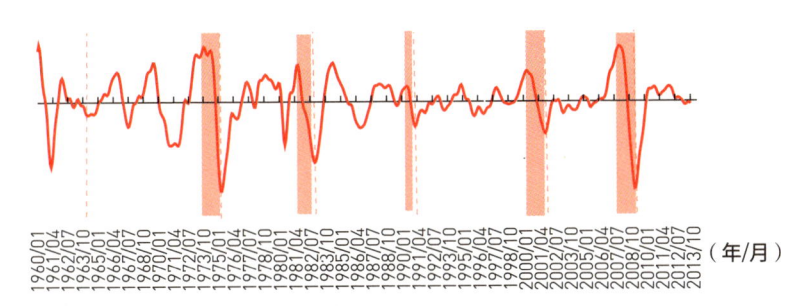

图34-1 美国中周期中的波动

数据来源：中信建投证券研究发展部。

进入 2014 年第四季度后,固定资产投资占比出现了高点,这是朱格拉周期高点标志的预警,美元强势和全球通缩冲击了美国的页岩油革命,相应产业岌岌可危,"再工业化"的高峰已过。从中周期的形态来看,高点已经出现(见图 34-2)。因此,当前阶段的美国中周期主要依靠消费的拉动向前推进。历史经验显示,美国消费支出的良好表现主要缘于美国的实际收入增长情况依然良好,这很大程度上得益于通胀的下降以及就业市场的良好态势(见图 34-3、图 34-4)。在没有明显的减税政策的支持下(如 20 世纪 80 年代的里根政府和 2003 年后的布什政府),实际收入增速和就业增速几乎解释了全部的消费支出增速。加息预期预示着通缩的低点出现预期增强,而从工资时薪和就业市场来看,当前处于维持和略回落的状态,而不是扩张状态。中周期后期的特质已经非常明显。

图 34-2 从固定资产投资的角度可以看到美国中周期已经跨过投资拉动的边际高点

数据来源:中信建投证券研究发展部。

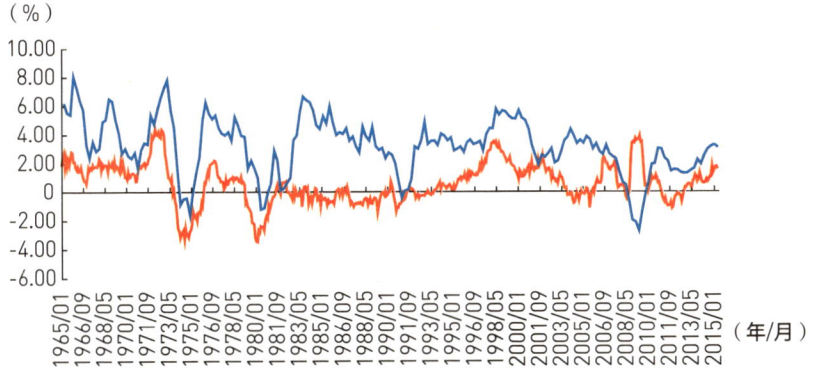

―― 实际平均单位时间收入同比增速　　―― 美国:不变价:折年数:个人消费支出:季调:同比

图 34-3　美国的实际收入同比增速回升支撑了美国消费支出的上行

数据来源：中信建投证券研究发展部。

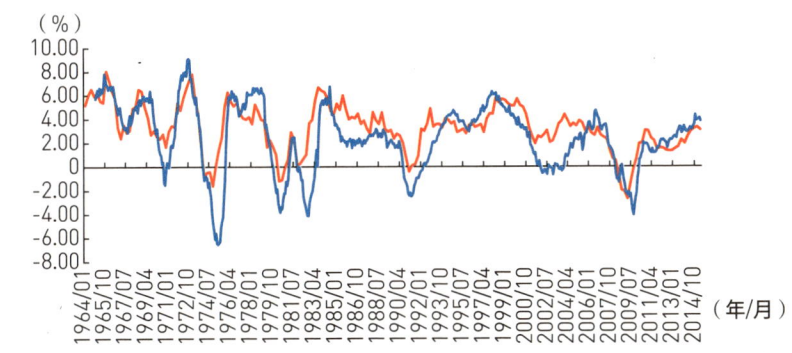

―― 美国:不变价:折年数:个人消费支出:季调:同比　　―― 实际收入增速与就业增长之和

图 34-4　美国的实际收入同比增速和经济增长基本解释了美国消费支出的上行

数据来源：中信建投证券研究发展部。

周期动力的接力——新房地产周期对中周期的支撑

美国的房地产大周期经过四年左右的调整，于 2011—2012 年开启了新周期，2014 年房地产周期有良好的回升。美国 18 年左右的大房地产周期与人口结构、经济周期及货币政策等因素都有着密切的关系。而人口结构是核心基本面驱动因素，首次置业周期（人口出生数滞后 27 年）和二次置业周期（人口出生数滞后 42 年）共同决定了房地产的潜在需求。1975—1992

年的房地产周期上行期是由置业人口不断攀升推动的房地产周期上行，而1993—2011年的房地产周期上行期则是在置业需求平稳的背景下由宽松的利率和繁荣的经济推动的。2013—2014年以来，置业需求的回升决定了美国房地产基本面较为健康（见图34-5至图34-8）。

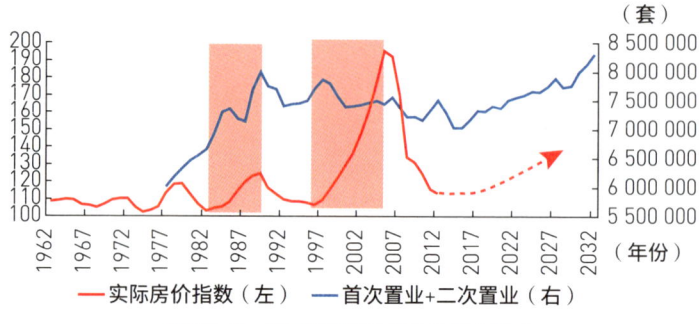

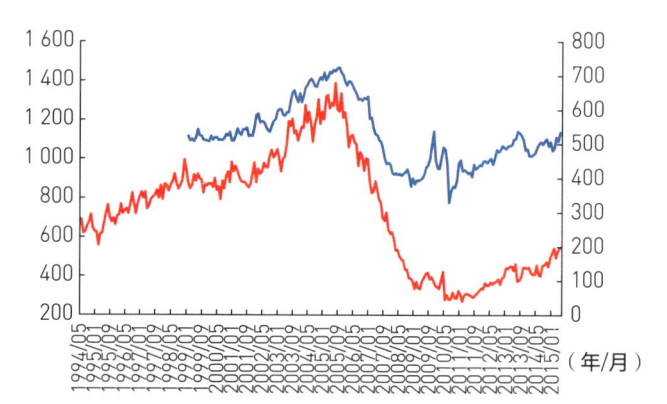

图 34-5　美国实际房价指数与置业需求

数据来源：中信建投证券研究发展部。

图 34-6　2014年以来美国住房销售情况

数据来源：中信建投证券研究发展部。

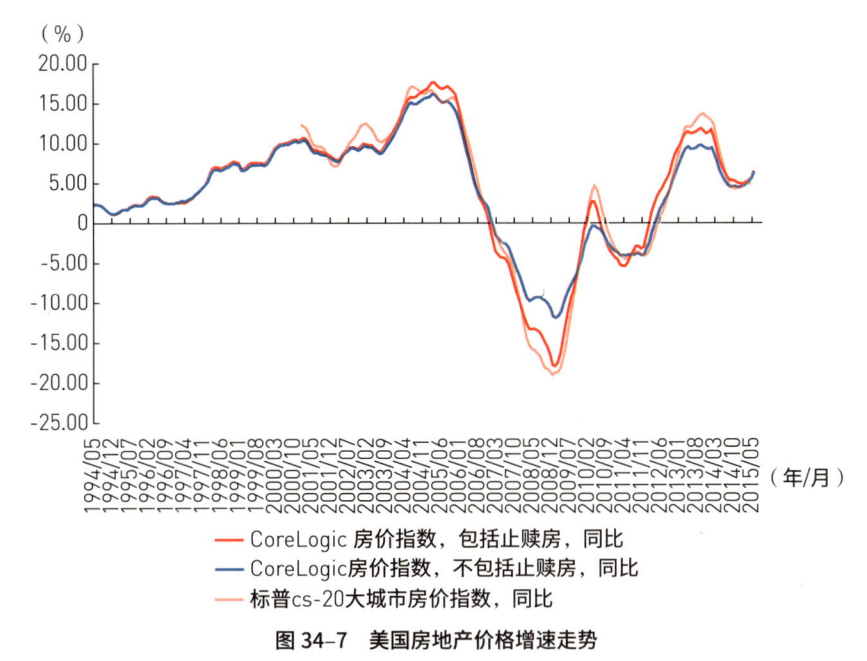

图 34-7　美国房地产价格增速走势

数据来源：中信建投证券研究发展部。

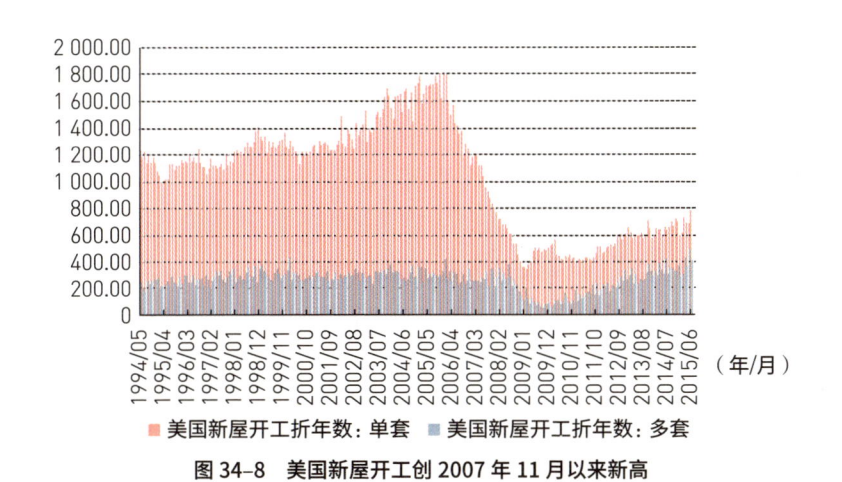

图 34-8　美国新屋开工创 2007 年 11 月以来新高

数据来源：中信建投证券研究发展部。

进入 2013 年，我们可以看到房地产数据的持续改善对推动美国短周期的上行有明显积极的作用。全美住宅建造商协会（NAHB）房地产市场指数在 8 月创出 10 年来的新高（见图 34-9）。新房和成屋的销售持续攀升，目前没有看到衰竭的迹象。在销售的带动下，新屋开工和营建许可不断创出新高，房价稳步攀升。整体来看，美国新开启的房地产周期可持续性较强，对美国经济增长的维持起到重要作用，稳步回升的资产价格通过财富效用形成的对美国消费支出的推动有着重要意义。因此从这个角度讲，美国自身的房地产周期对美国当前中周期的消费形成了较好的支撑。

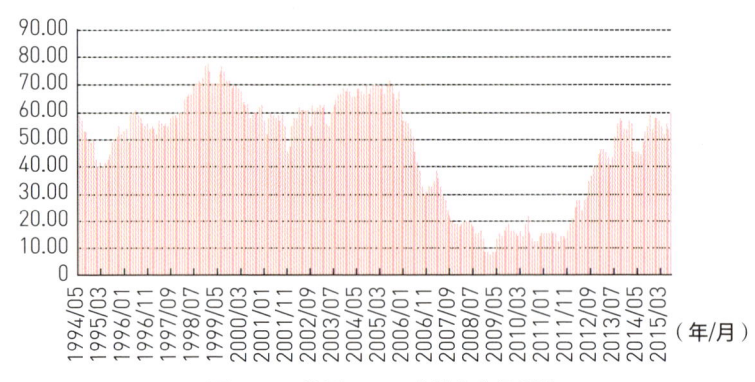

图 34-9　美国 NAHB 房地产市场指数

数据来源：中信建投证券研究发展部。

后金融危机时代的全球中周期高点已现

长波周期位置制约全球经济主导国的中周期强度

我们于 2005 年左右（美国经济增速的高点）进入了世界长波周期（康德拉季耶夫周期）的衰退期，之后一直在长波衰退期运行，并在衰退期拐点的 2~3 年后经历了 2008 年全球金融危机，在 2014 年经历了美元升值带给全球的二次冲击（见图 34-10、图 34-11）。可以说长波周期位置对当前美国的朱格拉周期一定会产生明显的抑制作用。

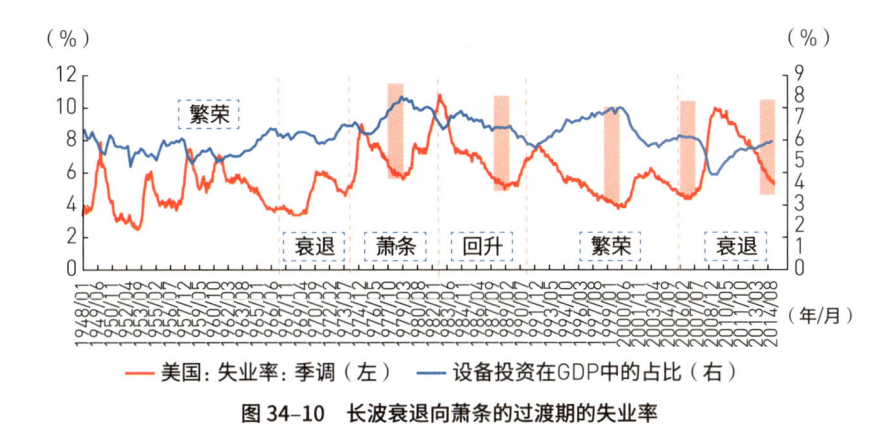

图 34-10 长波衰退向萧条的过渡期的失业率

数据来源：Wind 资讯，中信建投证券研究发展部。

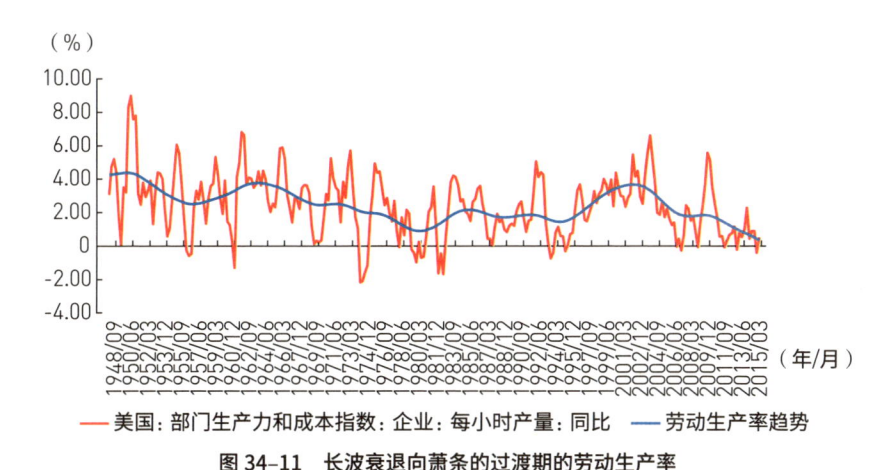

图 34-11 长波衰退向萧条的过渡期的劳动生产率

数据来源：Wind 资讯，中信建投证券研究发展部。

第一个维度，对失业率下降极限的抑制。我们可以看到，长波周期在衰退到萧条阶段的中周期的失业率低点是逐渐抬高的，而长波周期在回升到繁荣阶段的中周期的失业率低点是逐渐降低的，因此当前中周期的失业率低点很难越过 4.4%（金融危机前）的低点（见图 34-12）。当然，目前 5.1% 的水平理论上还有一定的空间。第二个维度，对劳动生产率的认识，可以看到从长波的衰退到萧条阶段，劳动生产率不断下降；从长波的回升到繁荣阶段，劳动生产率不断上升。本次中周期以来，美国的劳动生产率不断走低，这可能会抑制名义工资的上涨。综合来讲，我们可以看到，长波周期通过抑制就业和工资的增长，从而抑制了消费的增长，也就是在当前的朱格拉周期位置阶段对美国的经济产生影响。

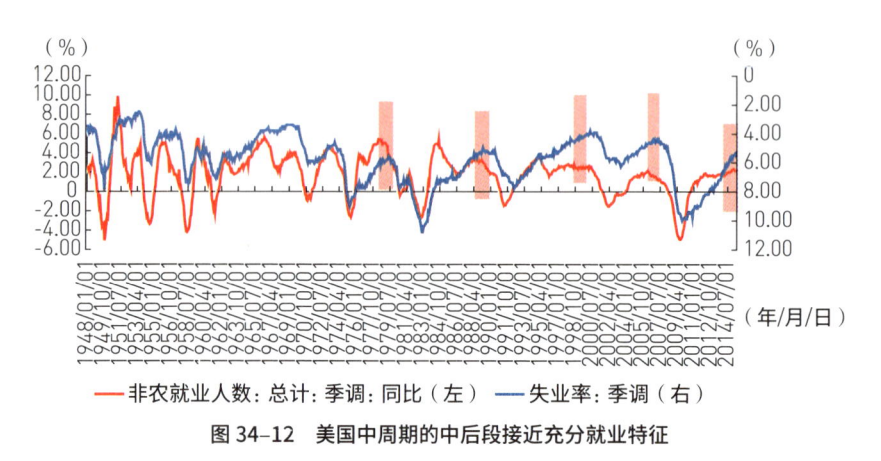

图 34-12　美国中周期的中后段接近充分就业特征

数据来源：Wind 资讯，中信建投证券研究发展部。

主导国中周期高点表明全球进入中周期后半段

当看到主导国美国已经大概率迈过中周期高点步入中周期的中后段时，需要明确的是，这意味着从全球中周期的角度看，我们已经迈进2009年开启的本次中周期的高点。对主导国而言，中周期的走势相对健康，但是主要受到全球长波周期的制约，包括人口、技术等多重因素。对发达经济体中的欧洲国家和日本而言，同样是体制和人口因素的制约使它们的改革和结构调整难以有力推进，通过货币对经济维持避免陷入通缩是当前的常态。

对中国而言，上一次中周期中增长的红利已经逐渐消失，产能利用率在2008年达到高点，随后一直下移。在2011年达到产能周期的高点后，中国经济一直处于去产能的增长中枢下移期。中国试图通过改革和转型寻求新的增长点，但显然，新的固定资产投资目前无法看到提振的因素（见图34-13）。其他发展中国家受到主要经济体需求下降的影响，也很难向前推进固定资产投资。因此可以判断，全球本次中周期的高点随着主导国中周期高点的出现已经确定出现（见图34-14、图34-15）。

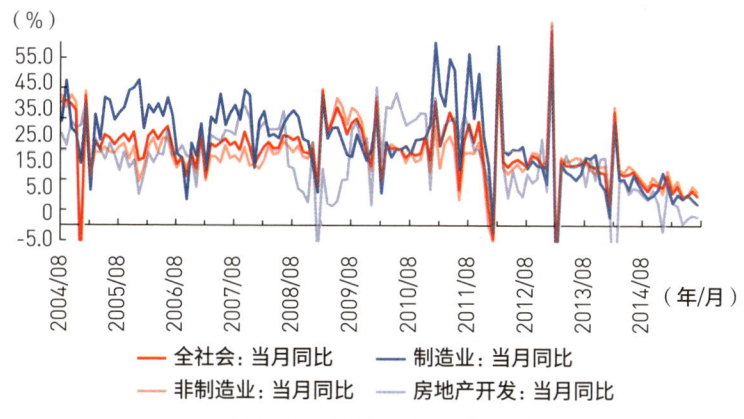

图 34-13　中国固定资产投资增速

数据来源：中信建投证券研究发展部。

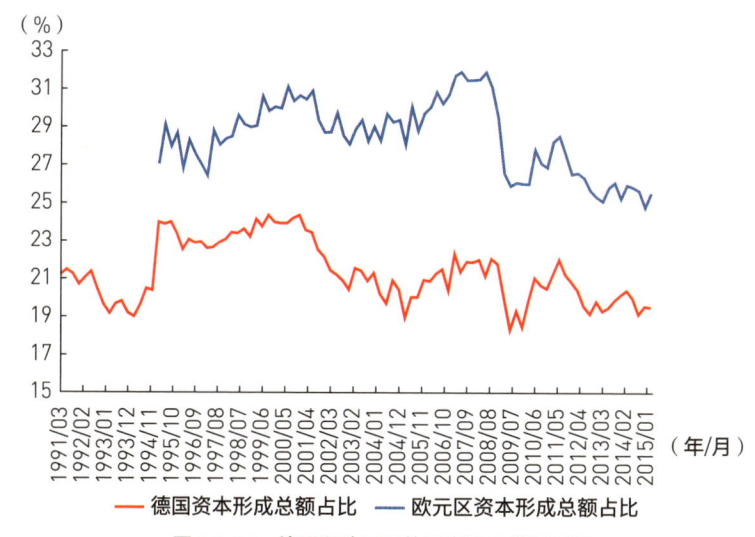

图 34-14　德国和欧元区的固定资产投资周期

数据来源：中信建投证券研究发展部。

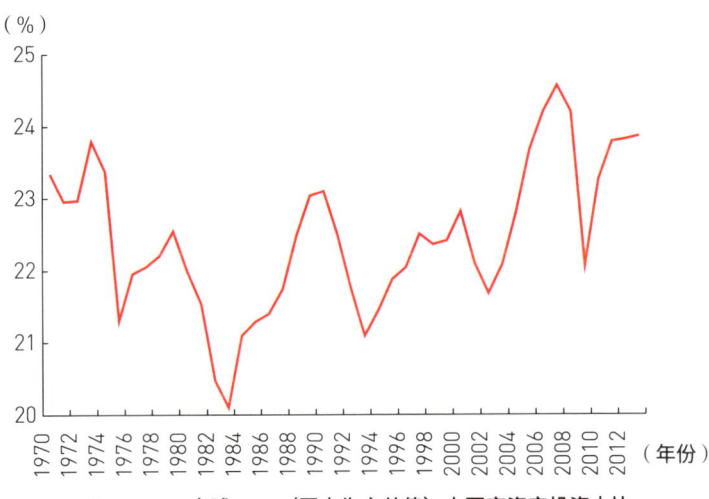

图 34-15　全球 GDP（国内生产总值）中固定资产投资占比

数据来源：中信建投证券研究发展部。

中周期高点前的全球资产配置——宽松主导

全球资产配置的上半场——宽松刺激增长下的大宗商品牛市

我们可以看到，在"反危机"出台后的六年里，世界经济资产配置的核心逻辑就是宽松，一切机会都来自宽松。在各国"反危机"政策竞相出台下，中国 4 万亿元刺激计划使其率先出现了周期的反弹。这个新中周期开启后的第一库存周期是对过去增长模式的重复，并将其推向极致，我们倾向于称它为"周期的复辟"。2008 年金融危机前，本次长波周期逐渐进入衰退期后，长波衰退期大宗商品价格的大幅波动符合规律。全球经济迎来了 2005—2008 年的大宗商品牛市，这本质上是全球经济共生模式与中国工业化加速的结果。

在 2009 年到 2011 年第二季度之间，"中国因素"再次引领全球需求，使全球大宗商品出现康波的二次头部。中国于 2011 年第二季度达到本次中周期高点后，全球大宗商品价格也就开启了熊市之旅。2009 年到 2011 年第二季度的股市反弹，也是围绕着"反危机"对经济的刺激而产生的经济周期的复苏而展开的。因此，新中周期上半场的资产配置是宽松刺激增长主导下的配置逻辑。

全球资产配置的下半场——宽松压低利率下的"股债双牛"

中国、欧洲等主要经济体见到了固定资产投资的高点后，全球大宗商品的回落之旅开启，全球大类资产配置的逻辑进入第二阶段。随着大宗商品价格的回落，全球开始逐渐享受成本红利，日本的安倍经济学与欧洲在2014年选择QE，以及中国2014年第四季度以后开启的全面降准降息通道，主要国家的资产配置核心，都是围绕着"需求不足，通胀走低，货币宽松"进行的。当中国的房地产周期在2014年初迎来了供需大拐点之后，固定投资和地产共振向下的短周期下行期让中国经济彻底进入"新常态"。2014年下半年以原油为代表的全球大宗商品的暴跌是短周期对长期供需错配的一次集中修正。中国向世界输出了"股债双牛"。

对发达国家而言，欧洲国家和日本都选择实施非常规货币政策，通过债券的购买，解决常规货币政策下的流动性陷阱问题。对日本而言，2012年下半年安倍经济学时期的量化宽松已经有了明显的效果，促进了2013年到2014年上半年的短周期回暖。而短周期的再度回落，让日本在2014年下半年资产负债表再度扩张。欧洲国家和日本这种货币主动宽松下的货币贬值，让它们都出现了无风险收益率下行的"股债双牛"。对发展中国家的制造国而言，最典型的例子就是印度和中国，通过央行下调基准利率，在改革和转型的预期下，它们同样迎来了"股债双牛"。由于经济基本面和大宗商品价格有着比较密切的关系，发展中国家的资源国在这种通货紧缩背景下容易产生货币贬值、资金外流与金融市场大幅下跌的场景，典型的例子是俄罗斯。

我们提出，进入2015年第二季度后，随着全球中周期高点的确定，全球资产配置已经进入新的变局点，我们需要重新梳理全球资产配置的新逻辑。对全球的债券资产来讲，持续的通货紧缩伴随着持续的货币宽松已经将收益率推到了极低的位置；对全球的股权资产来讲，无风险收益率的持续下降以及流动性的泛滥已经将股权的估值水平推到了泡沫化的高位。从另一个角度看，以全球股权资产为例，如果以2008年末作为金融危机后全球"反危机"的起始点，截至2015年第二、第三季度（中国股市异常波动）之后，全球主要资本市场（美国、欧洲、日本以及中国）指数的涨幅几乎完全一致，只是上涨路径有着明显的差异（见图 34-16 至图 34-23）。

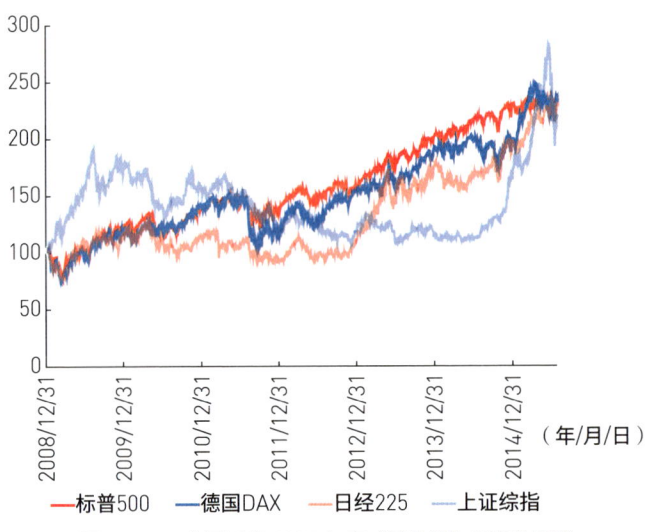

图 34-16　主要国家 2008 年底"反危机"以来的股指

数据来源：中信建投证券研究发展部。

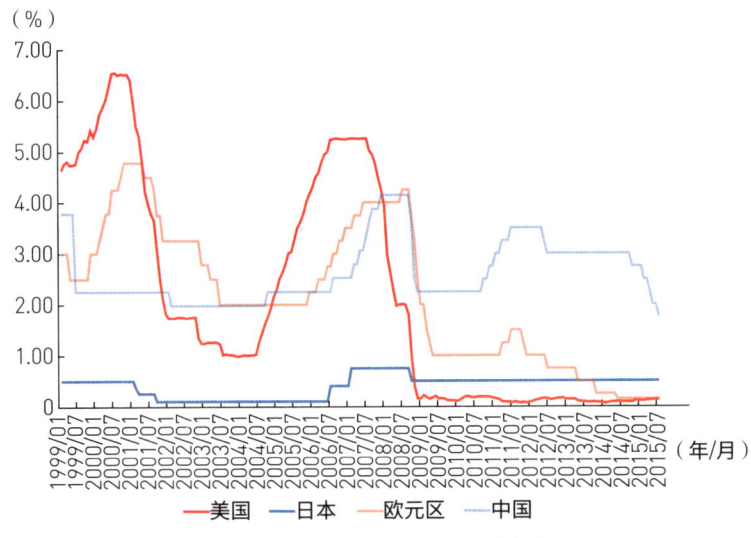

图 34-17　主要央行基准利率的变化

数据来源：中信建投证券研究发展部。

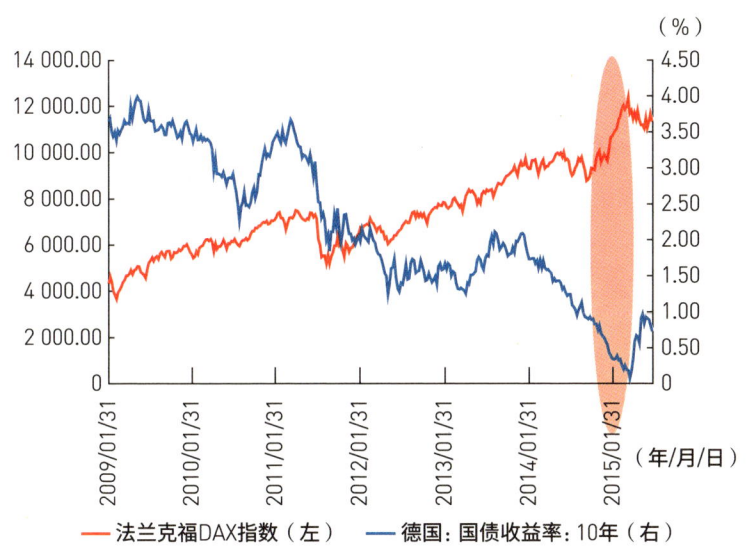

图 34-18　QE 后德国无风险收益率下行下的股债双牛

数据来源：Wind 资讯，中信建投证券研究发展部。

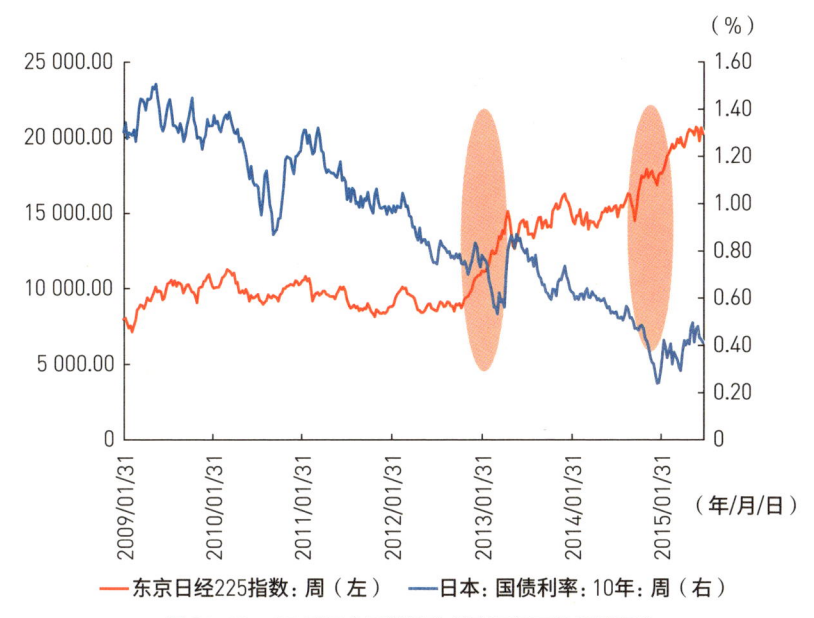

图 34-19　QE 后日本无风险收益率下行下的股债双牛

数据来源：Wind 资讯，中信建投证券研究发展部。

34　宿命与反抗　025

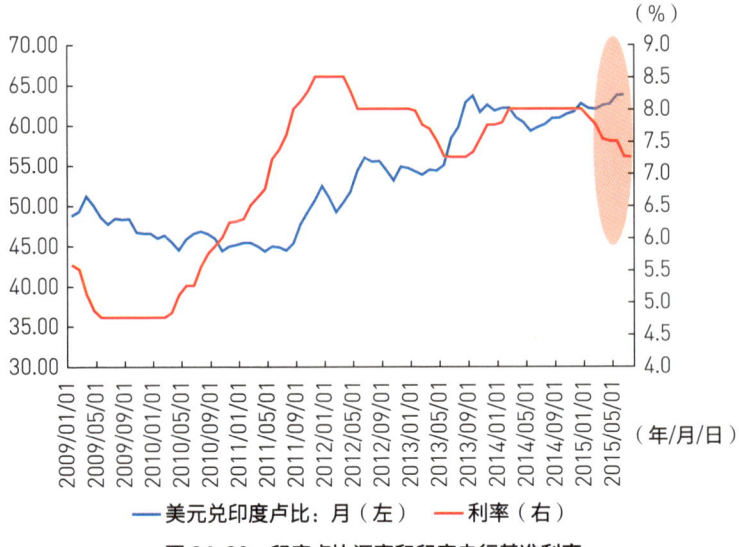

图 34-20 印度卢比汇率和印度央行基准利率

数据来源：Wind 资讯，中信建投证券研究发展部。

图 34-21 印度的"改革牛"——宽松下的"股债双牛"

数据来源：Wind 资讯，中信建投证券研究发展部。

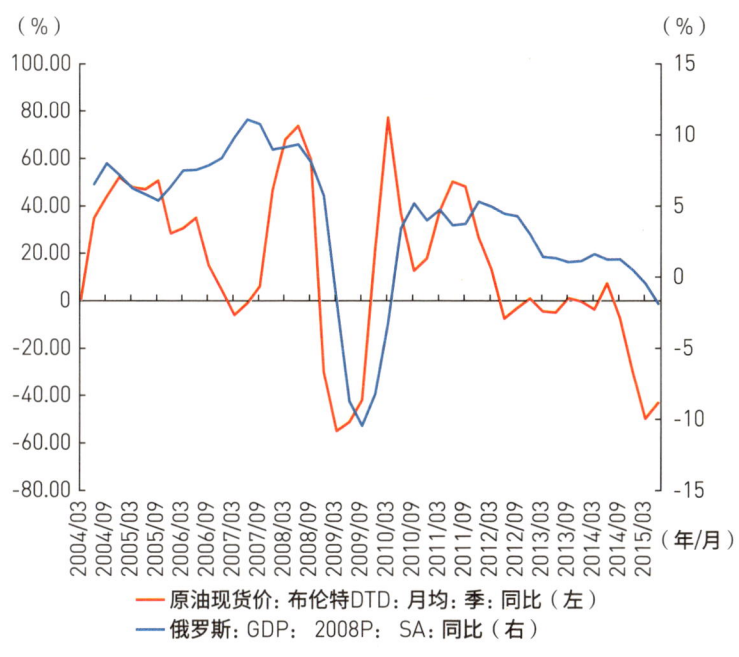

图 34-22 原油现货价和俄罗斯 GDP 同比增速

数据来源：中信建投证券研究发展部。

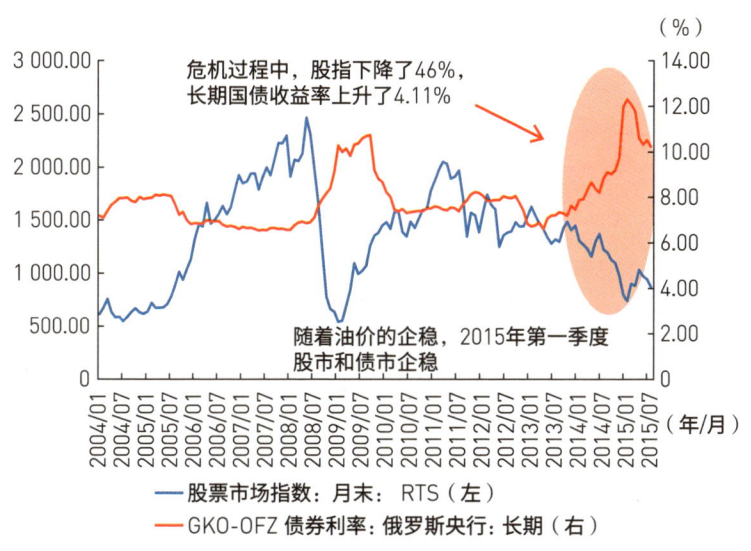

图 34-23 贬值期间俄罗斯股指大幅下挫，国债收益率大幅上行

数据来源：中信建投证券研究发展部。

34 宿命与反抗

小结：全球变局——资产配置的关键转折点

对长度为8~10年的美国中周期而言，美国已经走过了近7年，从中周期表现出的特征来看，当前美国固定资产投资占比已经达到了边际高点，并出现了拐点特征，经济主要靠消费拉动，同时就业水平逐渐向充分就业靠近。美国这一中周期的制约来自全球长波衰退期后半段的大周期位置，要素回报率的持续下降是主要特征。这个主导国的高点同时对应了全球经济中周期的高点。周期的变局点则决定了资产配置的变化。

自2009年新中周期以来，全球经济主要经历了宽松主导下的资产配置逻辑，无论是上半场宽松刺激增长下的逻辑，还是下半场宽松压低无风险收益率刺激风险资产价格的逻辑。在宽松逻辑将风险资产价格推向高位后，全球中周期高点的确认让全球风险偏好出现收缩，从而出现风险资产的回落，回落后全球资产的配置将会出现逻辑上的变化。中周期的变局意义在于资产配置逻辑的重塑。

中周期的未来——探索未来资产配置的原则

回顾过去，我们明确了全球中周期高点的意义，并明确了在高点之前全球资产的配置逻辑围绕着宽松的方向和节奏。展望未来，中周期剩余的时间之所以被称为全球变局，是因为全球经济运行出现了<u>方向上的不确定性</u>，发达国家继续通过宽松支撑实体经济是否还能起作用？美国会因为核心CPI（居民消费价格指数）的上升而走上货币政策的收紧之路吗？而这又会对全球经济和资本流动产生怎样的冲击？即便美国由于全球经济再次受到冲击而暂缓加息，人民币贬值后再次开启的全球货币宽松之旅能否再次提升或维持全球的风险偏好？而中国的改革和调结构的继续推进又将在怎样的全球周期背景下发生？我们需要做的是探讨中周期高点之后确定会发生的事情，并探讨这些确定会发生的事情如何以可能的情形展开，从而探讨未来资产配置的原则和方向。

总需求不足下"债务—通缩"到"走向滞胀"的跨越

全球总需求不足——债务—通缩的困扰

1932年,欧文·费雪在《繁荣与萧条》一书中首次提出了"债务—通货紧缩"理论。该理论认为,经济主体的过度负债和通货紧缩这两个因素会在正反馈中不断得到强化,从而导致经济衰退甚至引起严重的萧条。当前全球的大背景是长波周期衰退后半段的总需求不足,各个国家受到这种总需求不足背景下的通缩的困扰。以中国为例,债务占GDP的比重不断扩张,PPI(工业生产者出厂价格指数)超过50个月为负值,短期政策所选之路依然是通过债务置换再次使经济走上信贷扩张的加杠杆之路,但是这对经济触底回升的作用并不明显。对于采取量化宽松的发达经济体而言,虽然杠杆转移至中央银行可以重新让实体经济走向短周期扩张之路,但是结构性矛盾还是无法支撑全球总需求的有效回升。

"类滞胀"对流动性逻辑的冲击——从大宗商品价格反弹,德债下跌,再到A股异常波动

2014年下半年到2015年第一季度是"股债双牛"逻辑较为突出的时间段,从大宗商品价格体系来看,中周期甚至长周期中供需矛盾的修正集中体现在一个短周期的下行阶段。根据全球短周期运行的交错关系,欧洲和日本运行在2012年第四季度开启的短周期的上行期,在2014年第二季度显现出了疲弱回落之势,美国的短周期则开启于2013年7月,在2014年持续运行在上行通道中。同时,中国的短周期在2014年第一季度由于房地产周期拐点开启了下调之路。为了刺激疲弱的经济,欧洲国家和日本都走上了量化宽松之路,而美国则在逐步退出量化宽松后准备加息。从短周期的角度看,美国的短周期强于欧洲国家和日本,从货币的角度看,又有明显的分化。因此,2014—2015年的关键词就是美元升值与大宗商品暴跌下的"成本红利"。

"债务—通缩"的困扰本来就有推高资产价格的冲动,否则风险的暴露将是剧烈的。大宗商品剧烈下跌带来的成本红利可以推高股票资产价格的原

因，主要在于无风险利率有下降的空间，股权的估值有提升的空间。对发达经济体而言，通过量化宽松可以推动信贷的扩张并压低信用风险溢价。对中国而言，改革红利可以成为打开其增长想象空间的钥匙。这些才是股权繁荣的基础，也是风险偏好提升的基础。但"股债双牛"本质上还是全球流动性过剩背景下，风险偏好提升、资金持续流进风险资产而产生的结果。

欧洲国家和日本的量化宽松与美元的大幅升值一定会反作用于美国的短周期，包括出口的冲击以及对能源产业的冲击。从短周期运行规律的角度来讲，到2014年12月，美国的短周期已经上行了18个月，理论上会出现下行拐点。欧洲国家和日本量化宽松本身却从杠杆转移和压低利率的角度刺激了其信贷和经济。短周期从分化到收敛是2015年上半年的主要特征。美联储加息一再被延迟，美元指数出现阶段性高点，大宗商品的金融抑制因素被解除，价格触底。

"股债双牛"的格局来自大宗商品暴跌下利率的下行，在资产价格的高位会对货币政策的边际变化极为敏感，原油价格筑底后的向上突破完美地对接了德国国债的大幅下跌，之后德国国债和德国股市出现了高位震荡的局面，并与中国股市异常波动完美对接（见图34-24）。事实上，全球很多股票市场在第二季度见到了高点，本质上在于流动性的逻辑达到了边际高点。中国证监会清理配资更多是决定了股市调整的剧烈幅度，但是对趋势来讲，全球流动性变化的逻辑早已埋下了不稳定因子。同时，对"稳增长"压力加大的中国来讲，有限的流动性还增加了其实体经济的压力，更彰显了流动性逻辑的影响。

对宏观经济而言，我们确实担心的不是通胀，或者说"通胀"离我们还很遥远，一些局部大宗商品价格的提升掩盖不了总需求不足下通缩的事实，我们更应该担心的是债务金融风险和通缩下的衰退（见图34-25至图34-27）。但是这种"类滞胀"的逻辑更多地体现在风险资产运行的逻辑上，而不是我们对通货膨胀的真实感受上。总需求不足和宽松的泛滥是一枚硬币的两面，"股债双牛"阶段股票价格的反弹已经包含了宽松后的复苏逻辑，经济在微弱的复苏后风险资产的价格更多是担心流动性推动的不可持续性。没有增长的宽松，风险资产担心流动性的退出，从而对通胀——流动性的边际变化——极为敏感。这是"类滞胀"逻辑的精髓。

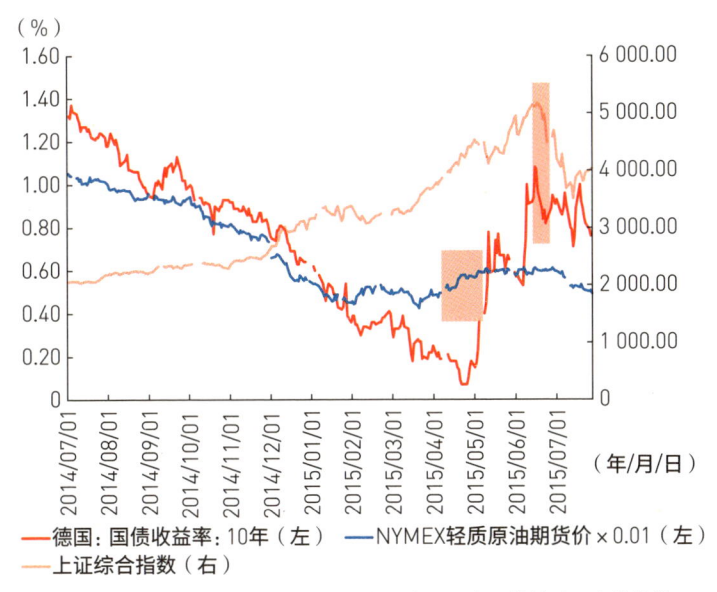

图 34-24 原油价格反弹，德债下跌与中国股市异常波动三者的衔接

数据来源：中信建投证券研究发展部。

图 34-25 美国 CPI 和核心 CPI 的偏离

数据来源：中信建投证券研究发展部。

34 宿命与反抗

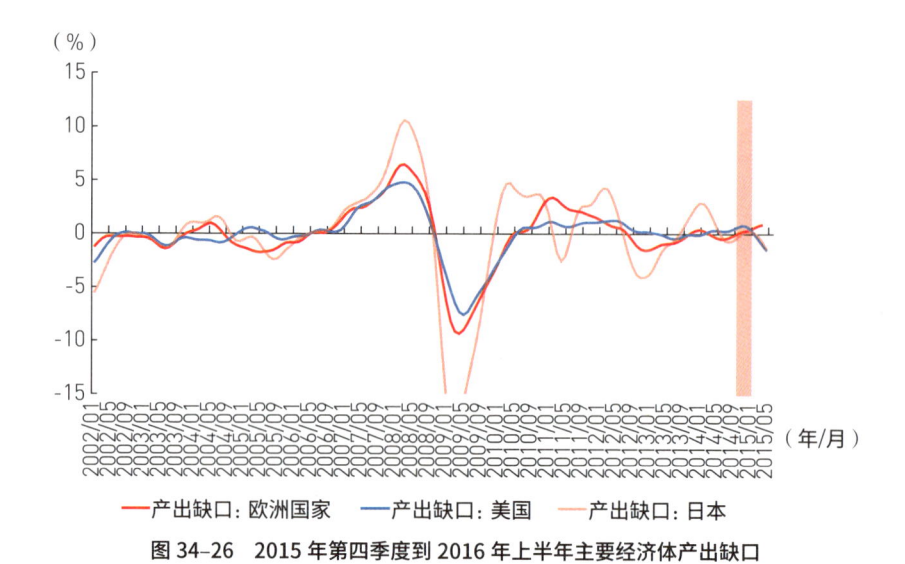

图 34-26 2015 年第四季度到 2016 年上半年主要经济体产出缺口

数据来源：中信建投证券研究发展部。

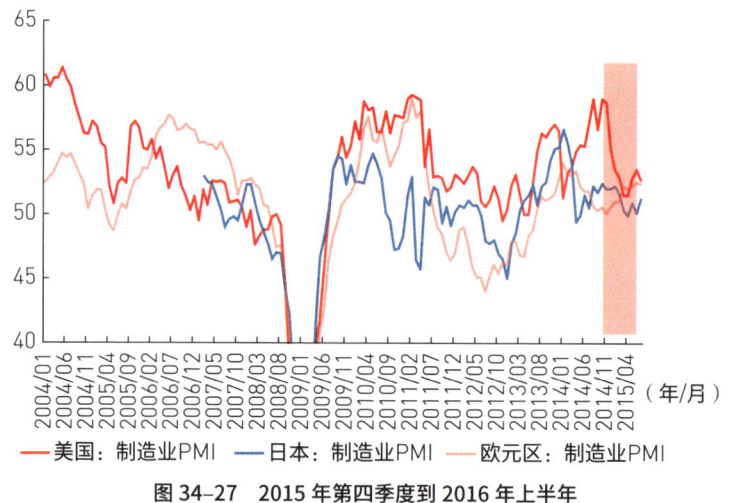

图 34-27 2015 年第四季度到 2016 年上半年
主要经济体 PMI（采购经理指数）

数据来源：中信建投证券研究发展部。

康波中价格的运动规律——走向滞胀

康波中价格的运动规律

我们曾在 2015 年初提出根据短周期的运动产生的大宗商品价格触底反弹，从而在第二季度有"拥抱资源"的逻辑。根据之前的论述，正是这种逻辑打通了资产价格上"走向滞胀"的通道。我们之前强调，在债务压力高企的背景下，各国仍然在走总量债务扩张之路，从而避免陷入萧条。在这样的背景下，各国都希望通过宽松的流动性维持资产价格的繁荣，以避免债务问题雪上加霜。长期的流动性宽松使资产价格达到了高位，股债对流动性的边际收敛已经极为敏感，德债和 A 股异常波动就是很好的例子。2015 年上半年，这些逻辑的演绎本质上暗含了未来资产价格市场繁荣的终结者——滞胀（见图 34-28）。

图 34-28　康波周期中的价格波动——从衰退到萧条的过渡期出现价格冲高回落

数据来源：中信建投证券研究发展部。

我们在大类资产配置研究系列《康波中的价格波动》一文中，从康波周期运行的规律探索了未来价格运行可能出现的路径。以我们对世界长波周期——康波周期运行的规律来看，中周期的危机产生的萧条将带领我们从康波衰退期走入康波萧条期。当前康波周期的位置是从衰退向萧条的过渡期的后半段，我们研究了康波周期中的价格波动问题，得出的结论是：

（1）康波的繁荣期百分之百是价格的平稳期；（2）康波的回升期三次中有两次价格平稳；（3）康波的衰退期价格百分之百剧烈波动；（4）康波的萧条期百分之百都是冲高回落。这个研究的意义在于，我们正处在衰退即将结束、向第五次康波萧条过渡的阶段，而当前全球都处于货币大量释放后的通缩阶段，康波的规律向我们预示，目前处于5年价格低点的概率非常高。

历史经验告诉我们，在走向康波萧条的过程中价格是冲高回落的，因此未来更应该研究的是价格上升的逻辑。这种滞胀的概念可能与我们对当前宏观环境的认知相悖，总需求不足的"通缩"环境更多是当前的状态。经济大周期本来就是对增长和价格之间运动关系问题的研究。这种长波衰退向萧条过渡的"滞胀"是相对的，即不管从大周期来看是通缩（比如20世纪二三十年代）还是通胀（比如20世纪六七十年代），都存在过渡期价格的冲高回落。而价格的冲高回落对经济的冲击是不同的，通胀的环境发生在经济过热之后，最终以严厉的紧缩冲击到总需求，从而造成实体经济的衰退。而通缩环境下无风险利率带动了资产价格的大幅上行，因此价格的上涨带来的紧缩效应最终会刺破风险资产的泡沫。这种刺破对"债务—通缩"冲击的结果将是痛苦的萧条，而这就是周期运动的本质。

总结——探讨价格回升的路径

根据长波中增长和价格的关系，长波的繁荣期经济更多地体现出"高增长、高通胀"的特质，衰退期更多地体现出"低增长、高通胀"的滞胀特质。从长波的繁荣期到衰退期，每个短周期都越来越体现出这种滞胀的特征。这种滞胀的特征在本次康波衰退期的前半段对实体经济产生了困扰，在后半段则对资产价格产生了困扰。从德债下跌到A股异常波动，再到美联储加息预期，整个过程都是未来这种"滞胀"刺破资产价格泡沫从而结束本次中周期的一个预演。

这更多是对未来情景的设想。回到现实，股权资产价格的繁荣或稳定对当今的债务风险化解有着重要意义，股权价格的回落将对应金融风险的积聚和经济的衰退。对经济而言，温和的通胀是受欢迎的，对提升风险偏好有重要的意义。如果全球资产价格去泡沫后不想马上陷入持久的衰退，那么我们更应该探讨的是价格温和回升的路径。

中周期未来的看点——第三库存周期开启

我们前面讲到，美国的中周期高点大概率会出现，因此未来一个确定性的命题是，美国如何向前推动自己的中周期。通过经验判断，当前处于中周期后半段的充分就业阶段。美国中周期后半段出现就业增速高位震荡或回落之际，往往是第二库存周期的中后段，此后美国仍然可以开启第三库存周期，只不过中周期特质的不同决定了第三库存周期的强度和时长。中国的第二库存周期自2014年1月开启调整期，到2015年第四季度已经运行了36个月，按照40个月左右的运行规律，2016年第三库存周期将开启；对欧洲国家和日本而言，其短周期同样将在2016年开启第三库存周期。因此，展望未来，全球中周期的确定性是会展开第三库存周期，而主导国美国如何展开第三库存周期将是这一问题的切入点。

探索第三库存周期的一般特征

从库存周期的规律来看，随着旧的中周期遭到系统性破坏和新的中周期的开启，第一库存周期表现出的特征是大量的货币被释放，产能利用率和生产效率从底部得到大幅提升（见图34-29至图34-31和表34-1、表34-2）。消费和投资都从萧条中恢复过来，最大的看点是投资的大幅增长。而第二库存周期和第一库存周期相比，货币释放的增长相对放缓，产能利用率已经恢复到较高水平，因此第二库存周期的产出弹性要高于第一库存周期，生产率的提升幅度不及第一库存周期，设备投资增长率也较第一库存周期有所下滑。总体来讲，第二库存周期是在第一库存周期产能利用率和产能扩张恢复的背景下实现产出扩张的过程。

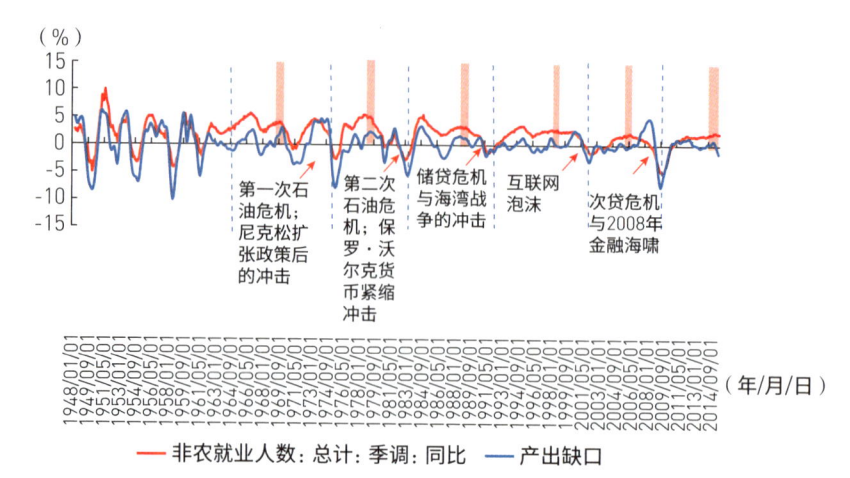

图 34-29 中周期后半段美国非农就业增速高位震荡或回落后的第三库存周期

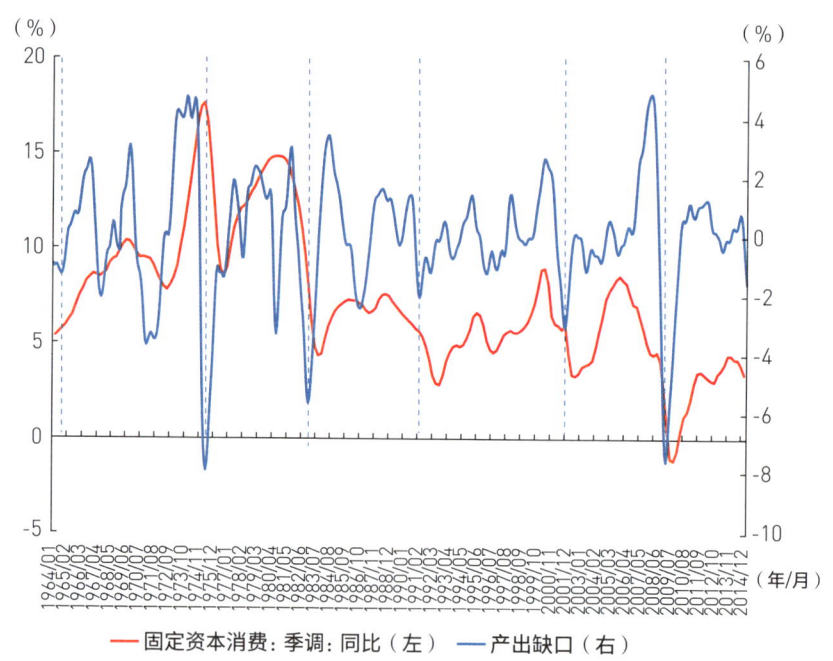

数据来源：中信建投证券研究发展部。

图 34-30 美国经济周期中的周期嵌套——中周期中的短周期

数据来源：中信建投证券研究发展部。

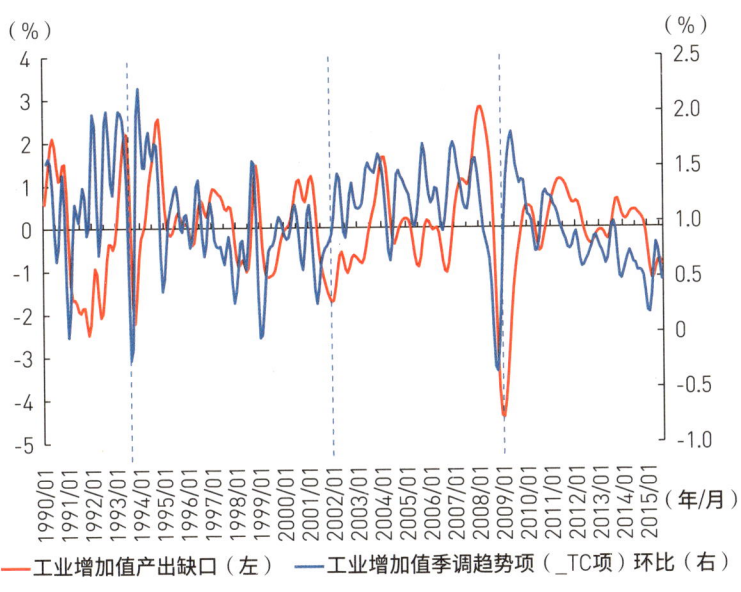

图 34-31 中国经济周期中的周期嵌套——中周期中的短周期

数据来源：中信建投证券研究发展部。

表 34-1 库存周期货币特征汇总（单位：%）

中周期起止时间	第一库存周期上升期			第二库存周期上升期			第三库存周期上升期		
	M1变化率	M2变化率	消费信贷变化率	M1变化率	M2变化率	消费信贷变化率	M1变化率	M2变化率	消费信贷变化率
1964年8月—1975年5月	8.24	14.32	22.13	12.47	13.96	19.72	21.11	34.13	41.10
1975年6月—1982年12月	12.32	25.55	21.92	6.56	6.26	15.19	6.94	8.50	5.07
1983年1月—1991年3月	12.47	12.47	20.57	9.40	8.37	8.61	2.99	3.50	2.72
1991年4月—2001年12月	36.58	4.75	25.08	-4.46	9.05	13.06	0.70	8.03	10.64
2002年1月—2009年5月	0.33	3.61	4.46	6.50	6.67	8.83	0.82	15.11	16.29
2009年6月—	37.45	18.27	9.28	12.60	7.54	8.65			
平均	17.90	13.16	17.24	7.18	8.64	12.34	6.51	13.86	15.16

数据来源：中信建投证券研究发展部。

表 34-2　库存周期产出特征汇总（单位：%）

中周期起止时间	第一库存周期上升期			第二库存周期上升期			第三库存周期上升期		
	产能利用率变化	每小时产量提高率	设备投资增长率	产能利用率变化	每小时产量提高率	设备投资增长率	产能利用率变化	每小时产量提高率	设备投资增长率
1964年8月—1975年5月	5.8	6.9	35.88	-0.02	4	24.25	11.81	8.31	30.86
1975年6月—1982年12月	14.1	5	36.93	4.73	2.54	17.13	2.4	3.57	14.59
1983年1月—1991年3月	13.2	5.6	26.26	6.38	1.64	6.45	-0.07	2.1	-4.02
1991年4月—2001年12月	9.3	7.6	38.92	2.53	4.31	14.12	-0.11	5.99	13.82
2002年1月—2009年5月	2.4	3.2	-3.95	5.58	5.92	15.79	-1.54	1.93	8.51
2009年6月—	16.8	5.2	48.28	3.24	0.64	9.98			
平均	10.27	5.58	30.39	3.74	3.18	14.62	2.50	4.38	12.752

数据来源：中信建投证券研究发展部。

到了第三库存周期，我们可以看到高流动性货币增长大幅放缓，但是由于存在虚拟经济繁荣下的消费扩张，所以消费信贷和货币乘数扩张超过了第二库存周期。这一阶段劳动生产率虽然较第二库存周期有所回升，但是产能利用率基本上已经达到饱和，扩张幅度已经非常小，设备投资增长率较第一库存周期进一步下滑。总结下来，对第三库存周期而言，由于处于中周期的中后段，货币政策收紧倾向下高流动性货币增速放缓，货币乘数依然处在扩张中，消费拉动支撑实体经济，投资拉动已经不是经济中的主要特征。第三库存周期虽有共性，但是各库存周期所处大周期不同，各周期的差异性也较大。

大周期的差异决定第三库存周期大类资产类别表现的差异

第三库存周期 CPI 指数和大宗商品指数涨幅远超第一和第二库存周期，体现了到中周期的中后段通胀上行的特征。国债收益率在第三库存周期的涨幅也最大，这也决定了第二库存周期上行期的股市主要由盈利增速推动。不同的第三库存周期开启的大周期背景不同,所以它们所对应的特征也有较大的差异。这些大周期主要包括地产周期、美元周期和康波周期。在我们的研究体系中,美国和其他主要国家房地产周期的差异又和美元周期有着密切的联系。从数据中可以看到,美元指数的强弱和房地产周期的阶段有着密切的联系。不同的第三库存周期所处的中周期所对应的康波周期的位置也有差异,按照"衰退、萧条、回升、繁荣"的顺序循环。总体来看,大周期的特征决定了第三库存周期资产配置的差异(见表34-3)。

表34-3 大周期的差异决定第三库存周期大类资产表现的差异

起止时间	国债收益率变化(%)	股票市场收益率(%)	估值变化率(%)	EPS变化率(%)	CPI指数变化率(%)	CRB现货指数变化率(%)	实际房价指数变化率(%)	地产大周期	美元指数变化率(%)	美元周期	康波长周期
1971年1月—1973年11月	7.85	0.08	-22.78	29.60	15.33	77.71	-4.60	下行		弱势	衰退
1980年8月—1981年8月	34.59	0.34	11.06	-9.65	10.80	-7.37	-3.93	上行	30.45	强势	萧条
1989年10月—1990年7月	5.74	4.64	10.83	-5.59	3.82	2.30	-2.34	下行	-9.45	弱势	回升
1999年1月—2000年5月	36.44	11.02	-6.89	19.24	4.38	-1.94	7.04	上行	17.10	强势	繁荣
2005年11月—2008年3月	-16.82	11.97	-7.05	20.46	8.06	59.45	-13.51	下行	-20.84	弱势	衰退
平均	13.56	5.61	-2.97	10.81	8.48	26.03	-3.47		4.32		

数据来源:中信建投证券研究发展部。

1971年1月至1973年11月进入康波衰退期后,尼克松政府采取了总需求管理的扩张经济政策,结果在1973年之后受到第一次石油危机的冲击——典型的康波二次冲击。在这一过程中,全球处于大幅成本输入型通货膨胀的环境,股票估值受到了高通胀的抑制,扩张的经济政策和产出使得名义EPS(每股收益)增速较高,股市整体并没有较高收益。此时美国房地产周期处于下行期,美元处于弱势周期。

1980年8月至1981年8月处于康波萧条期的末尾,保罗·沃尔克的高利率强势美元政策促进了美元回流美国。强势美元的政策冲击了高外债的拉美新兴市场国家,也使全球经济陷入衰退。这一阶段美国股市几乎走平,

EPS 增速回落，靠估值扩张支撑。强势美元造成了衰退的特征，也造成了通缩的环境。

1989 年 10 月至 1990 年 7 月处于康波回升期的后期，美国在 1985 年签订《广场协议》后，采取弱势美元的策略，当时的背景是日本出现泡沫经济与韩国、新加坡等经济体崛起，美国采取了产业重构和提升本国产品竞争力的策略。这一阶段是一个持续时间较短的偏弱的库存周期上行期，价格平稳，国债收益率小幅上涨，股市小幅上涨。美元周期和房地产周期下行。

1999 年 1 月至 2000 年 5 月处于康波的繁荣期，同时处于房地产周期上行期（即便互联网泡沫破灭，也未对房地产市场产生重大影响）。美元强势，冲击了新兴市场经济体。CPI 涨幅较小，大宗商品价格略有下跌，国债收益率涨幅较大，制约了股市的估值扩张。但是由于存在第三库存周期的虚拟经济繁荣，盈利大幅增长，推动股市上行。

2005 年 11 月至 2008 年 3 月世界经济刚刚进入康波衰退期，同时美国房地产周期高点已经显现，美国房地产贷款衍生品的虚拟经济繁荣支撑着消费经济。美元处于弱势状态，全球通货膨胀大幅上行，大宗商品价格大幅上涨。股票指数同样得到盈利扩张的支撑，国债收益率随着价格指数冲高回落。

探索未来第三库存周期的特征——在新一轮美元强周期中寻找线索

美国第三库存周期包括逐渐靠近充分就业、投资增速大幅放缓、经济主要靠消费拉动、高流动性货币收缩、货币乘数扩张、通胀上行等一般特征，基本上也就是中周期走到了中后期所体现的特征。不过，掌握了第三库存周期的一般特征还远不能做出大类资产配置，因为对大周期的判断至关重要。探索 2016 年美国新开启的第三库存周期的特质，先要从新一轮美元周期中寻找线索。

新的国际秩序框架——美元周期视角下的全球博弈

到目前为止，我们看到未来经济中较为确定的因素就是，可能会出现价格的筑底回升（康波周期和美国中周期的规律），以及中周期第三库存周期的开启（周期嵌套的实证研究）。但是在这个变局期，全球将出现很多不确定因素，这些不确定因素将围绕着世界秩序和大国博弈展开，相关的政策选择也决定了未来世界经济推进的方向：对中国而言就是如何推进改革和转型；对全球而言就是在美元强周期下，美国经济如何顺利地完成美联储资产负债表的修复，并维持自身的经济周期。探讨这些问题，需要从美元周期的本质入手。

美元牛市周期的本质——美国与其他主要经济体的对比

2013年筑底、2014年启动的美元新周期，让我们再次看到了6年左右强势、10年左右弱势的美元周期的轮回。在此之前，美元周期的轮回分别是：20世纪70年代的美元弱势行情（布雷顿森林体系崩溃后的美元弱势）；1980—1985年的美元牛市行情，1986—1994年的美元弱势行情；1995—2001年的美元牛市行情，2002—2013年的美元弱势行情。美元牛市的本质是：美国的经济增速或利率与主要经济体的差距对比支持美元的回流（见图34-32、图34-33）。

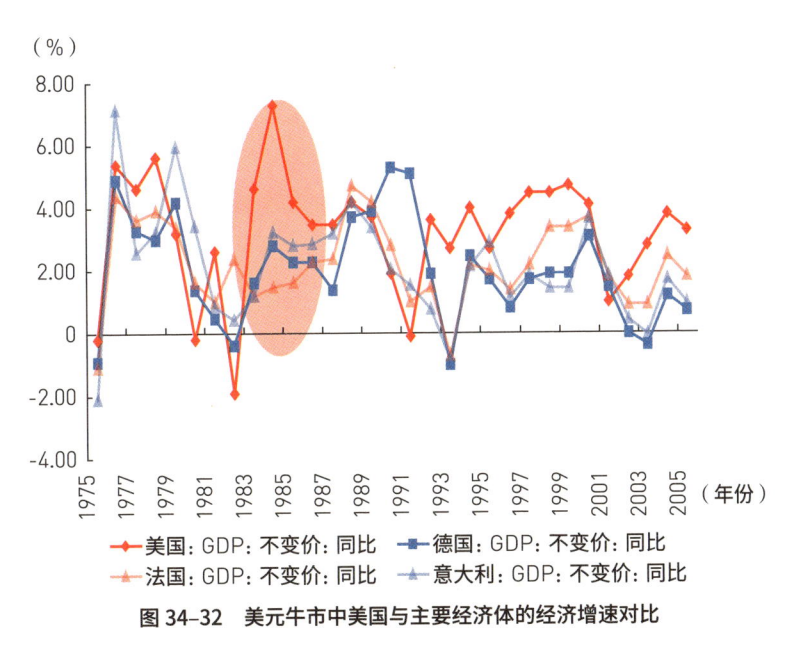

图34-32 美元牛市中美国与主要经济体的经济增速对比

数据来源：中信建投证券研究发展部。

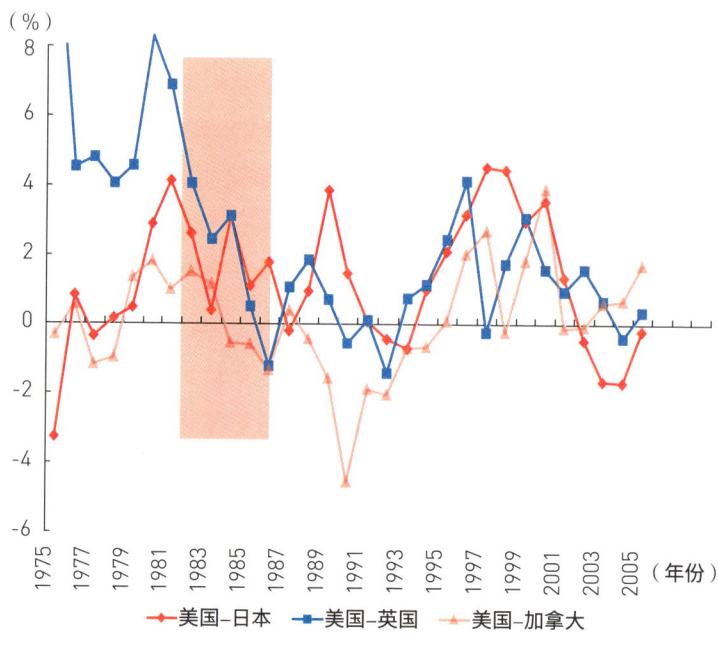

图 34-33 美元牛市中美国与主要经济体的利差对比

数据来源：中信建投证券研究发展部。

在第一轮美元牛市中，保罗·沃尔克强势收紧利率治理通胀使资本回流美国，里根经济学通过减税和市场化改革提振经济使得美国在第二次石油危机的冲击中得以率先恢复，经济增速差异和始终保持的利差使国际资本回流美国，支撑了美元强势。在第二轮美元牛市中，美国则是在前期弱势美元基础上做出了产业结构调整，奠定了新经济的繁荣；欧洲在20世纪90年代由于受德国高利率的紧缩政策影响，经济陷入衰退；日本则承受了20世纪90年代泡沫破灭之苦。美元的强势发生在相对于世界经济而言美国经济一枝独秀的时期。相比之下，美元的弱势发生在以欧洲国家为代表的其他国家增长较好、以贸易水平衡量的世界经济一体化相对活跃之际。

美元牛市周期的结果——对新兴市场的冲击在所难免

美元强势一般是世界处于"再平衡"的状态，欧洲、日本等重要经济体对世界总需求贡献较弱，对新兴市场经常账户的冲击在所难免，而通过金融账户产生的资本外流冲击更容易使新兴市场陷入危机。20世纪80年代，美元通过提高利率的方式冲击了外债比重较高的拉美，形成了拉美债务危机（见表34-4）。而20世纪90年代则是东南亚国家的外向型经济受到冲击，在金融自由化下，它们尝到了外债较高同时维持高估汇率的苦果，最终形成了货币危机和广泛的金融危机。虽然有此前危机的经验，各国放弃了固定汇率，并注重对外储和外债的平衡，但是持续恶化的基本面依然潜藏着危机（见图34-34、图34-35）。

表34-4 拉美部分重债国债务状况（1982年）

	外债余额（亿美元）	外债余额/GDP（%）	占拉美地区外债总额的比重（%）
墨西哥	876	50.43	26.65
巴西	913	30.84	27.78
阿根廷	436	51.72	13.26
委内瑞拉	351	45.53	10.67

数据来源：联合国拉美经委会，世界银行，中信建投证券研究发展部。

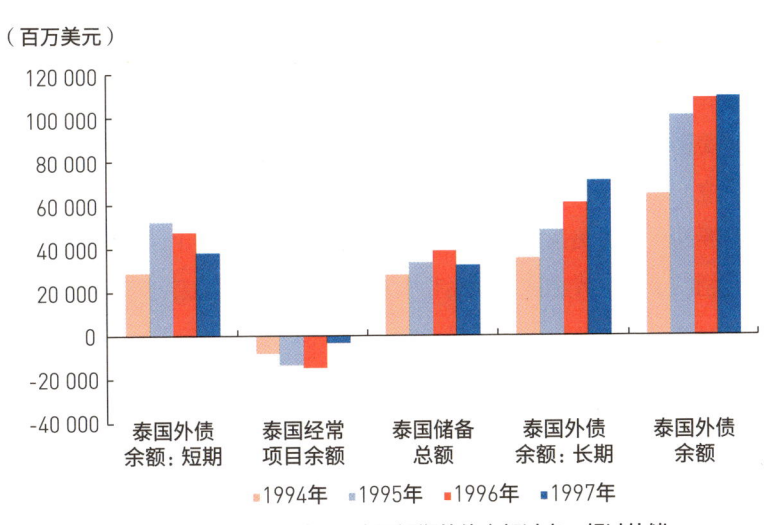

图34-34 在贸易逆差下，泰国短期外债余额过高，超过外储

数据来源：Wind资讯，中信建投证券研究发展部。

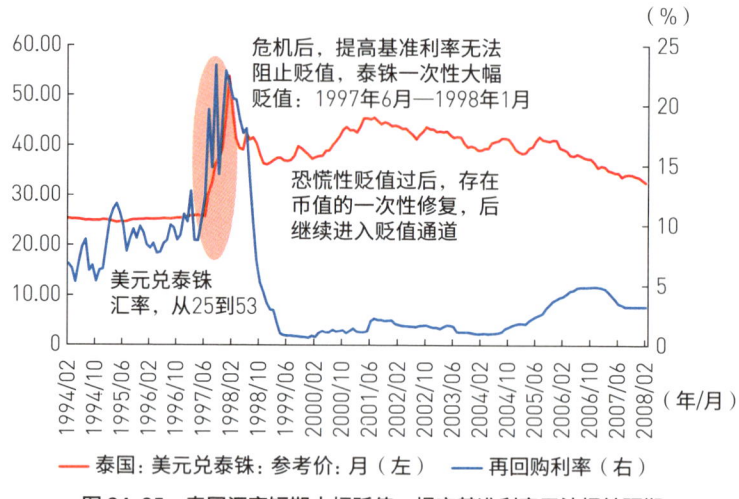

图 34-35　泰国汇率短期大幅贬值，提高基准利率无法扭转预期

数据来源：Wind 资讯，中信建投证券研究发展部。

新一轮美元牛市周期的探索——在博弈中寻找平衡

我们此前探讨问题的切入点是美国未来将要展开自身的第三库存周期，从而将自身的中周期向前推进，而当下正逢新一个美元强周期开启之后的重要十字路口。美元的强周期与美国和其他主要国家的房地产周期差异有着重要联系，当前美国的新房地产周期已经于2011—2012年开启。从增长的角度看，美国拉开了与欧洲国家、日本的差距，而美国收紧货币政策的决心也已经确立。从任何一个角度看，美元的强势周期都是当前主要的时代背景。我们需要探讨的是美国如何在美元的强周期中开启第三库存周期，而这正是我们强调的未来世界经济周期运行中存在的不确定性因素，也是投资机会的所在。

与20世纪80年代美元强周期的比较——强势货币政策紧缩下的美元强周期

当前与20世纪80年代初美元周期的相似之处在于，都是通过紧缩的货币政策重塑美元信心：对80年代而言，紧缩治理通货膨胀，打击大宗商品的价格，资本回流美国，引起了70年代开始积累的离岸美元市场的信用紧缩，造成了对新兴市场国家的冲击；对当下而言，紧缩本身是美联储修复自身资产负债表的需要（金融危机后从政府加杠杆、居民去杠杆再到政府去杠杆的自然演化），也是中周期发展的内在要求（充分就业后，核心通货膨胀上升）。加息预期的持续强化也造成当今离岸美元的紧缩，中国和沙特阿拉伯抛售美债消耗外储的举动正是这种冲击的最直接体现。

当前与80年代美元周期的主要差异在于，当时全球面临的是较高的通货膨胀环境，而当今全球面临的是总需求不足下的"债务—通缩"模式。对保罗·沃尔克而言，其所面临的环境是治理恶性通货膨胀的不破不立，而当今美国经济面临的是全球低风险利率下的股票市场繁荣以及新房地产周期下的房地产价格的上涨，当今美联储的任务是如何维持这种消费繁荣。因此，未来美国不会采取类似于80年代那种强硬的紧缩政策。

与20世纪90年代美元强周期比较——供给侧繁荣与高增长下的美元强周期

当前与20世纪90年代后期第三库存周期美元强周期的相似之处在于，都是在"再平衡"的尝试后自身经济基本面强度超越欧洲等主要经济体，同时自身房地产周期向上也是周期动力的重要支撑。对于90年代的美国而言，我们此前讨论过当时长波周期的位置决定了其生产率不断提升，资本支出扩张不断延续，对经济的普遍乐观使得即便是加息抑制蓝筹股的扩张，互联网泡沫也可以支持股市的超级繁荣，美元强周期对出口的负面影响遭到自身供给侧繁荣的对冲，可以支撑自身的消费经济保持繁荣。

正是当前与90年代的主要差异，让美国的"再工业化"不足以形成90年代的供给侧繁荣，这是长波周期决定的。"页岩油革命"在低油价的冲击下也对美国的固定资产投资产生了明显的冲击。强势美元对美国经济的影响已经在2014年第四季度到2015年第一季度体现得较为明显。在强势美元对美国出口的影响下，很难想象美国能够像90年代那样通过固定资产投资和消费拉动经济繁荣，更无法想象对经济的乐观再次支撑起类似的股权泡沫。因此，美国可以依靠自身繁荣而忽略美元强势冲击的土壤并不存在这一事实。

弱势美元的条件——非美主要经济体的大繁荣

那么，美元有没有可能就此展开弱势美元周期呢？我们认为这样的土壤当前并不存在。纵观美元周期下世界经济的历史，美元的弱周期都出现在主要非美国家经济大繁荣背景下，其本质上是美国作为全球经济的主导国和需求国对全球共生模式的依赖导致的。20世纪70年代的美元弱势是资源国的大繁荣，本质上是其增长模式对能源的依赖；80年代的美元弱势是日本泡沫经济的繁荣，本质上是美国需要外部需求平衡自身的"双赤字"；2000年以后的美元弱势是以中国和资源国为代表的新兴市场繁荣，本质上是美国对中国低成本劳动力要素的依赖。

而观察当今的美元周期可以发现，随着中国工业化"新常态"的到来，以及美国能源独立革命的推进，全球此前的共生模式已走到尽头，很难重现辉煌。在这样的背景下，制造业国家和资源国都经历着艰苦的转型期，欧洲和日本等主要发达经济体同样面临转型的困扰，仅用非常规货币政策进行维持。我们很难看到非美经济体的大繁荣，因此对美元来讲，我们很难从趋势上看到弱势美元的格局。

新一轮美元周期——在博弈中寻求平衡

回到之前所说的全球未来的不确定性这个话题上，判断美国未来的政策取向以及全球主要经济体对秩序的博弈和重建是重要的看点。完全强势的美元政策取向现在看来会反作用于美国经济的一枝独秀，全球的衰退也会将美国拖向衰退的深渊。而通过弱势美元再次争夺全球的总需求也更加不现实。未来如果美国想维持自身的经济增长，在美元政策取向上应该会使美元升值幅度明显弱于前两个美元升值周期的幅度。同时，全球范围内温和的通胀也是受欢迎的，既不会冲击美国的实际购买力，又不会使经济中的通缩持续下去从而抑制供给端和消费，也不会使资源国崩溃。但是这种理想的环境需要主要国家的博弈和妥协，2014—2015 年，全球地缘政治经常陷入剑拔弩张之势，在共同衰退后，各国只有达成妥协与平衡，才能迎来风险偏好的转机。因此，这是中周期接下来不确定因素中最需要密切关注的。

未来周期动力的探讨——中国和欧洲

既然美元强周期的本质是美国和其他主要经济体经济强度的差异，同时本次美元周期由于其自身中周期强度和全球长波周期制约的因素不应选择过于强势的美元道路，那么这个问题的另一面就是，需要挖掘非美主要经济体的周期动力问题。这最终决定了美元强周期中有没有可能存在一个偏弱阶段，也是世界经济体展开第三库存周期问题的一个关键点。我们需要框架性地提出这一可能的动力来源，并密切跟踪。

对中国而言，房地产大周期是第二库存周期下行阶段中国增长中枢下移的主要原因。在消化库存和投资收缩两年多之后，我们会在 2016 年看到房地产周期在下行过程中的一个小级别的反弹，从"价格—库存—销量—投资"的角度应该会看到房地产周期为第二库存周期提供了弱反弹的动力（见图 34-36、图 34-37）。中国的固定资产投资周期在 2011 年第二季度见到高点之后，经过近 5 年的调整，随着需求的释放，价格弹性将会得到释放，从而形成对短周期的支撑，同时新兴产业也会为经济的反弹提供动力。这几点都是开启第三库存周期的必要条件，需要密切跟踪。

对欧洲而言，其量化宽松起步较晚，规模相对其他主要发达经济体明显较小，欧洲央行副行长冈斯坦西欧表示："买进的总资产规模相当于欧元区 GDP 的 5.3%，美联储买进的资产占美国 GDP 的近 25%，日本央行买进规模占其 GDP 的 64%，英国央行买进规模则占英国 GDP 的 21%。"事实上，欧洲未来的动力来自继续宽松的潜力，实体层面也需要美国和中国的带动。

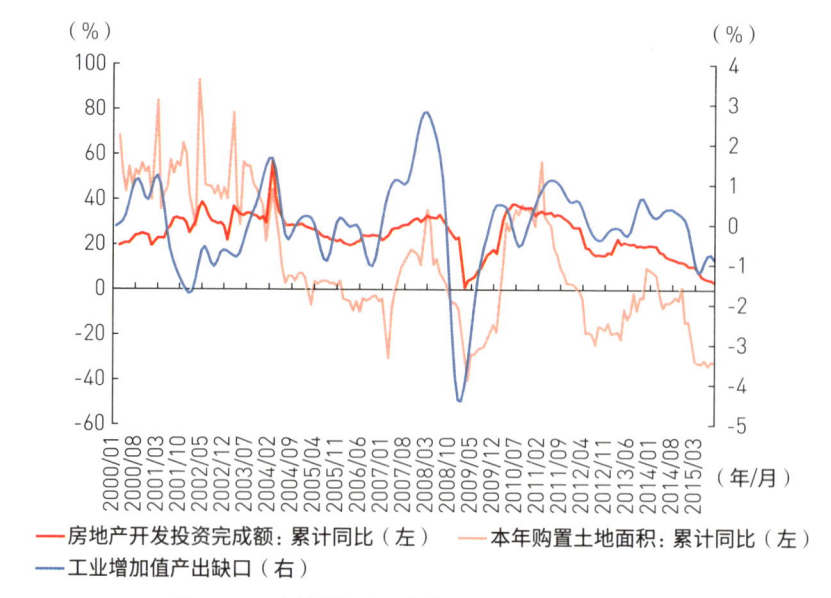

—— 房地产开发投资完成额：累计同比（左） —— 本年购置土地面积：累计同比（左）
—— 工业增加值产出缺口（右）

图 34-36 房地产投资与土地购置面积和短周期的关系

数据来源：中信建投证券研究发展部。

—— 美联储资产负债表 —— 欧洲央行资产负债表
—— 日本央行资产负债表 —— 中国央行资产负债表

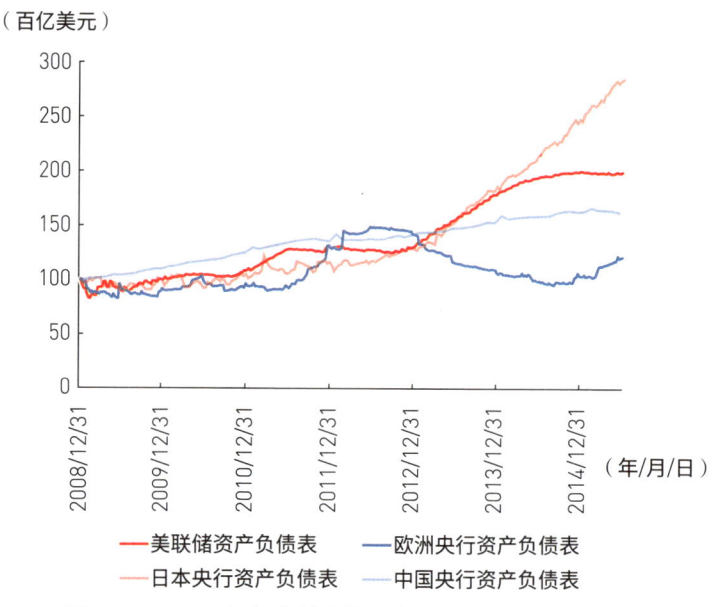

图 34-37 2008 年底"反危机"以来各央行资产负债表的变化

数据来源：中信建投证券研究发展部。

总结：未来中期资产配置的原则

美元周期两种不同路径下的大类资产配置

以上我们已经推演了未来全球经济周期运行的逻辑，并细致地阐述了在考虑美元周期背景下未来美国如何开展第三库存周期，从而将美国经济的中周期向前推进。在这个中周期的剩余阶段，整体来看我们在接下来三年会经历短周期下行的最后阶段以及第三库存周期。这种逻辑判断也成为指导我们接下来三年大类资产配置的原则。尽管我们已经对新一轮美元周期中美国展开第三库存周期的路径做了倾向性判断，但在中期配置原则中，我们还是倾向于做出两种情景分析。

第一种模式就是在美元强周期的模式下开启第三库存周期，前面强调过，这要求美国中周期的基本面较强，在紧缩重塑资产负债表的过程中能够让全球经济外部的流动性冲击和衰退不冲击到本国自身的消费，这对固定资产投资的供给侧繁荣以及美国的房地产周期有较高的要求。美元的强势整体上会对大宗商品价格和全球的总需求产生冲击，重点制造业国家将在艰难的环境中寻求出路，其第三库存周期大概率将以偏弱势的模式展开。资源国将面临更加恶劣的环境，世界经济整体的资产配置将向美元资产倾斜。

第二种模式就是美元在相对偏弱的模式下展开第三库存周期，这种模式的前提是，假设美国中周期的强度无法支撑美国经济的一枝独秀。全球总需求不足下的"债务—通缩"危机愈演愈烈，这种衰退深刻地影响了美国经济自身的发展。美国在首次加息后加息通道的预期会弱化，世界经济将会有比较好的外部环境，中国经济的企稳以及改革深化将是重要的看点，"一带一路"建设的推进对全球需求的修复将支撑中国自身和全球经济的好转。温和的通胀是受欢迎的，大宗商品在筑底后的回升使配置意义加大。全球风险偏好在第二种模式下存在回暖的重要时间段，对资产配置有着重要意义。

探索未来风险偏好的修复路径

在认识了美国中周期位置和中周期强度后，我们倾向于认为，未来全球风险偏好修复的机会孕育在美元强周期的弱势美元阶段。从资产配置的方向来看，利率债的配置价值逐渐向高点迈进，这主要受制于在利率低位下逐渐温和上行的价格因素。大宗商品价格将会缓慢攀升，因此，关注价格的回升对全球新兴市场国家风险偏好很有意义。股市在去泡沫之后将会逐渐孕育新的结构性机会，我们应关注在短周期上行期中出现的盈利改善。

这是一个对中周期剩余阶段大类资产配置问题的认识，需要结合短周期的运行来把握。而这种中期判断的两个风险点也是显而易见的（见表34-5）。第一种风险情景就是美国中周期较强，基本面强劲，这样美国势必在紧缩和偏强美元走势下开启第三库存周期，这样全球会是资本回流美国的逻辑，全球流动性冲击的循环无法被解开，制造业国家和资源国将受到持续冲击。对中国而言，人民币存在持续贬值的预期，对内和对外政策难以应对硬着陆的风险，因而，2016年市场难有显著的风险偏好修复过程。第二种风险情景就是美国中周期超预期地弱，这样一来，美国、中国和欧洲国家将较早地走完2009年以来开启的中周期，房地产价格受到冲击，债务风险有加速暴露的可能。世界经济可能较早地进入长波萧条阶段（见图34-38）。

表34-5　美元周期两种不同路径下的大类资产配置

	情景一：强美元路径		情景二：偏弱美元路径	
大宗商品				
能源与工业	●	共生模式崩溃，美元因素的抑制	●●●	共生模式的延续，美元抑制的解除
黄金	●	避险价值加大，受到美元抑制	●●	弱美元因素，以及周期再次回落后避险
债券				
美国	●●●	宽松的边际下降，但受益资本回流	●●	通胀温和上行，国债收益率震荡上行
欧洲国家	●●	受到美元回流影响，但自身经济复苏乏力	●●	通胀温和上行，国债收益率震荡上行

续表

	情景一：强美元路径		情景二：偏弱美元路径	
日本	●●	受到美元回流影响，但自身经济复苏乏力	●●	通胀温和上行，国债收益率震荡上行
中国	●●	经济增速回落明显，倒逼出台更宽松政策	●●	通胀温和上行，国债收益率震荡上行
其他新兴市场	●	强势美元导致资本外流明显	●	整体上配置意义差于主流国家
股市				
美国	●●●●	周期下行整固后，上行期反弹强劲	●●●●	美国经济繁荣，同时全球风险偏好提升
欧洲国家	●●	差于美国，好于新兴市场国家	●●	业绩弹性整体差于美国
日本	●●	差于美国，好于新兴市场国家	●●	业绩弹性整体差于美国
中国	●●	去泡沫后有结构性机会，好于资源国	●●●●	去泡沫后风险偏好提升，业绩提升
其他新兴市场	●	存在普遍意义的危机，风险资产受冲击	●●●	存在全球风险偏好的修复机制，按国别区分
房地产等实物资产				
美国	●●●●	房地产周期强劲，提供周期动力	●●●●	房地产周期强劲，提供周期动力
欧洲国家	●●	差于美国，好于新兴市场国家	●●●	差于美国，受经济复苏的支撑
日本	●●	差于美国，好于新兴市场国家	●●	差于美国，受经济复苏的支撑
中国	●	结构性机会，受房地产大周期抑制	●●	解除资本外流的冲击，存在结构性机会
其他新兴市场	●	缺乏增长级，持续衰退导致资本外流明显	●●	部分国家解除资本超预期外流的冲击

数据来源：中信建投证券研究发展部。

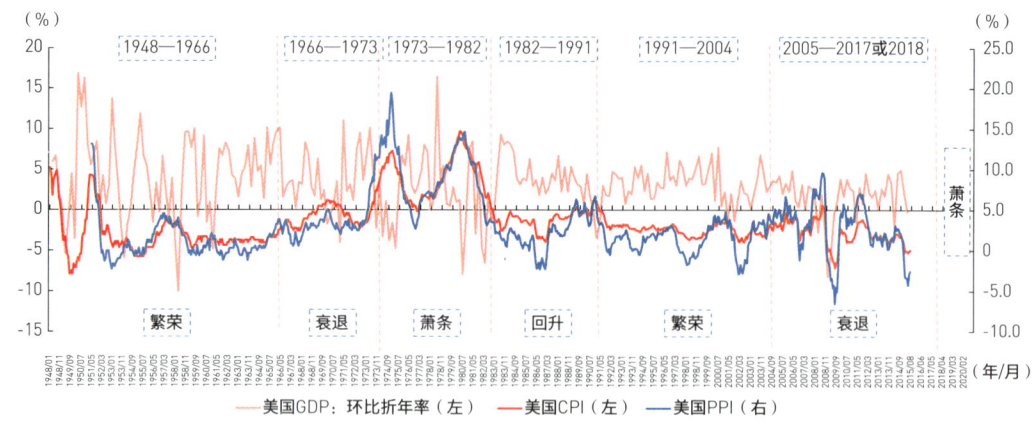

图 34-38 康波中的增长与通胀

数据来源：中信建投证券研究发展部。

短期资产配置的关键——把握世界经济的短周期波动节奏

2015 年第二、第三季度后，关注其他国家和主导国短周期共同回落的可能

从未来 2~3 年的时间窗口看，我们首先明确了当前美国中周期的高点已过，进入就业相对充足、投资高点已过、消费拉动经济的后半段。在这样的时间段，由于受到长波衰退后半期劳动生产率持续下降的制约，增长的强度受到明显的制约，这就决定了美国走在美元强势和加息道路上时，会反复权衡其对经济的反作用力。这是一种复杂的博弈，对世界经济的流动性环境和风险偏好也会产生反复的影响。在这样的背景下，未来 2~3 年资产配置的关键是，把握美国中周期的动向，注意是否出现明显的衰竭信号。对未来几个季度的资产配置则是把握各主要经济体短周期运行的节奏。而短期最主要的关注点是第三、第四季度全球经济短周期可能共同回落。

美国经济——在短周期回落中探寻底部

美国在 2013 年 7 月开启了第二库存周期的上行期，从 2013 年 7 月开始，美国经济经历了预期短周期向好的零售商补库存过程，随后制造业开始回补库存。进入 2014 年后美国的销售周期全面恢复，开启了零售去库存的过程。拉动经济的因素也从库存转化为消费。2014 年第四季度后，受美元强势影响，美国进入了主动去库存到被动补库存的过程，零售商库存和零售商销售齐降，库销比上行。进入 2015 年第二季度后，美国的零售销售周期有所好转，公布的第二季度 GDP 中消费较好，库销比也出现高位震荡（见图 34-39 至图 34-46）。

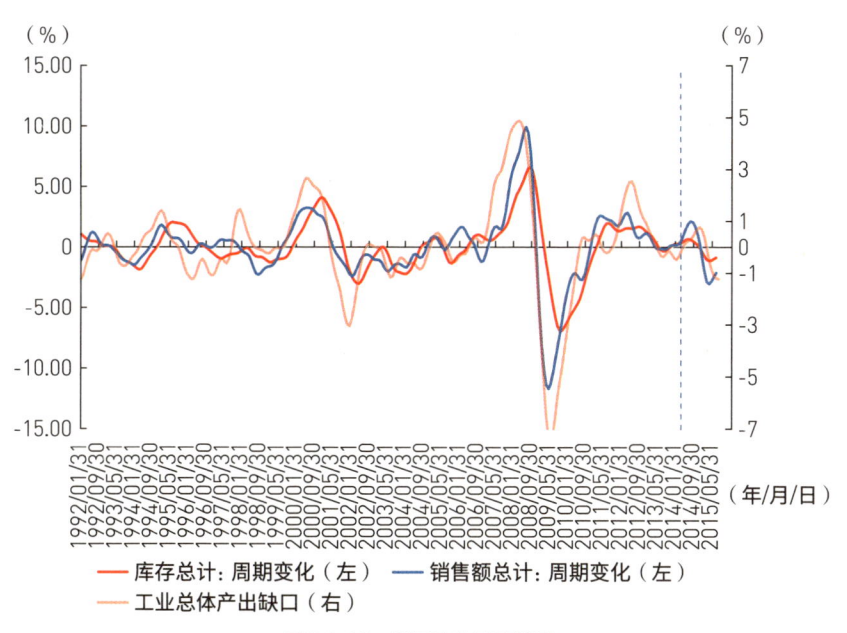

图 34-39　美国库存周期波动

数据来源：中信建投证券研究发展部。

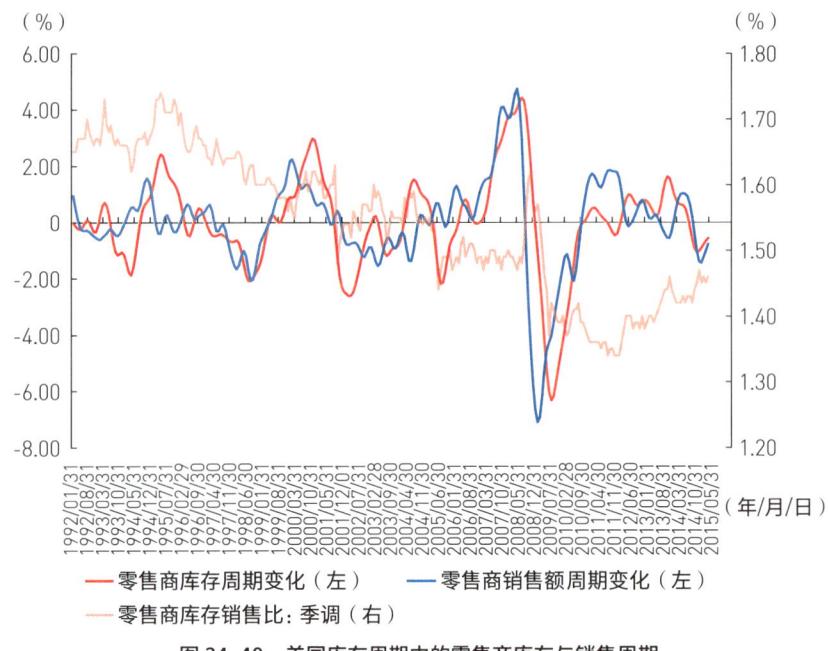

图 34-40 美国库存周期中的零售商库存与销售周期

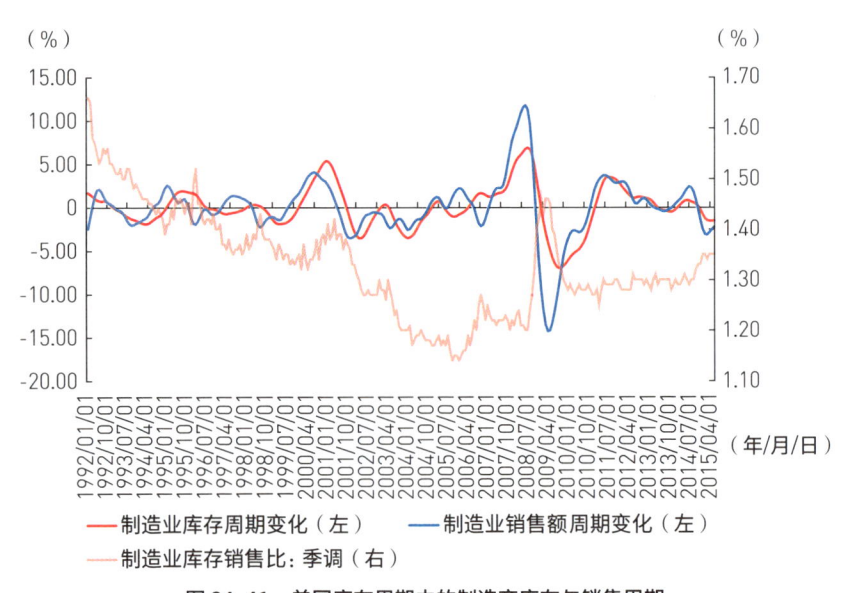

数据来源：中信建投证券研究发展部。

图 34-41 美国库存周期中的制造商库存与销售周期

数据来源：中信建投证券研究发展部。

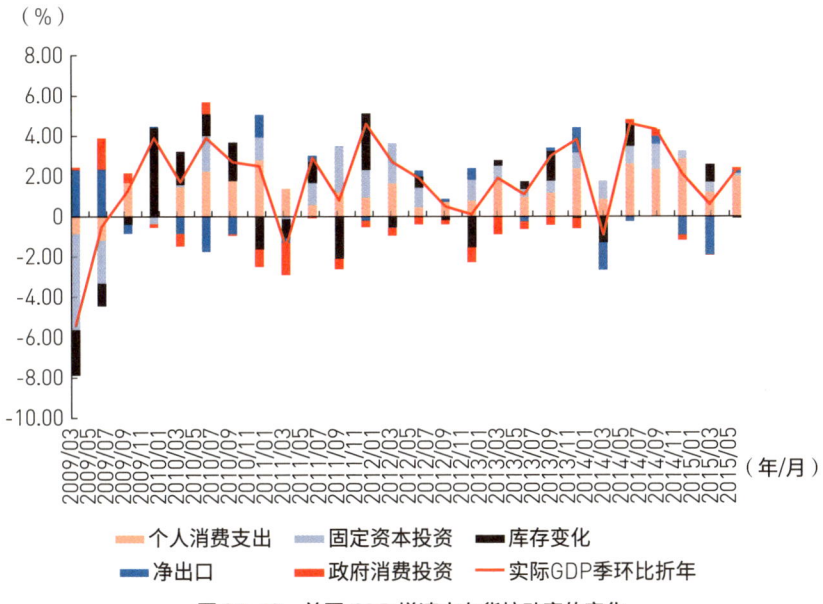

图 34-42 美国 GDP 增速中存货拉动率的变化

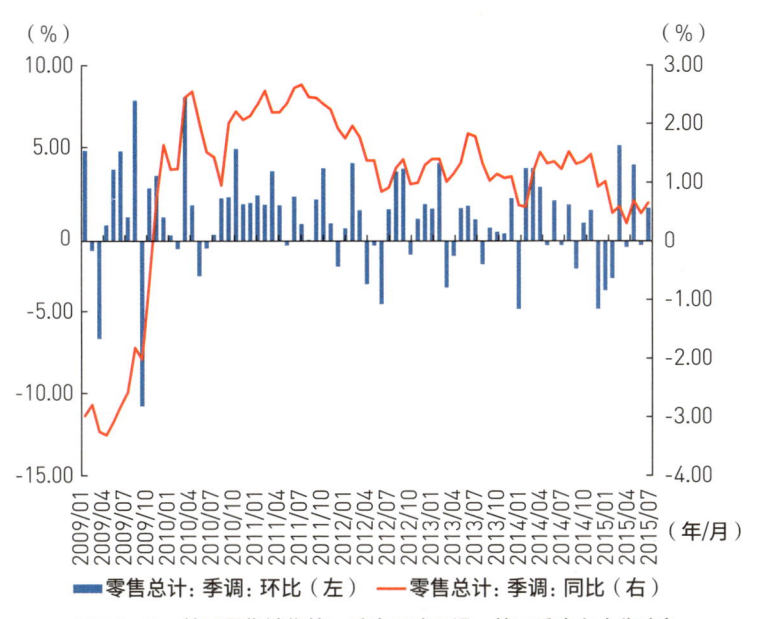

数据来源：中信建投证券研究发展部。

图 34-43 美国零售销售第一季度迅速下滑，第二季度有企稳迹象

数据来源：中信建投证券研究发展部。

34　宿命与反抗　055

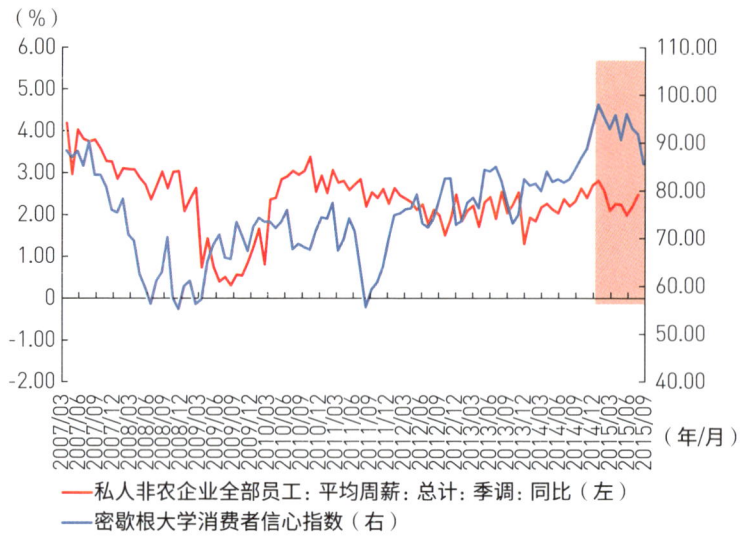

图 34-44 美国第一、第二季度劳动者薪酬和消费者信心指数

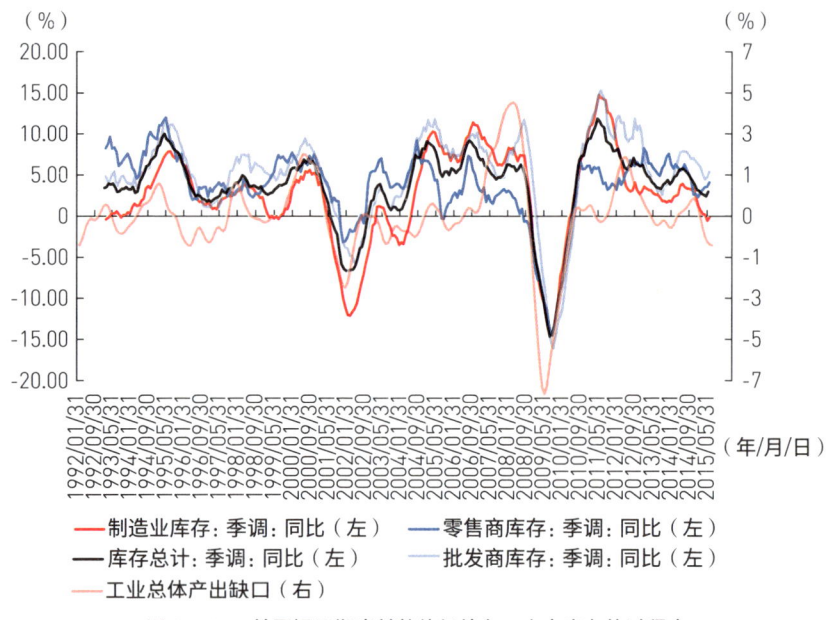

数据来源：中信建投证券研究发展部。

图 34-45 美国短周期当前整体仍处在一个去库存的过程中

数据来源：中信建投证券研究发展部。

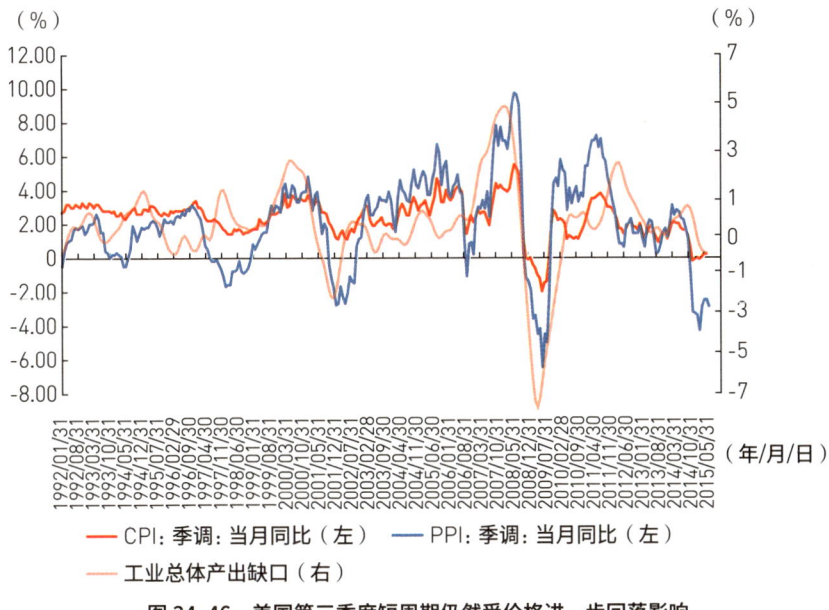

图 34-46 美国第三季度短周期仍然受价格进一步回落影响

数据来源：中信建投证券研究发展部。

对美国短周期来讲，在第一季度中决定消费者支出的薪酬增速和非农就业增速同比增长的冲高回落的因素有很多，其中零售销售在第一季度的环比下滑是短周期下行的主要原因之一。我们也观察到工业增加值同比在第一季度回落比较明显，工业产能利用率在高位震荡回调（见图 34-47、图 34-48）。进入第二季度后，零售销售是一个回落触底的过程，而消费支出的坚挺更多是服务业支出的繁荣，这一点通过服务业景气指数和制造业景气指数的对比就可以看出。第二季度 GDP 的终值虽然向上修正了两次，但是看不到第三季度再次扩张的迹象，我们从消费数据上很可能会看到走平到回落的迹象。进入第三季度以来，就业数据差于预期，消费者信心指数也出现明显回落。

美国库存周期下行调整阶段的时间长度少则不足 1 年，多则 6 个季度左右，我们认为当前库存周期已经进入后半段。当前库销比在高位震荡，理想的库存周期的筑底回升需要看到销售的持续好转以消化当前处于高位的库存，然后随着乐观程度的进一步修复看到库存的回补和销售的好转。不过第二季度以来的销售环比改善在进入第三季度后显现弱势，第二季度消费的繁荣从短周期来看是一种后周期现象，即消费支出滞后于产出回落。进入第三季度后，可以看到服务业PMI最终还是在制造业PMI的带动下出现了回落的迹象（见图34-49），随着消费者信心指数的大幅下滑，我们倾向于认为第四季度后消费支出会缓慢回落，短周期下行的特征进一步显现。

除去工业产出缺口，从领先耐用消费品订单的角度看，当前还未见明确的筑底信号（见图34-50）。新的短周期开启仍然需要一个筑底的过程。需要看到通缩输入对美国短周期明显的影响，进入第三季度后，PPI再次向下，整个价格体系对当前的美国经济依然形成制约。自人民币贬值以及二次股市异常波动之后，全球大宗商品价格受到冲击，再次影响到美国的通胀。在全球经济一体化的当下，美国的经济短周期始终受到全球风险偏好的影响。对美国短周期下行期后续的运行情况需密切关注，它决定着下半年全球流动性冲击问题。当前我们倾向于认为，美国库存周期下行周期还需至少运行两个季度以上，我们并不认为在2015年剩下的时间里美国会以短周期经济强劲这个角度冲击世界经济。

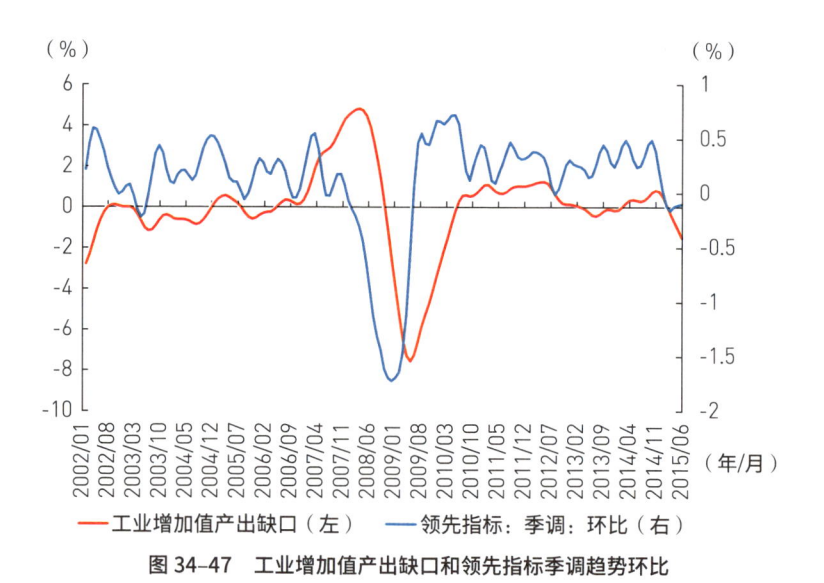

图34-47 工业增加值产出缺口和领先指标季调趋势环比

数据来源：中信建投证券研究发展部。

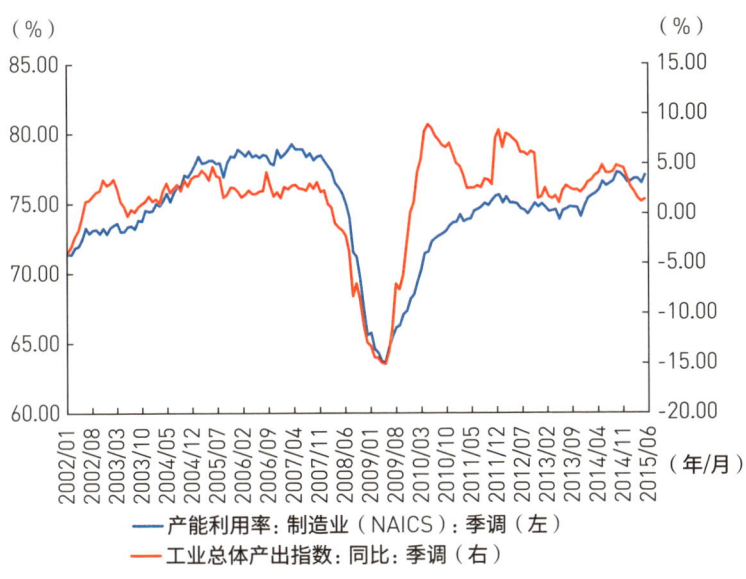

图 34-48 美国产能利用率和工业产值

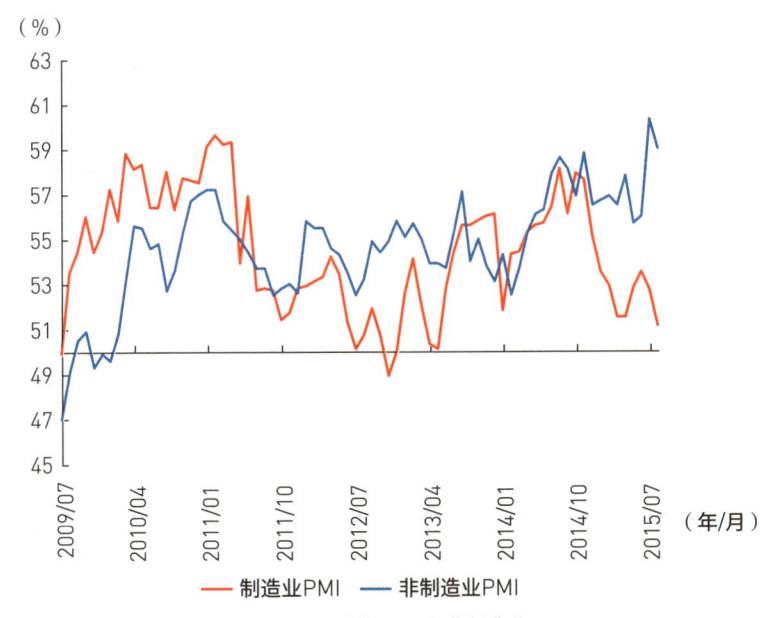

数据来源：中信建投证券研究发展部。

图 34-49 制造业 PMI 和非制造业 PMI

数据来源：中信建投证券研究发展部。

34 宿命与反抗

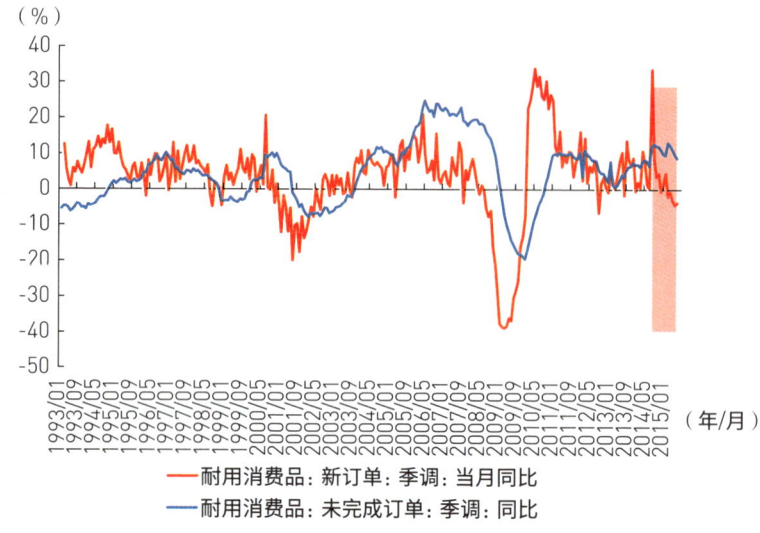

图 34-50　美国耐用消费品新订单和未完成订单的同比增速

数据来源：中信建投证券研究发展部。

欧洲国家和日本经济——将迎来量化宽松后的短周期景气高点

欧洲国家和日本的第二库存周期都开启于 2012 年底，2014 年第一季度开始都出现了短周期的回调，随后在 2014 年下半年都开启了宽松货币政策之旅，以刺激回落的经济。欧洲央行在宽松以及量化宽松后，信贷逐渐扩张，经济景气指数也在 2014 年末重回上行（见图 34-51 至图 34-53）。日本的运行轨迹和欧洲国家有相似之处，但是力度上明显弱于欧洲国家，主要是日本的宽松已经"一鼓作气，再而衰，三而竭"。它们本质上都是通过非常规货币政策的方式扩张自身的资产负债表，都是汇率贬值同时压低国内的无风险收益率。这种做法本质上是一种"杠杆转移"，对重新扩张私人部门的信贷有积极意义。不过，通过汇率贬值提振净出口在实践中被证伪，驱动经济的还是国内的消费支出增加。

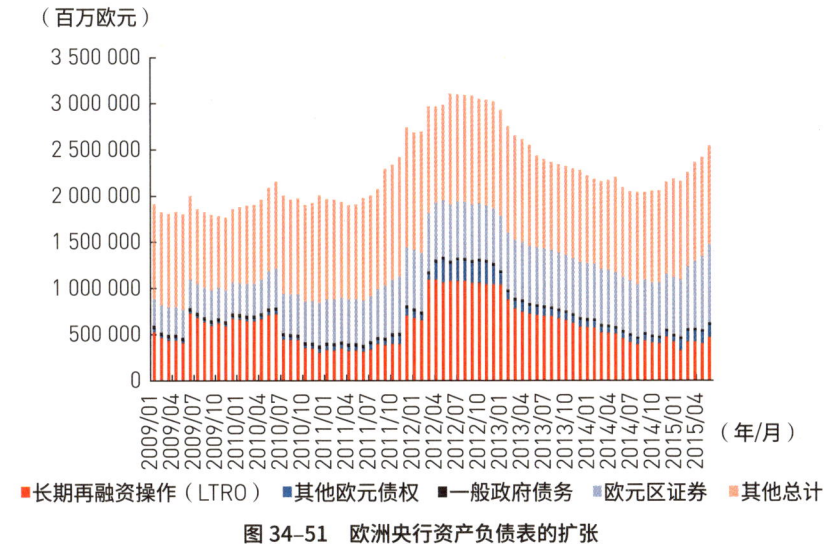

图 34-51 欧洲央行资产负债表的扩张

数据来源：中信建投证券研究发展部。

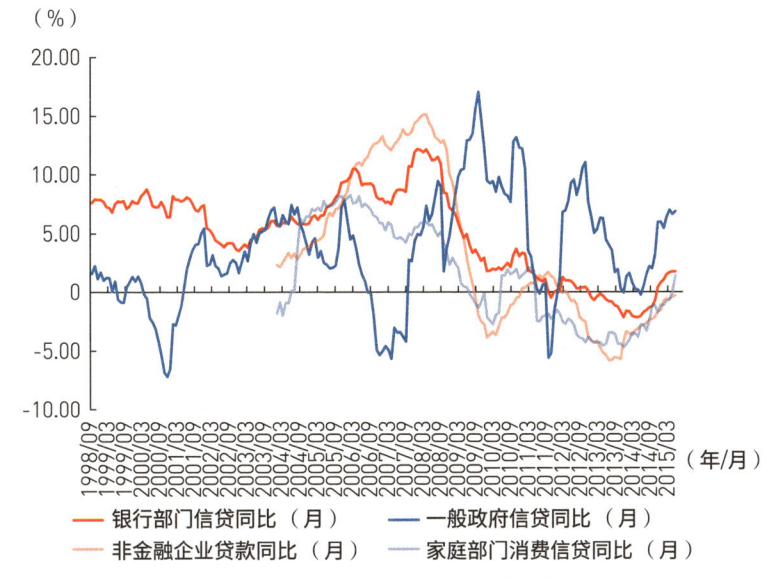

图 34-52 欧洲国家在货币宽松下的信贷扩张

数据来源：中信建投证券研究发展部。

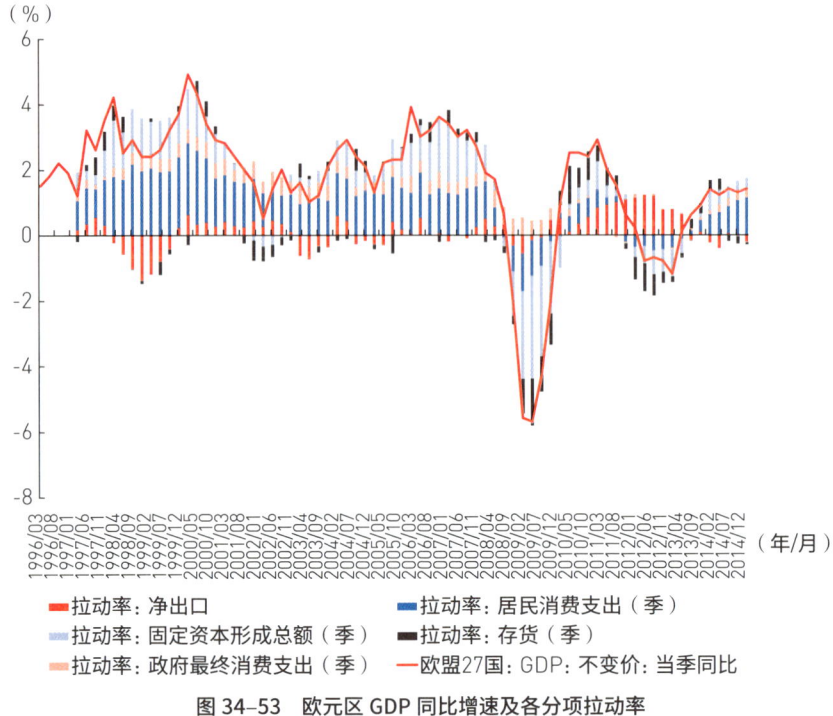

图 34-53 欧元区 GDP 同比增速及各分项拉动率

数据来源：中信建投证券研究发展部。

对日本而言，第二季度短周期实质上在短暂修复后掉头向下，2015 年第二季度的增长相当差，环比折年率 -1.6%。从景气指数的角度来讲，当前日本的景气度基本上处于维持状态，而投资和消费者信心指数有回落的迹象，尤其是投资信心指数，进入 2015 年第三季度后回落明显。对消费而言，其应当同样是后周期的特征，目前处在高位维持的状态。短周期运行到第四季度后，我们应该会确定地看到景气度进一步回落（见图 34-54 至图 34-57）。

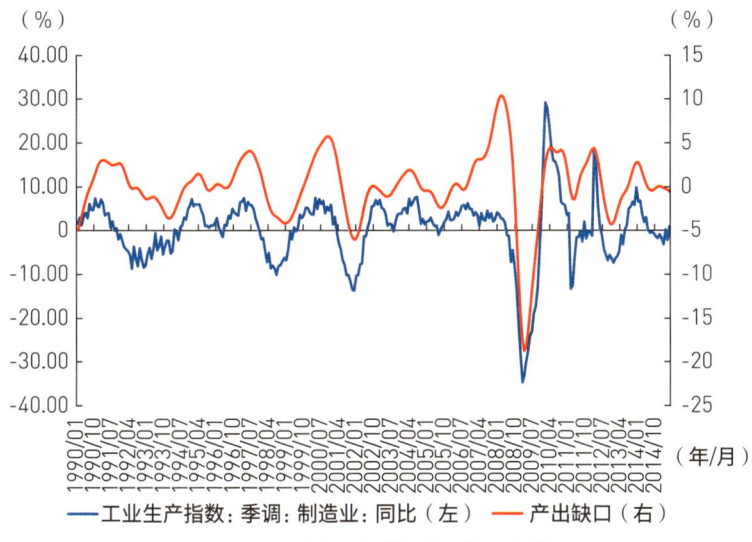

图 34-54 日本的工业增加值同比和产出缺口

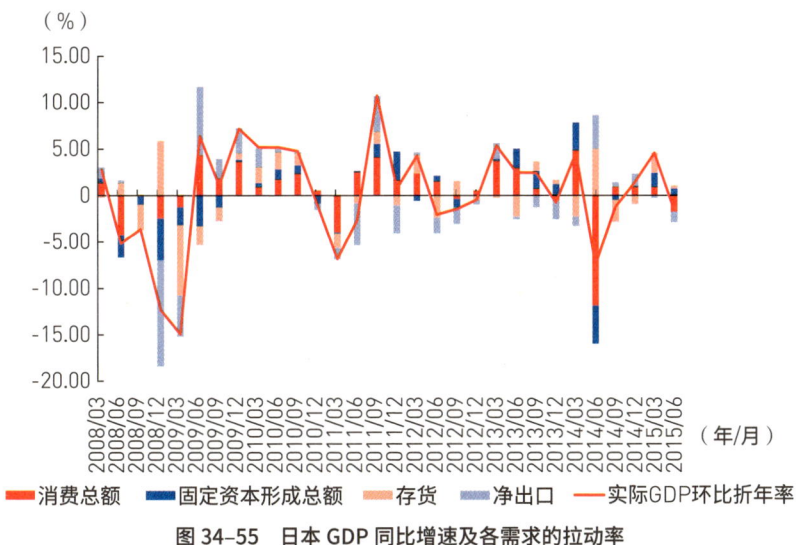

数据来源：中信建投证券研究发展部。

图 34-55 日本 GDP 同比增速及各需求的拉动率

数据来源：中信建投证券研究发展部。

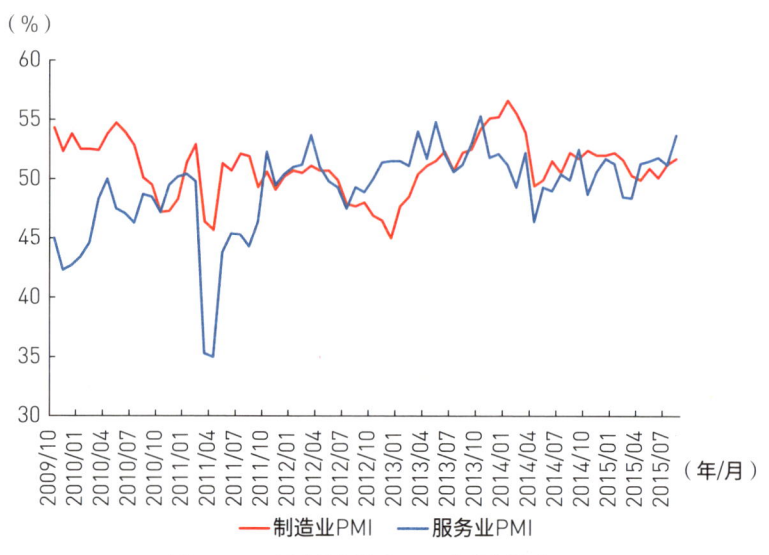

图 34-56 日本的制造业 PMI 和非制造业 PMI

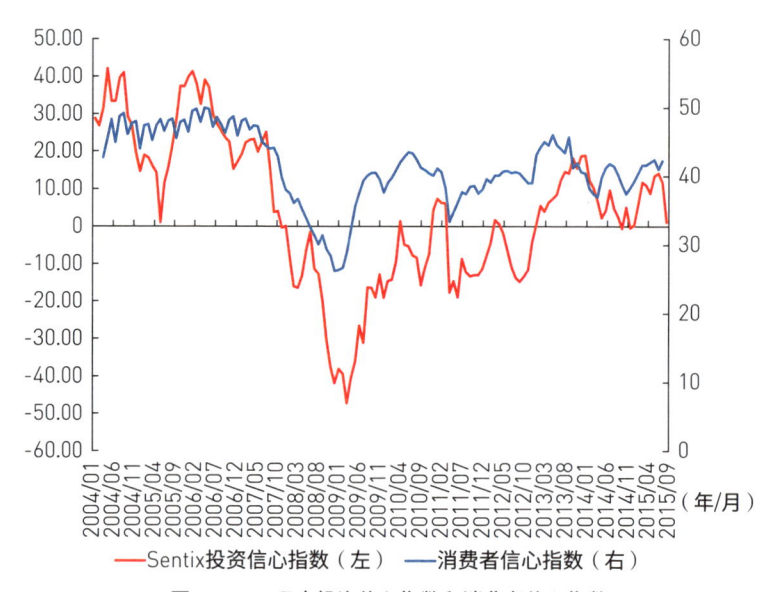

数据来源：中信建投证券研究发展部。

图 34-57 日本投资信心指数和消费者信心指数

数据来源：中信建投证券研究发展部。

欧洲国家2014年上半年表现出了较为强劲的景气度改善，短周期运行的强度明显好于日本，量化宽松的成功确定性地延长了欧洲国家第二库存周期上行期的运行时间，截至2015年第二季度末，其上行期已经运行了30个月，目前产出缺口和经济景气指数有回落迹象，有待进一步确认（见图34-58至图34-60）。欧洲经济在第四季度出现回落，将会是未来资本流动变化的重要变量。对于近期全球资本市场的动荡以及人民币的贬值等问题，欧洲央行行长德拉吉的评论表明，如果通货膨胀率未能朝着欧洲央行设定的接近2%的目标恢复，那么这个计划的规模可能被扩大。从结果来看，量化宽松对当前欧洲经济的维持有重大意义，在量化宽松的作用下，欧洲第四季度后短周期的进一步回落理论上并不会造成强烈的冲击。

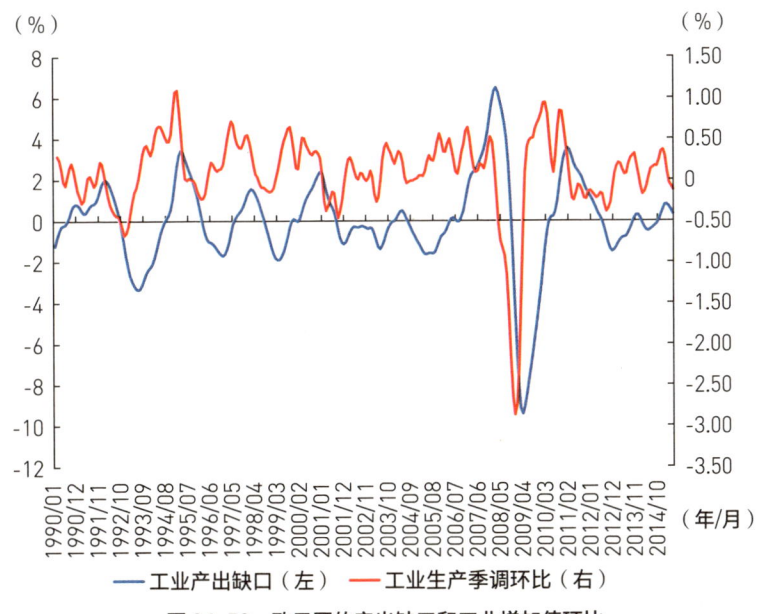

图34-58 欧元区的产出缺口和工业增加值环比

数据来源：中信建投证券研究发展部。

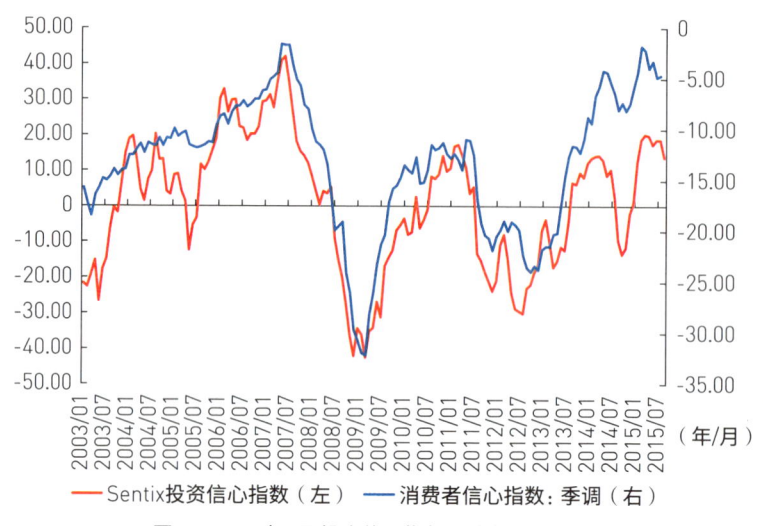

图 34-59 欧元区投资信心指数和消费者信心指数

数据来源：中信建投证券研究发展部。

图 34-60 欧元区服务业 PMI 和制造业 PMI

数据来源：中信建投证券研究发展部。

中国经济——"L"形短周期向底部探明

我们在2011—2012年提出中国增长中枢下移的命题,现在看来,这种中枢下移正是在中国短周期波动的下行期完成的。于是我们提出,中国的中枢下移需要分三个阶段完成——中周期中三个短周期的下行期,从结构主义周期理论的视角来认识这次康波衰退对中国工业化的冲击。经济的"L"底本质上是增速下台阶的痛苦过程。从2011年第二季度到2012年第四季度,我们经历了典型的从"滞胀"到"通缩"的第一库存周期下行阶段,在货币供应紧缩的过程中,股权资产经历了痛苦的下行。

第二次"L"底正是中国的第二库存短周期在2013年12月开启的调整之旅,这次调整叠加了中国房地产大周期的拐点,到2015年9月,已经下行了近22个月,形成了中国经济新常态下的"L"底。在第二次库存周期下行的过程中,由于经历了后地产周期资产配置变迁的预期,以及低利率的环境,股票市场经历了阶段性的流动性推动的大繁荣。不过,这种基于流动性的短期逻辑易受到冲击,尤其是在杠杆资金推动的估值高位下。经过第一次短周期下行,中国的GDP增速从10%以上下移到8%左右;而在第二次短周期下行过程中,GDP增速从8%以上下移到7%左右,并且仍处在下移的过程中(见图34-61)。

我们曾经在2014年第二季度提出"增长小时代,服务大时代"的命题,指出中国当前工业化阶段未来的重要看点是转型中服务业接替工业成为重要引擎。中国经济在进入2013年后,服务业有加速发展的态势,在制造业低迷的同时保持了较高的景气度。在这个三次产业结构调整发生转变的过程中,从衡量GDP的另一个维度来看,这也是消费取代投资成为中国经济重要拉动力量的过程(见图34-62至图34-64)。这正是中国结构调整中的亮点,也是中国之前创业板牛市的基础。基本上在本次第二库存周期阶段,结构调整一直在不断推进。

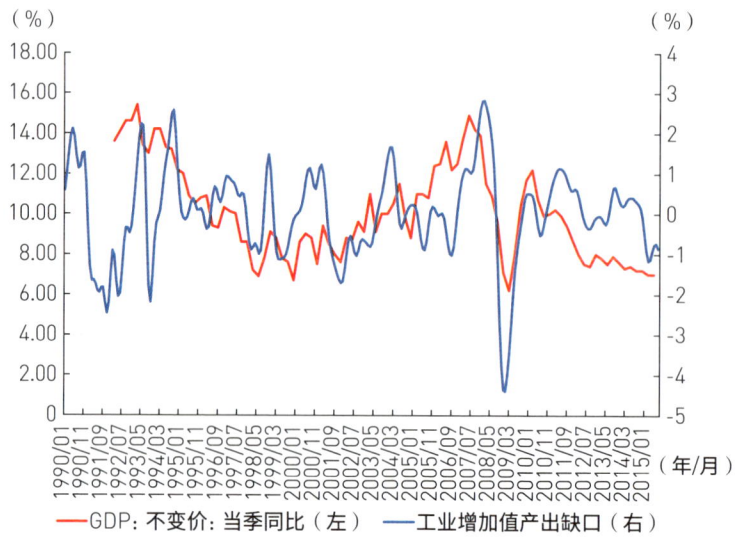

图 34-61 中国 GDP 当季同比增速与工业增加值产出缺口

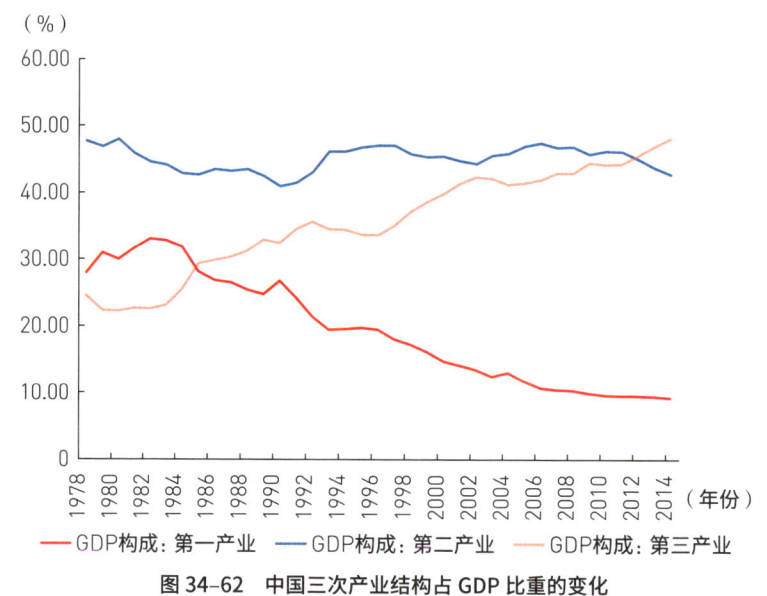

数据来源：中信建投证券研究发展部。

图 34-62 中国三次产业结构占 GDP 比重的变化

数据来源：中信建投证券研究发展部。

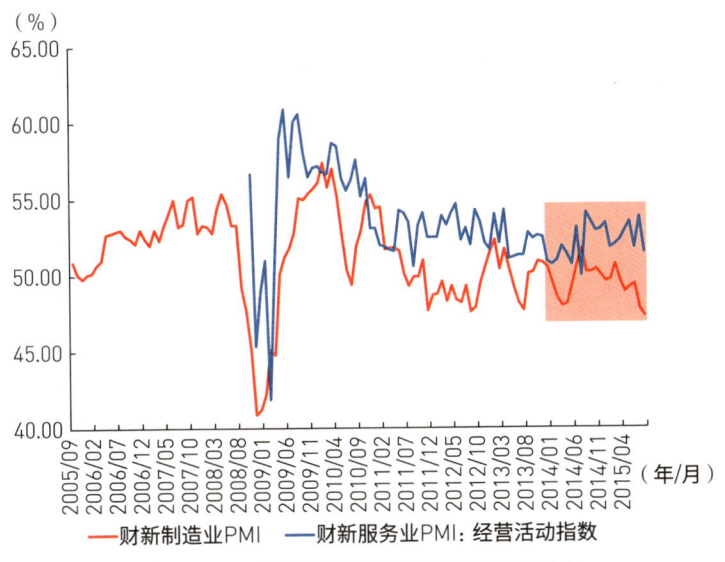

图 34-63 财新制造业 PMI 和服务业 PMI 对比

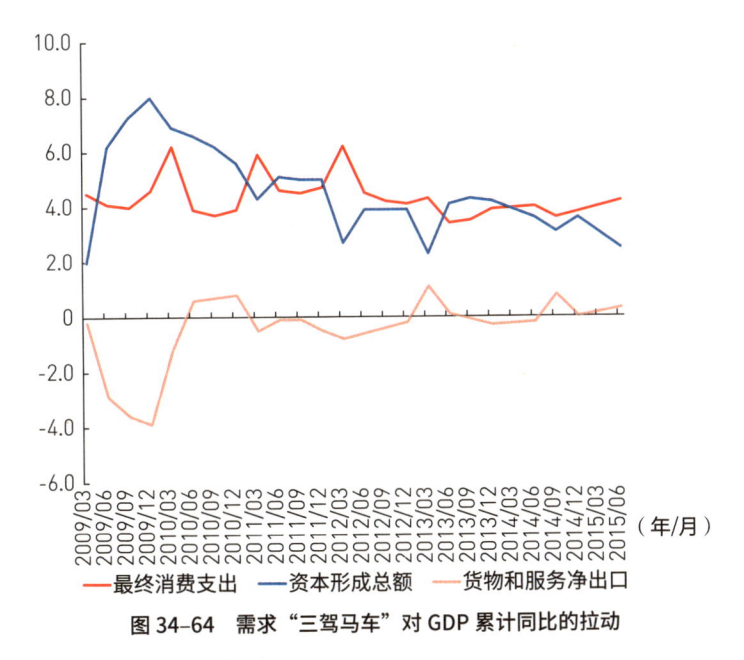

数据来源：中信建投证券研究发展部。

图 34-64 需求"三驾马车"对 GDP 累计同比的拉动

数据来源：中信建投证券研究发展部。

34 宿命与反抗 069

随着第二库存周期下行期的不断调整，我们需要探讨未来展开第三库存周期上行期可能出现的时间点以及短周期的动力问题。对传统工业经济领域而言，随着不断去产能，在未来需求释放的过程中，低位可能会重新出现一个弱的均衡，这将是让经济短周期具备弹性的重要因素。同时，在新的短周期的上行期，我们仍然可以看到经济结构调整继续推进，新兴产业仍然具备较高的弹性。那么对新的短周期而言，我们可以从传统和新兴两个领域找到改善的线索。

从去产能和需求释放的角度看未来短周期企稳的可能性

固定资产投资增速不断下移的过程，就是产能扩张放缓或不断收缩的过程。经济短周期是一个供给与需求不断匹配的过程。第二库存周期下行期的2014年，固定投资从20%下降到15%的水平，2015年又从15%下降至10%的水平。随着房地产投资周期的调整，相关产业链上的制造业投资增速加快收缩，目前仍然处在这一趋势中。库存周期下行期基础设施投资的对冲是一种平滑下行的路径，2014—2015年反弹都在第二季度维持一个季度左右。未来，随着产能的不断调整和需求的再次加码，2016年第二季度将是我们在更低的增速平台寻求短周期弹性的时间段（见图34-65至图34-67）。尤其是人民币贬值后重新调整了蒙代尔不可能三角（三元悖论），打开了压低长端利率的想象空间（见图34-68、图34-69）。财政政策的加码、投融资体制改革以及重大工程包投资的展开将是重要看点。

周期动力中的房地产投资问题更需密切关注，在对房地产大周期进行研究的框架中，我们2018年才能见到房地产大周期的底部。经过2014年以来持续去库存、房地产投资的持续收缩、流动性环境改善支撑需求等，未来随着促进需求政策的进一步释放，去库存过程的不断推进，房地产价格的稳步反弹，我们判断在2016年后可能会出现中国房地产周期调整过程中的小幅反弹，从而为经济周期提供一部分动力（见图34-70至图34-73）。因此，未来对这一过程的研究非常重要。

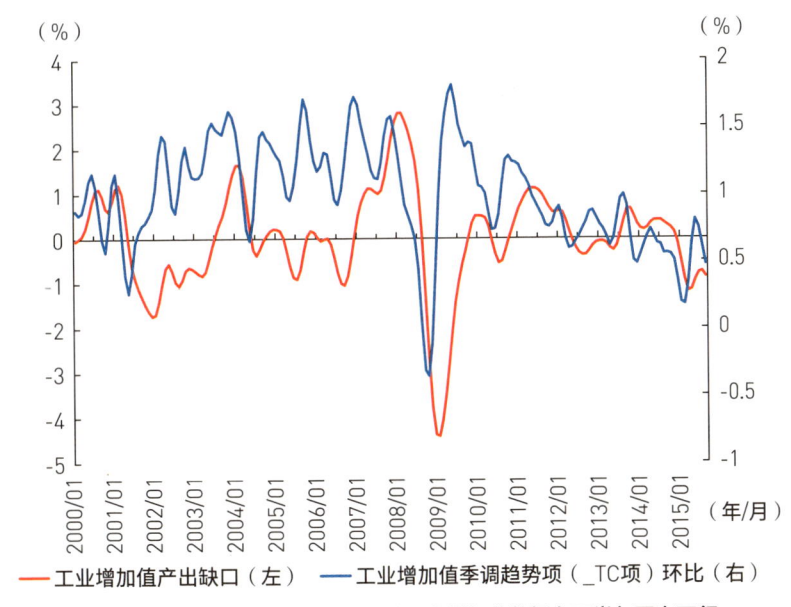

图 34-65 2015 年第二季度企稳的工业增加值数据在下半年再次下行

数据来源：中信建投证券研究发展部。

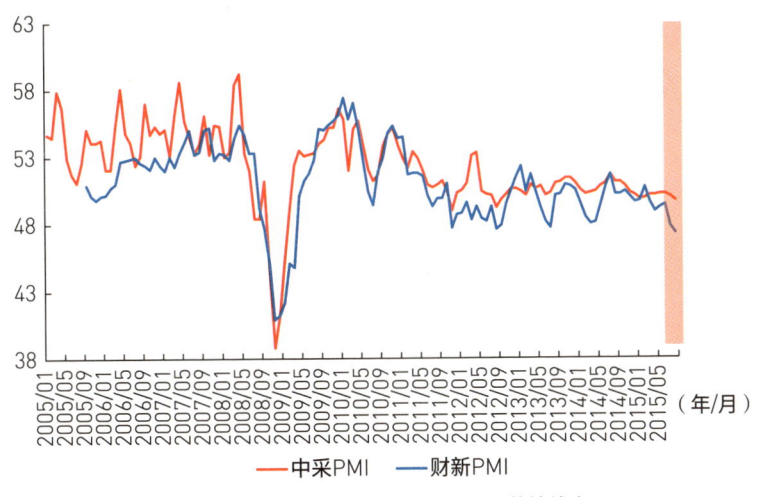

图 34-66 2015 年 8 月中采 PMI 重回荣枯线之下

数据来源：中信建投证券研究发展部。

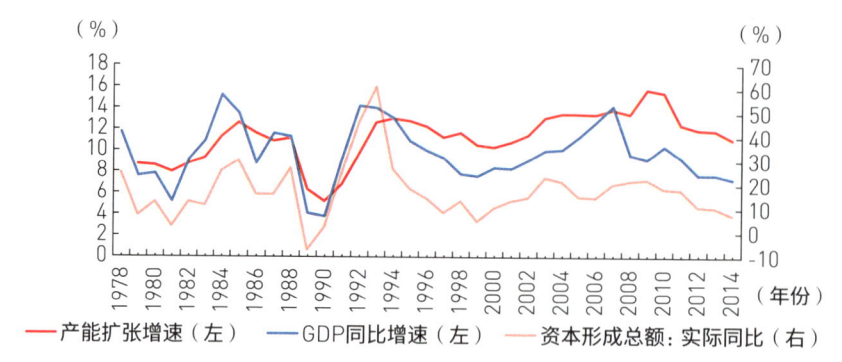

图 34-67　中国的产能扩张增速、GDP 同比增速与资本形成总额的比较

数据来源：中信建投证券研究发展部。

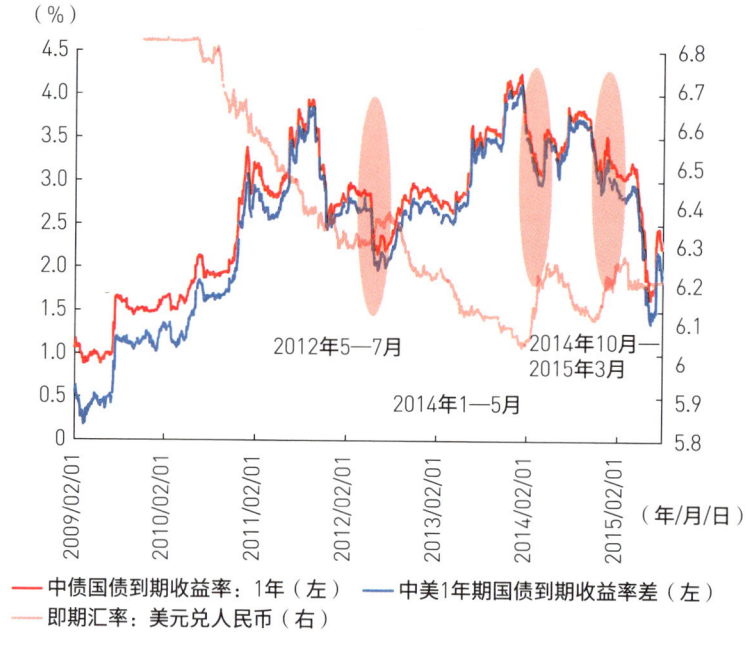

图 34-68　金融危机后人民币的三次贬值对应了宽松货币取向

数据来源：中信建投证券研究发展部。

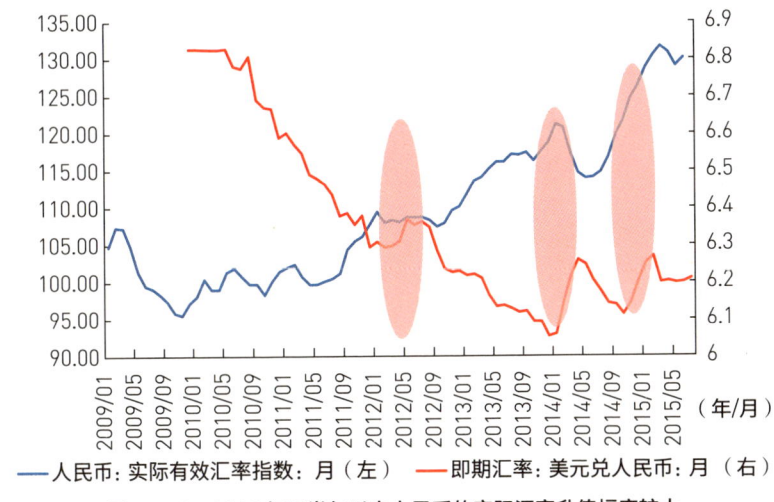

—— 人民币：实际有效汇率指数：月（左） —— 即期汇率：美元兑人民币：月（右）

图 34-69　2014 年下半年以来人民币的实际汇率升值幅度较大

数据来源：中信建投证券研究发展部。

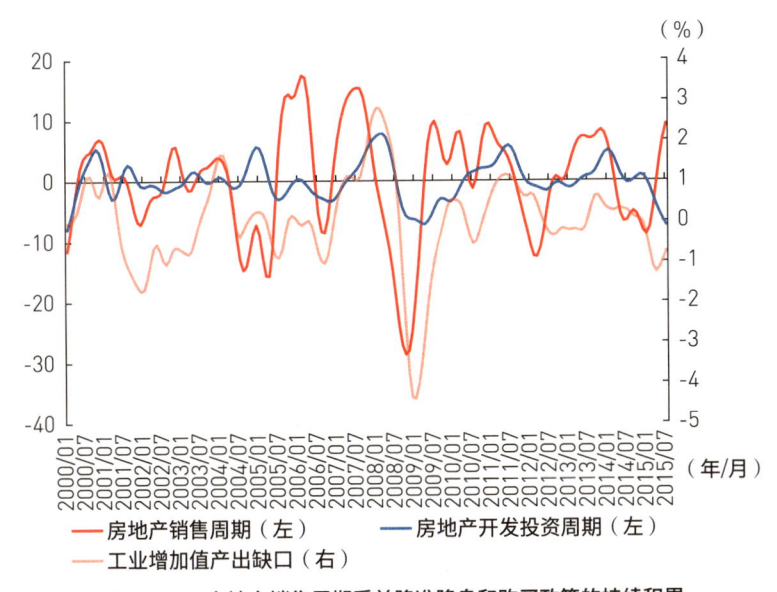

—— 房地产销售周期（左）　　—— 房地产开发投资周期（左）
—— 工业增加值产出缺口（右）

图 34-70　房地产销售周期受益降准降息和购买政策的持续积累

数据来源：中信建投证券研究发展部。

34　宿命与反抗　　073

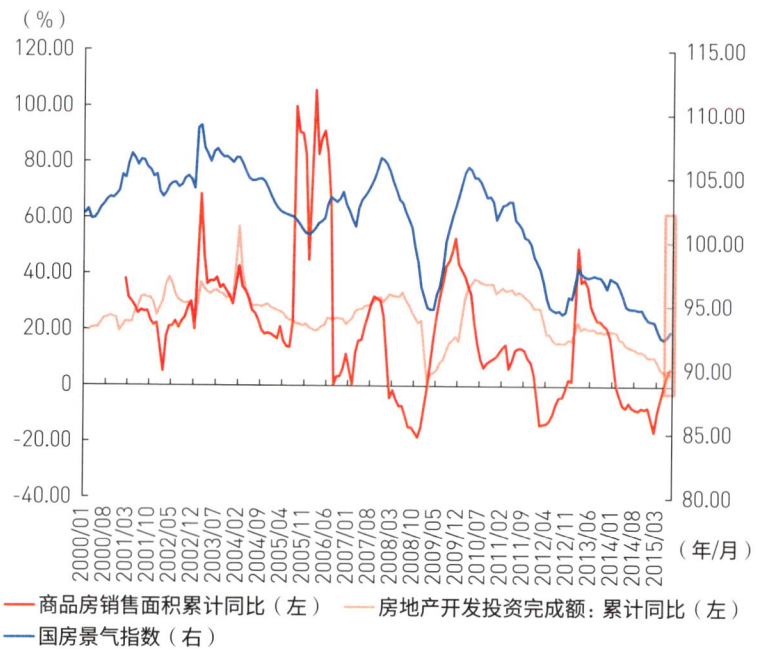

— 商品房销售面积累计同比（左） —— 房地产开发投资完成额：累计同比（左）
— 国房景气指数（右）

图 34-71　2015 年 6—7 月房地产行业景气度明显回升

数据来源：中信建投证券研究发展部。

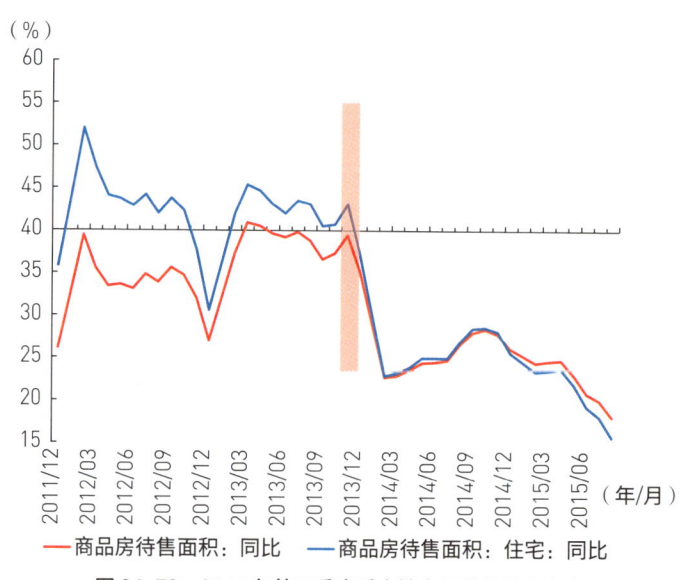

— 商品房待售面积：同比　— 商品房待售面积：住宅：同比

图 34-72　2013 年第四季度后房地产行业持续去库存

数据来源：中信建投证券研究发展部。

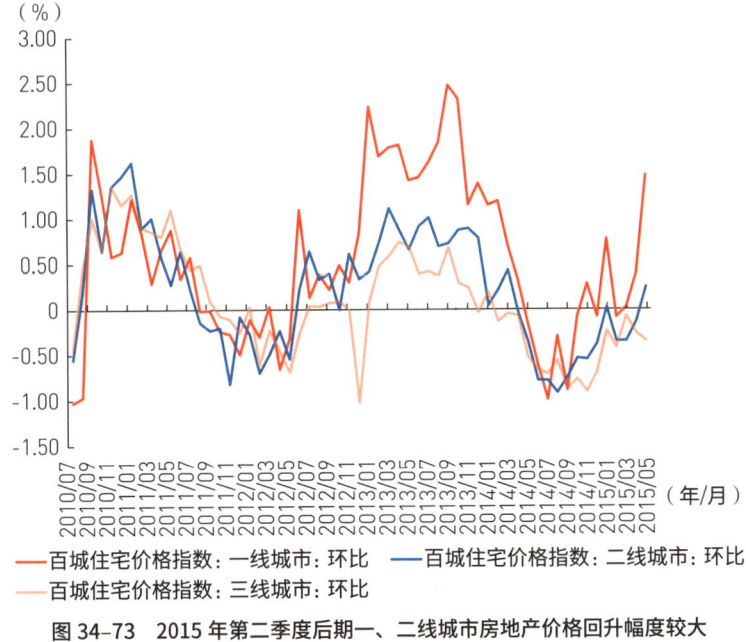

图 34-73　2015 年第二季度后期一、二线城市房地产价格回升幅度较大

数据来源：中信建投证券研究发展部。

找寻在短周期上行期保持高景气度的新兴产业

2015 年第二季度资本市场的繁荣拉动金融业，从而拉动 GDP 的增长超过 1%。在受到股市异常波动影响后，对实体经济的悲观预期使第二季度出现稳固迹象的工业数据再次回落。预期中国经济短周期在第四季度到 2016 年第一季度依然有向下回调的压力，但是也为 2016 年第二季度开启新的短周期奠定了基础。而新周期反弹的结构问题仍然是问题的核心。第二库存周期下行阶段调结构已经深入人心，并取得实质性效果，而在中长期转型的背景下，我们判断在第三库存周期的上行期，结构调整仍然是核心问题。

这对投资来讲，问题的核心就变成了在短周期上行期寻找保持高景气度的行业。从 PMI 的角度看，新兴产业明显有着较高的弹性，在周期企稳之际弹性可以获得大幅提升。因此，对投资而言，未来周期运行将给我们提供趋势的机会，配置的方向在于对高景气度产业的把握（见图 34-74、图 34-75）。

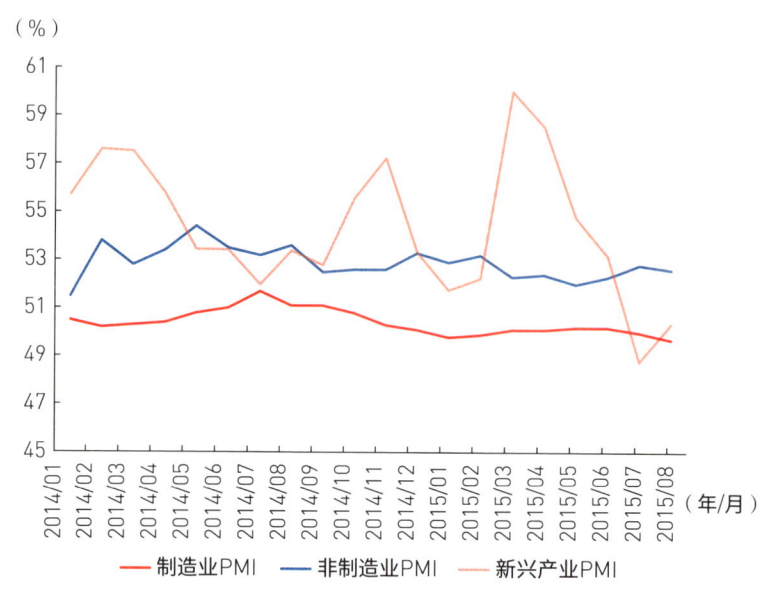

图 34-74　2014 年 1 月第二库存下行周期以来战略新兴产业高景气

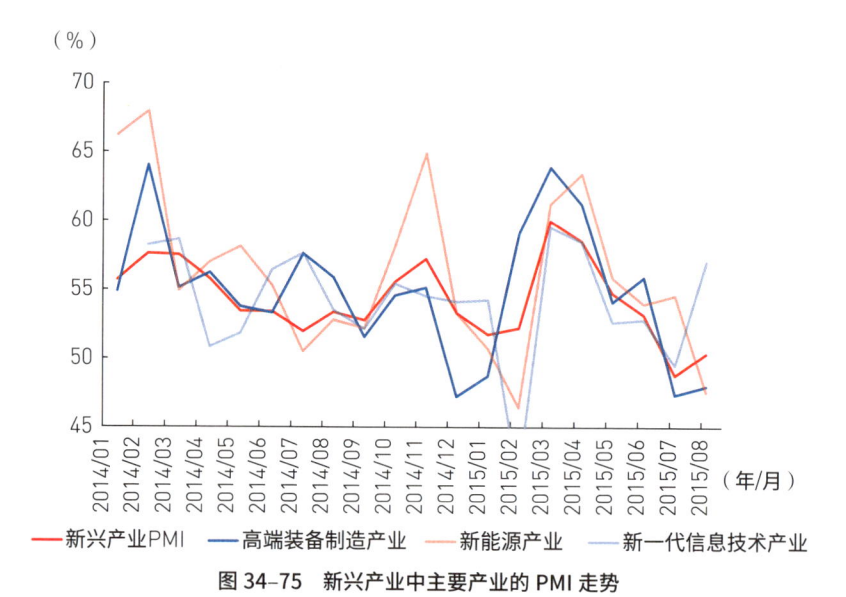

数据来源：中信建投证券研究发展部。

图 34-75　新兴产业中主要产业的 PMI 走势

数据来源：中信建投证券研究发展部。

短期资产配置原则——观察流动性约束改善，守望新一个短周期开启

从 2014 年下半年到 2015 年，在全球金融市场和经济周期的大框架下分析问题显得越发必要。从全球分享成本红利下的"股债双牛"，到美元加息预期下全球的风险资产冲击，再到人民币贬值和中国股市去泡沫后全球风险资产的回落，都体现了站在全球大周期运行规律角度分析问题的重要性。对中国而言，此前在较高位置绑定美元的策略实质上向全球和国内输出了紧缩，正如在美元宽松周期阶段向国内输入通胀一样。人民币在更低的位置保持稳定，打消资本外逃预期，而稳定本国经济和资本市场是一条正确的道路。其中关键在于，通过压低长期无风险利率，同时释放财政政策和推进PPP（政府和社会资本合作模式），并推进改革深化和调结构。

我们在前面论述了以美国周期为切入点的全球周期运行视角，并有倾向性地判断美国倾向于在偏弱美元状态下推进中周期的最后阶段，从而为全球风险资产的回暖带来机会。在中期判断的背景下，对短周期而言，我们认为可以分两个阶段进行思考：第一阶段就是我们论述的全球会在 2015 年第三季度后出现共同的短周期回落局面。在全球宽松逻辑受到冲击后，风险偏好的收缩已经给各主要经济体的风险资产带来了去泡沫机制，最终演化成一种全面危机预期。而全球短周期的回落可以让美国回归对自身经济基本面的重新认识，并在全球框架下协商流动性冲击的问题。这样，即使美国加息也可能不会形成加息通道的预期，从而对全球风险资产形成一个从危机模式预期中修复的反弹。

如果这种偏乐观的情景能够被开启，那么第二阶段的看点就是各主要经济体在 2016 年逐渐开启了本次中周期的第三个短周期（见图 34-76）。虽然世界经济的结构性矛盾决定了这样的短周期上行期可能不会特别强，维持在 4~6 个季度，但是对提升风险偏好依然有重要意义。美国在房地产周期和资产泡沫支撑下的消费经济依然是主要看点，在第三库存周期的上行期完成失业率向本次中周期下行极限的靠拢。欧洲量化宽松延长了自身第二库存周期短周期的上行期，在滞后回落后，2016 年后期也会随着中美短周期的

再次展开而展开。中国经济自身的去产能与产业结构调整是一个积极因素，在宽松政策重新释放需求下，对经济短周期的企稳将起到积极的作用。当然，PPI 和 CPI 剪刀差的收敛在前期会提升风险偏好，但是随着周期的运行，最终还是会被紧缩政策终结。围绕着短周期运行做出的两个阶段的判断，决定了在中周期框架下随着短周期运行而进行的资产配置战术，从本质上说，它遵循了一种"债券—大宗商品—权益"的运动路径（见表34-6）。

图 34-76　2016 年主要经济体将展开第三库存周期

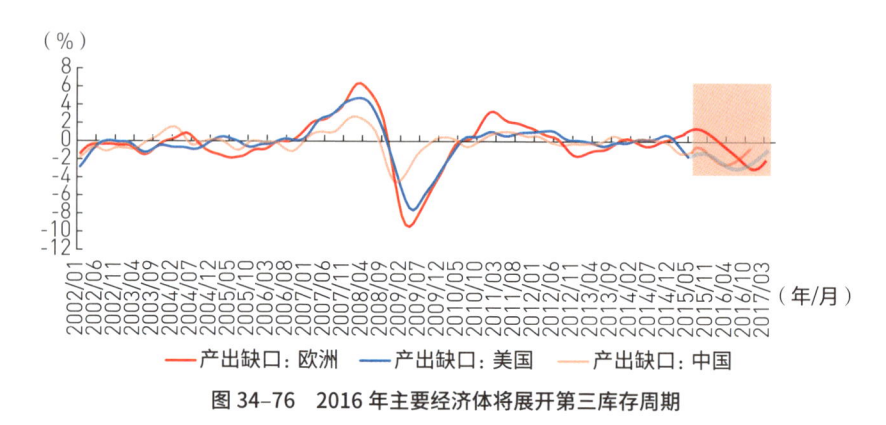

数据来源：中信建投证券研究发展部。

表 34-6　短周期运行下资产配置的节奏

阶段一：第二库存周期下行最后阶段			阶段二：第三库存周期上行阶段	
大宗商品				
能源与工业	●●	虽有流动性约束解除，短期需求偏弱，筑底	●●●	共生模式的延续，美元抑制的解除
黄金	●●	整体受到避险情绪的支撑	●●	弱美元因素，以及周期再次回落后避险
债券				
美国	●●●	经济回落后，国债避险作用提升	●●	通胀温和上行，国债收益率震荡上行
欧洲国家	●●●	宽松得以延续，国债具有相对配置意义	●●	通胀温和上行，国债收益率震荡上行
日本	●●●	宽松得以延续，国债具有相对配置意义	●●	通胀温和上行，国债收益率震荡上行

续表

	阶段一：第二库存周期下行最后阶段		阶段二：第三库存周期上行阶段	
中国	●●●	宽松政策，压低长端利率	●●	通胀温和上行，国债收益率震荡上行
其他新兴市场	●●	需要按国别甄别，整体来说配置意义不高	●	需要按国别甄别，整体来说配置意义不高
股市				
美国	●●	短周期下行后，消费股会顺势回落	●●●●	美国经济繁荣，同时全球风险偏好提升
欧洲国家	●●	短周期级别的震荡筑底	●●●	业绩弹性整体差于美国
日本	●●	短周期级别的震荡筑底	●●●	业绩弹性整体差于美国
中国	●●	去泡沫后，有风险偏好修复的结构性反弹	●●●●	去泡沫后风险偏好提升，业绩提升
其他新兴市场	●	风险资产冲击不会马上得到解除，滞后回升	●●●	存在全球风险偏好的修复机制
房地产等实物资产				
美国	●●●	房地产周期强劲，提供周期动力	●●●●	房地产周期强劲，提供周期动力
欧洲国家	●●	差于美国，好于新兴市场国家	●●●	差于美国，受经济复苏的支撑
日本	●●	差于美国，好于新兴市场国家	●●●	差于美国，受经济复苏的支撑
中国	●●	结构性机会，受房地产大周期抑制	●●●	资本外流的冲击得到解除，存在结构性机会
其他新兴市场	●	缺乏增长级，持续衰退导致资本外流明显	●●	部分国家资本超预期外流的冲击得到解除

数据来源：中信建投证券研究发展部。

35 中国经济即将触底
以产能周期和库存周期的逻辑

- 2015 年 11 月 3 日

提要

产能周期的运行规律

产能周期的产生缘于当期需求与当期供给的结构性错配，进而引发产能扩张和减少的波动，这是产能周期波动的核心逻辑；产能周期运行时间为 8~12 年，一个产能周期往往包括 1~2 个高点。中国随着工业化的深入，将逐步由"增长型产能周期"向"成熟型产能周期"转变。以中国产能周期规律来看，本次产能周期有望在 2016 年见到第一低点，终极低点将出现在 2018—2019 年。

产能周期与三周期嵌套

产能周期的运行遵循康波运动，我们认为，在本次康波萧条低点来临前，美国产能周期或将呈现长期震荡下行趋势；中周期在大趋势上也遵循康波运动；中国和美国平均产能周期下行期为 5 年，中国自 2010 年开始回落的产能周期，2016年应该是一个重要的低点年份；一个产能周期的运动包括几个库存周期，产能周期低点一定会滞后于库存周期对应的低点；产能周期低点没有出现，商品价格也可以出现反弹，而其领先的时间长度要用库存周期来解释。

产能周期转换与库存低点

研究产能周期，是为了定位经济或价格的高低点，也就是为了研究库存周期，从而完成产能周期底部的寻找工作。研究发现，中国产能周期触底前的库存周期复苏，较可靠的观测顺序是：社会融资规模增速→产出缺口→PMI原材料→工业企业利润→PPI→PMI产成品→产成品库存。以目前第二库存周期的运行规律来看，底部或将在2016年第一季度出现。

产能周期与库存周期运动中的行业定位

从中国的历史经验来看，每个产能周期触底前，化工、非金属制品、有色金属、钢铁和煤炭都将次第企稳回升。以产出缺口为基准，比较分行业产出缺口和PPI同比后发现，产出缺口均领先PPI价格反弹，其中化工产出缺口、有色金属产出缺口、钢铁产出缺口最为领先。如果判断PPI同比低点，前面还有非金属产出缺口，煤炭产出缺口和非金属PPI。目前，化工、有色金属的产出缺口均已反弹，库存周期底部隐现。

细分行业产能周期及库存周期

化工行业2005年见顶后10年去产能化，本次化工PPI底部将出现在2015年第四季度末，产成品库存有望在2016年第一季度附近触底。非金属建材见顶回落近6年时间，库存有望在2016年第二、第三季度触底，PPI有望在第二季度企稳。煤炭行业经历近6年的去产能，煤炭产出缺口在2015年第一季度触底，煤炭PPI自2015年6月步入底部区域维持震荡，煤炭库存在8月已有回升，或是冬季补库存因素所致，被动补库存不可持续，或将于第四季度发生变化，但已触及底部区域。

引言

中国经济何时触底，根本上还是产能周期问题，中国产能周期的回落，除了周期性供需匹配因素，更根本的是中国工业化起飞结束后，重化工业产能增速已经见到历史大顶，这是工业化的规律，各个国家概莫能外。产能周期的长期回落是有其起落规律的，我们从美国的长序列数据中可以发现，长期还是太久，对我们来说，一个产能周期的反弹对投资也有重大意义。

自 2010 年之后，中国的产能周期已经下降了 6 年，对应的大宗商品价格已经下降了 4 年，而中国的 PPI 已经下降了了 4 年，这些时间是有意义的。一种系统趋势如果延续太久，必然会导致某种下降现象，而从周期研究者的角度看，时间周期可能已经迫近极限。这个判断得到了历史数据的支持，从国际经验看，产能周期的一个单边下降趋势，极限时间就是 6~7 年，而到了这个时间，库存周期势必反弹，因为产能周期的下降是库存周期被持续压缩的过程，中国目前就是这种情况。所以，当产能周期迫近低点的时候，库存周期的弹性就会增加，这一点也得到了产出缺口的验证。

我们并没有说中国的产能周期下降已经结束，从长期看，当前所处的康波衰退和未来的萧条期都是产能的下降周期；从中期看，中国本次中周期尚未触底，而产能周期又是中周期的滞后周期，所以中国的产能周期显然不会在这个位置触中期大底。但是，产能周期的反弹必然发生，而这个反弹会持续 1~2 年，这对被挤压到极致的周期弹簧来说也是一次爆发。

所以，在这个产能周期的反弹点附近，库存周期可能会爆发出弹性，任何经济反弹最根本的因素，都是供需错位所导致的价格和库存问题，所以，寻找任何的经济反弹都要从库存周期出发。中国本次库存周期的高点出现在 2013 年 10 月，到现在已经调整了 24 个月，中国的库存周期已经迫近极限。我们认为，中国本次中周期第三库存周期最晚将在 2016 年第一季度触底反弹，虽然这是我们根据周期的时间规律推导出来的，但是现实已经给出了信号。

产出缺口是衡量库存周期的核心指标，也是最领先的指标。目前，产出缺口仍处在探底的过程中，但我们依然有领先于产出缺口的指标存在，在周期拐点处M1（狭义货币）增速和M2（广义货币）增速是产出缺口的领先指标，社会融资规模增速与产出缺口的拟合度高于M1增速和M2增速。社会融资规模增速领先产出缺口约一个季度，社会融资规模增速于2015年6月开始企稳，我们或将在未来一个季度内见到经济的企稳，我们需要为库存周期的企稳做好准备。

除了总量规律，行业的库存周期规律也可以是我们寻找库存周期低点的指标，也是我们布局周期的指针。中国库存周期规律中较可靠的企稳顺序是：化工产出缺口→有色金属产出缺口→钢铁产出缺口→非金属产出缺口→煤炭产出缺口→非金属PPI→PPI同比→化工PPI→有色金属PPI→煤炭PPI。目前来看，有色金属产出缺口于2015年4月开始反弹，化工产出缺口于2015年5月触底反弹，钢铁产出缺口9月刚开始小幅上翘。上述情况说明，中国的产出缺口可能很快触底。

各种周期的规律已经说明，2015年第四季度到2016年第一季度，中国经济将触及本次中周期第二库存周期的低点。随后，中国将出现第三库存周期为期一年的上行阶段，这是客观的，在经济极度低迷的时刻，曙光已经出现。对2016年的资本市场而言，流动性推动的逻辑毕竟已经是过时的方法，我们不能再次踏入同一条河流，逻辑的变化至关重要，而此时经济的触底为我们提供了新的逻辑起点，尽管这也是流动性推动的理由，但它显得有价值得多。

产能周期的运行规律

产能周期的理论概述

何为产能？产能是指，在一定时间内，企业参与生产的全部固定资产，在既定的组织技术条件下，所能生产的产品数量或者能够处理的原材料数量。简言之，产能是企业所有要素投入后所能生产的最大产品量。决定产能的三大核心要素：技术、资本、劳动。由于短期内技术提升较慢，产能的变动通常由资本和劳动决定。资本主要指机器设备、厂房等固定资本。

从定义可知，产能是企业所有要素投入后所能生产的最大产品量，短期内决定产能的核心要素是资本和劳动。但上述定义并没有回答提升或减少产能的动力从何而来。

按奥地利学派的逻辑，周期其实是人类的欲望与约束的平衡问题，这是人类经济活动的根本问题。这一结论可以从米塞斯《货币、方法与市场过程》一书中关于"当前经济学方法与政策之观察"的论述中找到证据："生产的唯一目的是满足需求，即消费。市场经济的卓越之处在于，所有的生活活动最终都是由消费者决定的。人作为消费者是至高无上的。作为生产者，他必须受制于消费者的愿望。"

我们将经济体简单地划分为两部分：消费者和生产商。我们认为，生产商对资本、劳动的投入动力源于下游消费者对产品需求的上升，需求的上升导致产品价格弹性和利润空间的提升，促使生产商进行投资、兴建产能，或是在原有的领域增加投资、扩大产能。这一切都源自生产商对消费需求、经济前景、价格弹性、利润空间的预期。相反，如果企业决定减少产能或退出，则是因为预期需求下降、经济前景恶化、利润空间下降。

但是，产能的形成一般需要 2~3 年甚至 5~6 年的时间，当期投入到产出存在明显的时滞效应，直接导致当期投入在未来某个时间内被转换成供给，从而导致当期需求与当期供给的结构性错配，进而引发产能扩张和减少的波动。这是产能周期波动的核心逻辑。

产能周期的衡量方法

涉及产能周期研究，不可避免会谈到我国产能过剩问题的形成原因和影响我国产能利用程度的主要因素。管理层和理论界都将更多的精力或着眼点放在固定资产投资上，认为我国产能利用程度是固定资产投资所形成的物质资本存量的结果。

我们在 2013 年 9 月发表的报告《转型期中国固定资产投资研究》中对产能利用率的估算方法进行了系统论述："2012 年以来，产能过剩逐渐成为一个长期问题，但难以量化。我们做了一定尝试：（1）资本存量法，中国的产能利用率已经从20世纪90年代的90%以上下降到了2012年的60%左右；（2）模型法，从2011年第三季度到目前，产能利用率持续下降，当前中国经济的产能利用率大约为80.6%，产能利用率是随经济周期波动的，产能过剩在经济周期波动过程中有局部改善的可能。"

该文在讨论产能周期的研究中，采用资本存量法对我国产能进行估算。资本存量法认为，产能利用程度是固定资产投资所形成的物质资本存量的结果：$Z=f(K)=A\times K$（物质资本存量）。该方法的优点是比较符合产能利用率的定义和实质，得出的结果比较切合实际；缺点是变量取值争议较大。利用王小鲁和樊纲（2000）给出的1952年不变价的1952—1999年我国物质资本存量的数据，我们还需要计算1952年不变价的2000—2014年我国物质资本存量的数据，最终计算得到中国产能周期。

产能周期的历史规律

为了更好地了解产能周期的运行规律，我们回溯了美国、日本和中国的长序列历史数据，并在此基础上对产能周期的运行规律进行分析。

美国的产能周期

1975—2011年，美国经历了4个完整的产能周期，分别是：

1975—1983年，共经历8年，3年上行期，5年下行期。产能同比增速中枢约2.57%。

1983—1991年，共经历8年，2年上行期，6年下行期。产能同比增速中枢约1.76%。

1991—2004年，共经历13年，7年上行期，6年下行期。产能同比增速中枢约3.34%。

2004—2010年，共经历6年，3年上行期，3年下行期。产能同比增速中枢约0.48%。

平均来看，美国产能周期约8.75年，上行期3.75年，下行期5年，上行期比下行期短 1~2 年。按照美国的经验，本次产能周期上行期接近尾声，或在 2015—2016 年开启下行期，或在 2019—2020 年触底（见图 35-1、表 35-1）。

　　从时间来看，美国的产能周期与中周期时长是一致的，都是 9 年左右，根源在于中周期和产能周期本质上都是固定资产投资问题。但产能周期与中周期也存在明显的不同：其一，产能周期的波动性会大于中周期，因为固定资产投资是经济运行中弹性最大的部分；其二，产能周期往往在时间上表现出滞后于中周期的特征。但从大的波动特征来看，产能周期显著存在 30 年以上的剧烈波动序列，这显然与康波的运动一致。最近一次美国产能周期的最高点在 1999 年，这正是本次康波繁荣的高点。

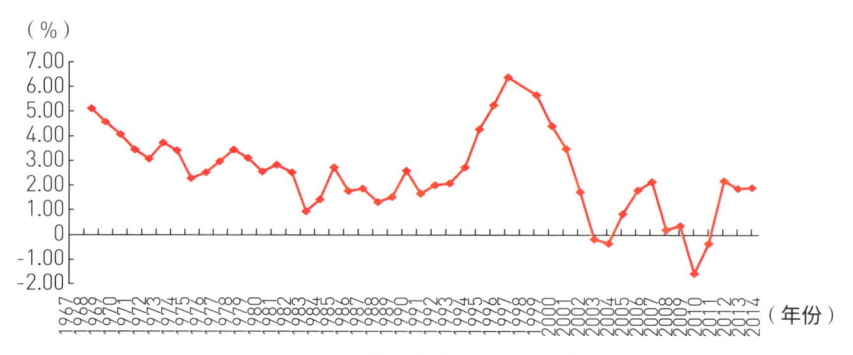

图 35-1　美国产能周期变化趋势

数据来源：CEIC 数据库，中信建投证券研究发展部。

表 35-1　美国产能周期统计

	合计（年）	上升时间（年）	下降时间（年）	增速中枢（%）
1975—1983 年	8	3	5	2.57
1983—1991 年	8	2	6	1.76
1991—2004 年	13	7	6	3.34
2004—2010 年	6	3	3	0.48
平均	8.75	3.75	5	2.04

数据来源：CEIC 数据库，中信建投证券研究发展部。

日本的产能周期

1987—2012年,日本经历了3个较完整的产能周期,分别是:

1987—1994年,共经历7年,3年上行期,4年下行期。产能同比增速中枢约1.33%。

1994—2002年,共经历8年,3年上行期,5年下行期。产能同比增速中枢约-0.70%。

2002—2014年,共经历12年,5年上行期,7年下行期,该趋势运行已接近尾声。

平均来看,日本产能周期约7.5年,上行期3年,下行期4.5年,上行期比下行期短1~2年。从长序列来看,由于日本20世纪80年代之后处于增长长期下降趋势,产能周期处于长期去产能状态,呈现低点越来越低的状态,是典型的"成熟型产能周期"(见图35-2、表35-2)。

按照此规律,日本本次产能周期可能在2015—2016年结束。

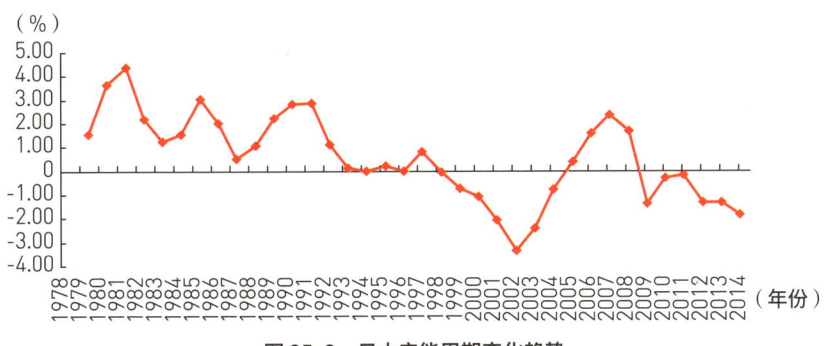

图35-2 日本产能周期变化趋势

数据来源:CEIC数据库,中信建投证券研究发展部。

表35-2 1987—2002年日本产能周期统计

	合计(年)	上升时间(年)	下降时间(年)	增速中枢(%)
1987—1994年	7	3	4	1.33
1994—2002年	8	3	5	-0.70
平均	7.5	3	4.5	0.32

数据来源:CEIC数据库,中信建投证券研究发展部。

中国的产能周期

1980—2014 年,中国共经历了 3 个较完整的产能周期,分别是:

1981—1991 年,共经历 11 年,6 年上行期,5 年下行期。产能同比增速中枢约 9.72%。

1991—2000 年,共经历 9 年,5 年上行期,4 年下行期。产能同比增速中枢约 11.20%。

2000—2015 年,共经历 15 年,10 年上行期,下行期目前已运行 6 年。

从前两个产能周期来看,中国产能周期平均持续时间约 10 年,上行期 5.5 年,下行期 4.5 年,上行期比下行期长约 1 年。从历史数据来看,工业化推升了中国产能周期的中枢高度,低点越来越高,产能周期上行期略长于下行期,是"增长型产能周期"模式(见图 35-3、表 35-3)。但随着工业化的深入,未来这一局面将有可能转向美国和日本的"成熟型产能周期"模式。

按照这一规律,中国本次产能周期有望在 2016 年见第一低点,终极低点将出现在 2018—2019 年。

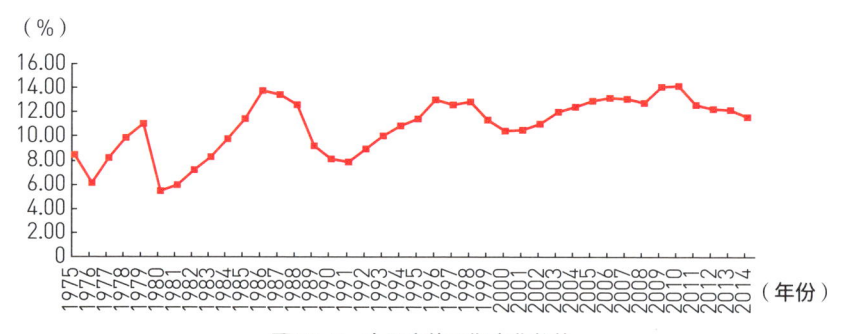

图 35-3 中国产能周期变化趋势

数据来源:CEIC 数据库,中信建投证券研究发展部。

表 35-3 1981—2000 年中国产能周期统计

	合计(年)	上升时间(年)	下降时间(年)	增长中枢(%)
1981—1991 年	11	6	5	9.72
1991—2000 年	9	5	4	11.20
平均	10	5.5	4.5	10.46

数据来源:CEIC 数据库,中信建投证券研究发展部。

小结

从理论上看,产能周期本质上是需求拉动投资的供需错配问题。在经济发展阶段,同一时间不同的国家所面临的经济结构、产业结构、工业化进程、要素结构等都存在巨大的差异,因而所产生的需求必然存在差异,这种差异最终将体现在产能周期的波动上。但是,在对历史规律的研究中,我们仍然发现诸多对分析和预测有意义的结论。

(1)从运行时间看,无论是在理论还是国际经验上,产能周期运行的长短都不存在一定的规律。具体的时间长短,与其所处的经济、政治、工业化、周期等诸多因素有关。但历史经验表明,产能周期主要为8~10年。

(2)从运行形态看,产能周期表现出两种经典形态:"增长型产能周期"(中国)、"成熟型产能周期"(美国、日本),这主要与各国所处工业化的位置有关。从运行中枢来看,由于产能周期运行形态的差异,"增长型产能周期"的产能增速中枢呈现上升台阶形态,产能增速低点逐步上升。"成熟型产能周期"的产能增速中枢呈现下降台阶形态,产能增速低点逐步下降。

(3)从运行特征看,"增长型产能周期"上行期长于下行期,为6个月到1年,"成熟型产能周期"下行期长于上行期,为1~2年。

(4)此外,一个产能周期往往包含1~2个产能高点,产能周期的高点多出现在中后期。

以历史规律来看,美国产能周期上行期接近尾声,或将在2015—2016年开启下行期,日本本次产能周期可能在2015—2016年触底,中国本次产能周期有望在2016年前后见到底部。这些时间规律为我们寻找产能周期的低点提供了经验数据。

产能周期与三周期嵌套

熊彼特认为,尽管康德拉季耶夫、朱格拉以及基钦三种周期划分标准不一,但是并没有出现不可调和的矛盾性特征。每个经济体的运行中都可能存在长、中、短周期,即三周期,每个长波周期嵌套中周期,每个中周期套有短周期。一般来说,每个长波周期包括 6 个中周期,每个中周期包括 3 个短周期,这就是多层次三周期嵌套的理论核心。

为了更好地理解产能周期的关系和作用,本章在三周期嵌套的基础上引入产能周期,系统论述产能周期与三周期嵌套的内在逻辑,从产能运动的维度揭示经济周期的运行。

产能周期大趋势与康波一致

目前受到广泛认可的康波划分方法是荷兰经济学家雅各布·范杜因的划分。他的划分列出自资本主义世界以来前四次康波的四阶段划分,以及标志性的技术创新。从表 35-4 中可以看出,第五次康波自 1982 年起进入回升阶段,1991 年之后进入繁荣阶段。而根据我们对康波的理解,我们定位主导国美国繁荣的高点为康波繁荣的顶点,即 2000 年或 2004 年。2004 年之后,康波进入衰退阶段,而第五次康波的标志性技术创新为信息技术。

表 35-4　世界经济史上的五次康波(1782—2015 年)

长波 (主导技术创新)	繁荣	衰退	萧条	回升
第一次(纺织工业和蒸汽机技术)(63 年)	1782—1802 年(20 年)	1815—1825 年(10 年)(战争 1802—1815 年)	1825—1836 年(11 年)	1836—1845 年(9 年)
第二次(钢铁和铁路技术)(47 年)	1845—1866 年(21 年)	1866—1873 年(7 年)	1873—1883 年(10 年)	1883—1892 年(9 年)
第三次(电气和重化工业)(56 年)	1892—1913 年(21 年)	1920—1929 年(9 年)(战争 1913—1920 年)	1929—1937 年(8 年)	1937—1948 年(11 年)
第四次(汽车和电子计算机)(43 年)	1948—1966 年(18)	1966—1973 年(7 年)	1973—1982 年(9 年)	1982—1991 年(9 年)
第五次(信息技术)	1991—2002 年或 2004 年	2002 年或 2004 年—?	?	?

数据来源:1. 1973 年以前参见雅各布·范杜因.创新随时间的波动 [C]// 外国经济学说研究会.现代国外经济学论文选:第 10 辑.北京:商务印书馆,1986;1973 年以后为陈漓高、齐俊妍所续。
2. 陈漓高,齐俊妍.信息技术的外溢与第五轮经济长波的发展趋势 [J]. 世界经济研究,2007(7);陈漓高,齐俊妍,韦军亮.第五轮世界经济长波进入衰退期的趋势、原因和特点分析 [J]. 世界经济研究,2009(5)。
3. 第五次康波为周金涛划分。

以第四次和第五次运动为例：从 1948 年之后全球进入繁荣期；随即在 1966 年美国经济增长达到高点；1971—1973 年布雷顿森林体系崩溃，全球进入萧条阶段；1974 年和 1979 年发生两次石油危机，在此期间美国持续处于滞胀状态，这是第四次康波的衰退和萧条期。1982 年之后，里根政府携"供给学派"重整美国经济，削减政府预算减少福利开支，控制货币供给量以降低通货膨胀，减少个人所得税和企业税以刺激投资，放宽企业管理减少生产成本。之后，美国出现高增长低通胀的局面，经济逐步摆脱萧条，步入第五次康波回升阶段，1991 年之后进入繁荣阶段。而根据我们对康波的理解，我们将主导国美国 GDP 增长的高点作为康波繁荣的顶点，即 2000 年或 2004 年，在此之后，全球第五次康波进入衰退阶段。

从康波运动的角度来看，产能周期的运行遵循康波运动：（1）康波衰退期（始于 1966 年），产能周期进入去产能阶段，产能中枢逐步下移，一个低点比前一个更低；（2）康波萧条期，产能下降趋势有望在萧条期企稳；（3）康波回升期，产能周期将在回升期达到最低点，开始触底反弹；（4）康波繁荣期，产能增速加速回升，在繁荣期上升至最高点。产能周期与康波运行规律具有高度相关性。这种相关性背后的内在联系是，经济周期波动影响消费需求的变化，进而影响投资产能的波动。因此，我们认为产能周期在趋势上受制于康波运动（见图 35-4）。

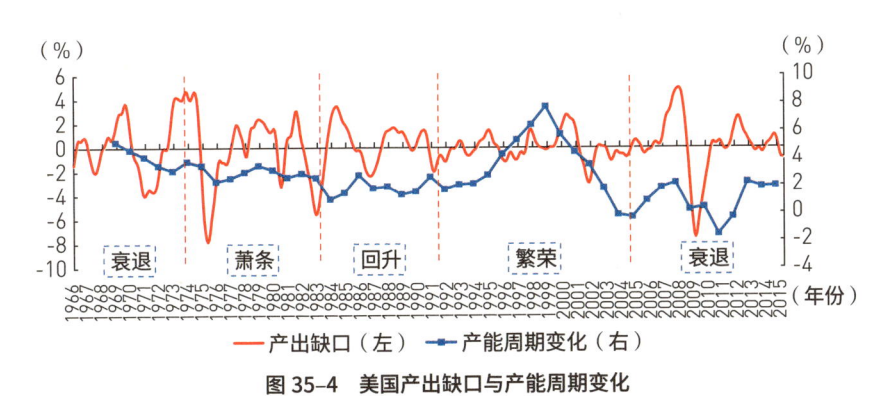

图 35-4 美国产出缺口与产能周期变化

数据来源：CEIC 数据库，中信建投证券研究发展部。

目前来看，1998 年美国出现产能周期的长期高点，证明第五次康波的繁荣期结束，康波衰退期已经在 2004 年附近开启。按照这样的规律，我们认为在 2025—2028 年本次康波萧条低点来临之前，美国的产能周期将呈现长期震荡下行趋势，这对研究中国的产能周期有重大意义。

产能周期与中周期的关系

1862 年，法国医生、经济学家克里门特·朱格拉在《论法国、英国和美国的商业危机以及发生周期》一书中首次提出，由设备投资周期为经济带来的 8~10 年的周期性变动。这种中等长度的经济周期一般被后人称为"朱格拉周期"，熊彼特将朱格拉周期称为中周期。一个康德拉季耶夫长周期大约包括 6 个朱格拉中周期，即一个阶段为 8~10 年。

在分析中周期和产能周期问题时，需要先明确，中周期（朱格拉周期）在大趋势上也遵循康波运动：（1）长波繁荣期中周期向上，设备投资在 GDP 中的占比上升，如 1948—1966 年、1991—2005 年，虽然前者经历了 20 世纪 50 年代的多次危机，但 1960 年后占比上升较快；（2）长波衰退期设备投资回升较慢，如 1966—1973 年；（3）长波萧条期，设备投资仍会较快增加，如 1973—1982 年；（4）长波回升期设备投资反而下降，如 1982—1991 年。

其内在逻辑正如我们在 2011 年 2 月的《工业化、中周期与主导产业演进》中对这种现象的阐述："正如熊彼特的创新周期理论所指出的，经济繁荣主要源于创新浪潮，设备投资快速上升正是这一浪潮的反映。但长波衰退以及长波萧条期设备投资占比上升，如果用熊彼特四阶段周期理论解释，衰退是由于创新活动的下降，但从属波或投机活动消退的速度快于创新，由此，创新在经济活动中反而更加突出。而在'回归点'，在低利率下，投机活动恢复，在回归均衡的过程中，设备投资的占比反而是下降的，在下一个繁荣期，创新重新主导经济增长。"

以美国为例，分析产能周期和中周期的运动规律可知：（1）中周期在拐点位置领先于产能周期，中周期在高位与产能周期的关系：领先 1 个季度、滞后 4 个季度、领先 4 个季度、滞后 7 个季度；中周期在低位与产能周期的关系：滞后 4 个季度、相同、滞后 3 个季度、滞后 6 个季度；（2）产能周期高点与中周期高点的位置关系不明显，呈现出领先和滞后交替分布的状态，产能周期低点均滞后于中周期低点；（3）从均值角度来看，产能周期高点平均滞后中周期高点 2~3 个季度，产能周期低点平均滞后中周期低点 3~4 个季度（见图 35–5、表 35–5）。

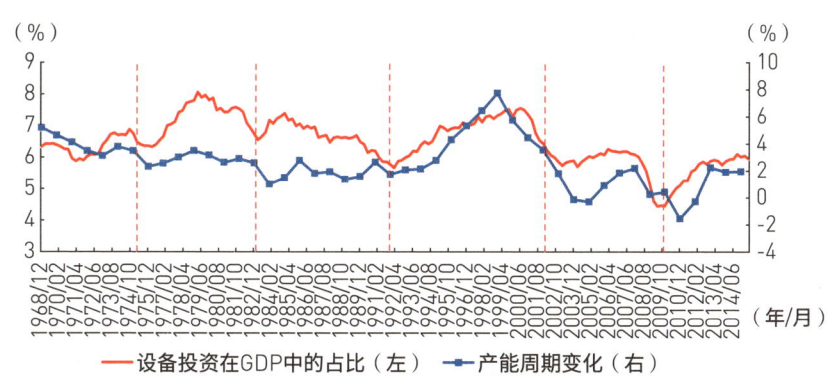

图 35–5　美国设备投资在 GDP 中的占比与产能周期变化

数据来源：CEIC 数据库，中信建投证券研究发展部。

表 35–5　美国产能周期与中周期的领先—滞后关系（单位：季度）

	高点	低点
1964 年 8 月—1975 年 5 月		-2
1975 年 6 月—1982 年 12 月	+1	-4
1983 年 1 月—1991 年 3 月	-4	0
1991 年 4 月—2001 年 12 月	+4	-3
2002 年 1 月—2009 年 5 月	-7	-6
平均	-1.50	-3.25

数据来源：CEIC 数据库，中信建投证券研究发展部。

从中国的产能周期与中周期的关系来看，中国自 20 世纪 80 年代以来一直运行的是超长产能周期，这与中国处于工业化起飞阶段有较大的关系。

以我们对中国工业化的理解，2007—2010年是中国工业化起飞的结束点，所以，2010年的产能周期高点应该是中国产能周期30年超级大周期的结束。随后，中国的产能周期应该是长期向下的，而在2025年或者2028年之前，由于康波处于衰退及萧条阶段，全球都是超级下降产能周期，所以我们不可能期望中国产能周期的大趋势有所回升，我们只需把握每个产能6年或12年周期时高点和低点的机会。

根据我们前面研究的产能周期的时间规律，美国产能周期的平均下行期为5年，而中国产能周期下行期是4.5年，所以，自2010年开始回落的中国产能周期，我们认为2016年应该是一个重要的低点年份。当然，我们并没有说2016年是中国产能周期的最低点，按照我们的中国三周期嵌套模式，2016年中国将开启中周期第三库存周期，而这可能与产能周期到达阶段低点有关。而本来中国中周期的终极低点出现在2018年左右。如果产能周期滞后中周期低点一年，则中国本次产能调整的终极低点出现在2019年，这有可能是一个18年的产能周期。

中国产能周期的认识，有两个不恰当的概念。

其一，认为去产能周期不结束就看不到周期的机会。中国自2010年开启的应该是长达20年的产能向下周期，但在具体波段上，我们更应该关注6年或12年的产能周期。这种周期具有明显的规律性，即其调整波段最长不会超过6年，随后将出现产能周期的反弹，从理论上可以推导出，产能周期反弹前一定会出现价格反弹。

其二，产能周期具有明显滞后于经济中周期的特点，所以价格对产能具有明显的领先性，而其领先的时间长度要用库存周期来解释。所以，一个基本结论是，产能周期低点没有出现，商品价格也可以出现反弹。而这种价格反弹的弹性可能有大小之别，而我们当前研究的意义在于，从中周期讲，当产能在6年或12年周期迫近调整低点时，价格弹性会不会增加（见图35-6）。如果增加，那就是重大的价格反弹机会。从库存周期上讲，这种价格弹性增加可以用库存周期来定位和预判，因而，现在研究价格反弹的意义就更大了。

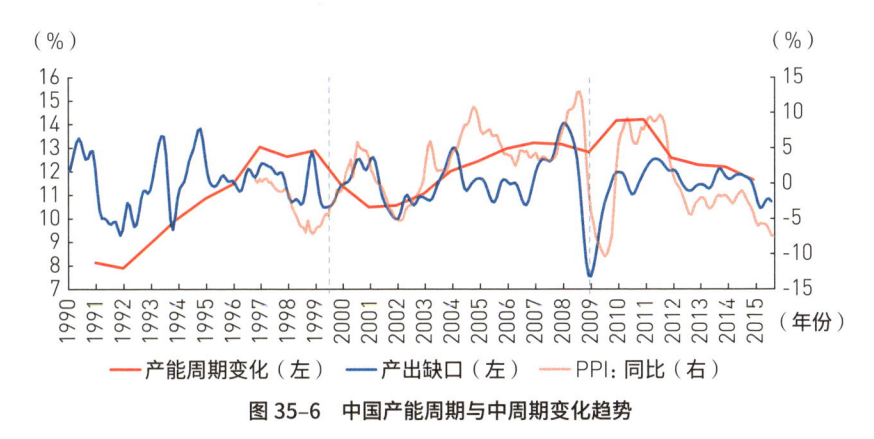

图 35-6　中国产能周期与中周期变化趋势

数据来源：CEIC 数据库，中信建投证券研究发展部。

库存周期是产能周期的领先表现

短周期又被称为基钦周期。1923 年，英国的约瑟夫·基钦在《经济因素中的周期与倾向》一文中根据美国和英国 1890—1922 年的利率、物价、生产和就业等统计资料从厂商生产过多时就会形成存货、从而减少生产的现象出发，把这种 2~4 年的短期调整称为库存周期，他从 40 个月里出现的有规则的上下波动中发现了这种短周期。

就库存周期的表现形式看，库存周期是一种量价变化的过程。理论上，价为量先，我们可以根据量价关系把库存周期划分为四个阶段：被动去库存（价格先于库存下跌）→主动去库存（量价齐跌）→被动补库存（价格先于库存上升）→主动补库存（量价齐升）。在真实的库存周期中，这四个阶段很难被清晰地划分，大多数时间都是量价同向（见图 35-7）。

在过往的经济周期研究中，我们使用产出缺口衡量经济短期波动，在 2013 年 4 月的《三周期嵌套之理论篇（3）：经济周期的识别》中也做出定义："产出缺口是一个相对概念，衡量的是实际产出与潜在产出之间的差值，或者差值与潜在产出的比率，反映了对现有经济资源的利用程度。真实产出总是由于需求的波动而偏离潜在产出。因而，产出缺口有正负之分，反映的是总需求与总供给之间的差异。若实际产出大于潜在产出，则意味着总需求大于总供给，经济景气度较高，增速较快，经济周期繁荣阶段总是伴随着持续上升的正缺口。若产出缺口为负，则意味着总需求小于总供给，经济景气度下降，增速下滑，经济衰退伴随着产出缺口的下降，萧条期总是伴随着持续下降的负缺口。因而，产出缺口是判断经济周期的指标之一，或者是库存周期的领先指标。"

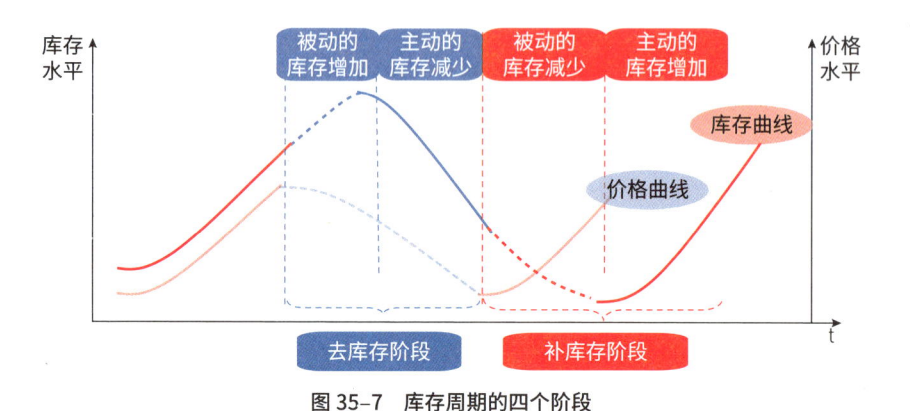

图 35-7 库存周期的四个阶段

数据来源：CEIC 数据库，中信建投证券研究发展部。

从理论上来说，一个产能周期必定包含几个库存周期，产能周期的高点和低点一定与其包含的某个库存周期的高低点有关，但不会与其包含的所有库存周期的高低点有关。产能周期的高低点一定会滞后于库存周期的对应高低点，这都是可以推导出来的。其实，研究产能周期是为了定位经济或价格的高低点，也就是为了研究库存周期。因为我们可以推断出，在产能周期的高低点位置，库存周期往往会表现出波动放大状态，这是可以用理论推断的，而此时往往有较大的投资机会。

以美国为例，2013 年 8 月，美国本次中周期第二库存周期触底回升，在经历了 16 个月的上行期后，随着美国第三轮量化宽松的退出，产出缺口于 2014 年 12 月见顶回落，按照美国第二库存周期下行期平均调整 15 个月、最长调整 19 个月来看，美国产能周期离底部尚有一段距离，目前还在寻底的过程中，预计 2016 年第二、第三季度触底。本次美国产能周期尚处于顶部区域，按照美国产能周期平均上行3~4年的规律，现已接近产能周期上行期尾声，或将于2015—2016年开启下行期（见图35-8）。

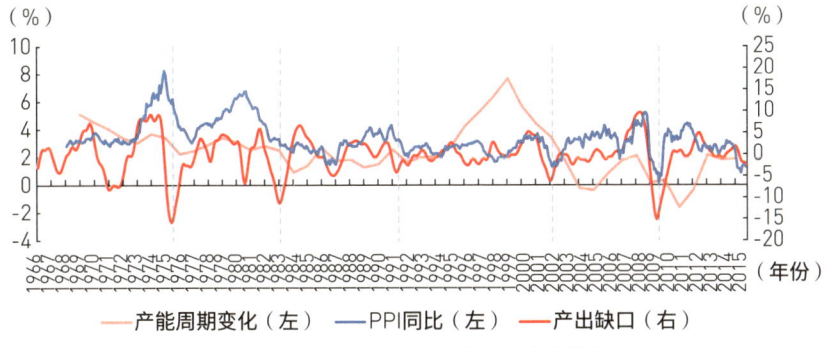

图35-8　美国产能周期与短周期变化趋势

数据来源：CEIC数据库，中信建投证券研究发展部。

2012年8月，中国本次中周期第二库存周期触底，但上升期非常短暂。2013年10月产出缺口见顶回落，即开始第二库存周期的调整阶段，到2015年10月已经调整了两年。而按照中国库存周期调整期的经验，两年已经是库存周期调整的最长时间，所以，本次库存周期调整显然离底部不远（见表35-6、图35-9）。而在此时，如我们前文所述，中国的产能周期在调整了6年后，可能会出现阶段性底部，那么在这个过程中，中国恰逢库存周期触底，这个库存周期的底部可能有较大的意义。因此，后面要做的工作就是以嵌套关系推测本次库存周期的低点，从而完成底部的寻找工作。

表35-6　中国不同库存周期上升、下行的时间规律

中周期起止时间	合计	第一库存周期（月）		第二库存周期（月）		第三库存周期（月）	
		上升	下降	上升	下降	上升	下降
1991年12月—1999年5月	89	1991年12月—1993年10月		1993年11月—1996年3月		1996年4月—1999年5月	
		18	5	12	17	14	23

续表

中周期起止时间	合计	第一库存周期（月）		第二库存周期（月）		第三库存周期（月）	
		上升	下降	上升	下降	上升	下降
1999年5月—2009年1月	116	1999年5月—2001年12月		2001年12月—2005年7月		2005年7月—2009年1月	
		16	16	26	17	22	19
2009年1月—？	？	2009年1月—2012年8月		2012年8月—？		—	—
		26	18	13	—	—	—
平均	103	17	10	19	17	18	21

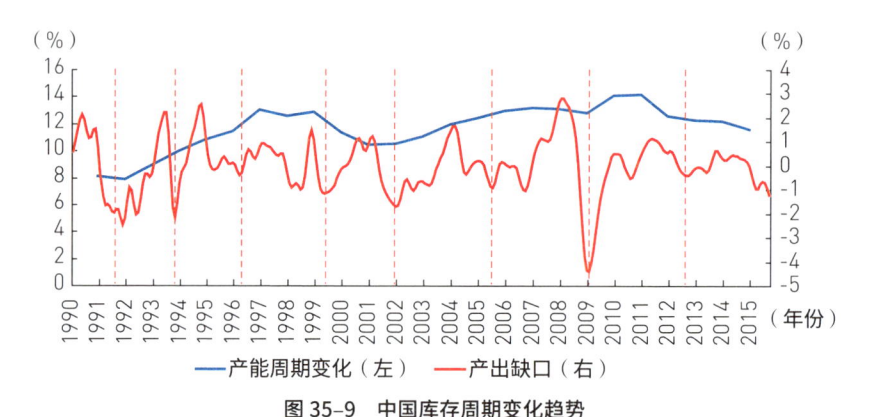

数据来源：中信建投证券研究发展部。

图35-9 中国库存周期变化趋势

数据来源：CEIC数据库，中信建投证券研究发展部。

产能周期转换与库存周期低点

如前所述，产能周期滞后于库存周期，研究产能周期的转换过程，应以周期嵌套关系为核心，先推测本次库存周期的低点，从而完成产能周期底部的寻找工作。产能周期的低点理论上不会与库存周期的低点重合，因此，研究产能周期底部转换问题，本质上是在研究库存周期，以及产能周期底部附近与库存周期的关系。一个产能周期包含几个库存周期，而其中只有一个或两个（如果是双底结构）库存周期的低点出现在产能周期低点之前。所以我们的研究分为两个步骤，第一步是研究寻找库存周期低点的问题，第二步是研究在产能周期低点之前的那个库存周期的低点的特征与其他库存周期低点的差异。

以下我们按照嵌套理论和以往的研究经验，利用以产出缺口为核心的库存周期研究框架，对美国和中国进行研究。

美国经验

产出缺口的意义与作用

美国产出缺口与美国工业部门产能利用率波动基本一致（见图 35-10）。具体到行业，正缺口意味着产品供不应求，行业步入景气阶段，开工比较充分，产能利用良好，且有扩大产能的要求，出现主动的补库存行为以应对需求；负缺口则意味着产品供大于求，企业收缩生产，产能利用下滑，库存行为表现为去库存。根据我们以往的经验和论证，可以说产出缺口是产能利用情况、供需情况、库存行为和价格表现的统一体，而产能、需求、价格是库存行为的关键因素。

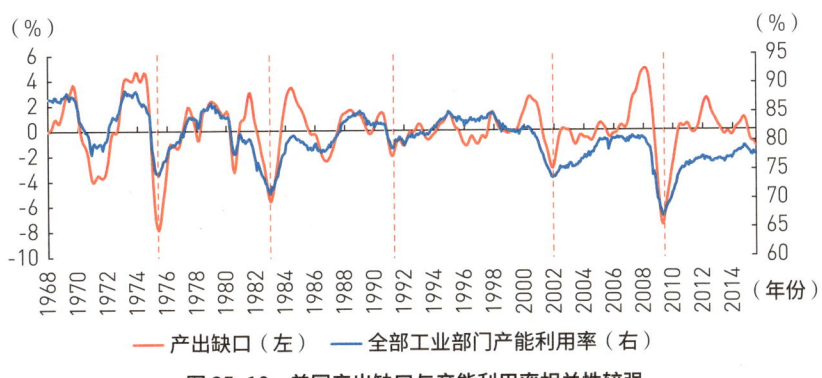

图 35-10　美国产出缺口与产能利用率相关性较强

数据来源：CEIC 数据库，中信建投证券研究发展部。

上述结论也印证了我们之前的判断，产出缺口作为衡量短周期的重要指标之一，与产能周期的变化关系敏感度较低，但在周期拐点处明显领先于产能周期（见图35-11）。主要的原因是，产能周期的触底和回升源于长期去产能以及短周期剧烈去库存和边际弹性回升。

图35-11　美国产出缺口是产能周期拐点的领先指标

数据来源：CEIC数据库，中信建投证券研究发展部。

产出缺口与库存

为什么产出缺口能描述库存周期？从逻辑上看，当产出缺口向上时，需求持续好转，企业有增加库存的冲动和行为。当产出缺口向下时，需求开始萎缩，初期表现为供需失衡下的库存增加，而后是以去库存为主的库存下降。产出缺口领先于库存变动。

制造业库存平均滞后产出缺口约5.14个月（1~2个季度），零售商库存滞后产出缺口约4.86个月（1~2个季度）。从统计规律上看，零售商库存同步略领先于制造业库存，这可能与美国经济结构和产业链传导有关，零售商库存的变动更接近下游消费者，制造业则偏上游。

值得注意的是，仅考虑产能周期低点，制造业库存平均滞后产出缺口约4个月（1~2个季度）、零售商平均滞后产出缺口约4.5个月（1~2个季度），制造业库存同步略领先于零售商库存，并且底部反弹后的制造业库存持续性强于零售商库存。可能的原因是，在产能周期低点之前，经济危机的冲击使经济增速大幅下滑，全社会去产能加速，位于上游的制造业弹性大于下游行业，率先企稳。这本质上是库存周期与产能周期切换过程中动力源强弱的差异（见图35-12）。

从波动幅度看，"库存长鞭效应"明显存在。制造业、批发商库存同比波动比零售商库存波动更剧烈，这种现象可以解释为，对终端需求信息的放大使得越远离终端的制造业和批发商的库存波动对需求变化越敏感、幅度越大。然而，批发商调整库存的速度慢于制造商，可能的解释是，批发商作为中间商，其产业链位置决定了其获取信息和调控资源的能力具有滞后性。

结合上述分析，产出缺口领先制造业库存和零售商库存同比约4个月（1~2个季度）。但库存企稳顺序在不同级别的周期转换过程中存在差异，根本原因在于周期动力源强弱和需求弹性的差异。我们认为，在库存周期底部运行过程中，零售商库存同比将领先于制造业库存同比反弹（见图35-13、图35-14、表35-7）。在产能周期底部切换前，比较可靠的顺序是：产出缺口→制造业库存同比→零售商库存同比。

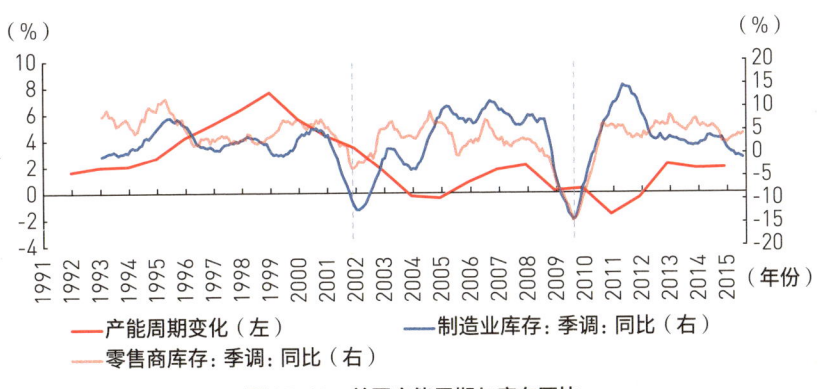

图35-12 美国产能周期与库存同比

数据来源：CEIC 数据库，中信建投证券研究发展部。

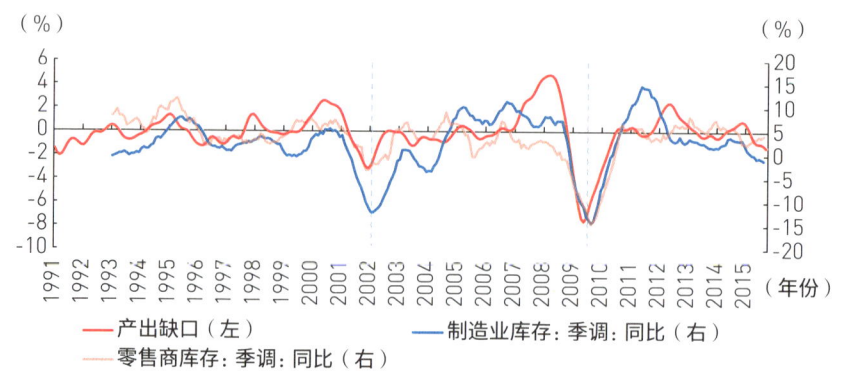

图 35-13 美国产出缺口与库存同比

数据来源：CEIC 数据库，中信建投证券研究发展部。

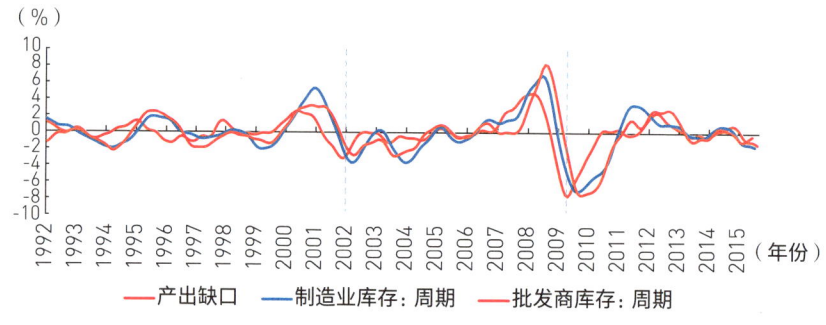

图 35-14 美国产出缺口与库存周期

数据来源：CEIC 数据库，中信建投证券研究发展部。

表 35-7 美国产出缺口与库存周期的领先—滞后关系（单位：月）

	制造业库存	零售商库存
1991 年 4 月—1996 年 2 月	-14	-13
1996 年 3 月—1998 年 12 月	-3	-6
1999 年 1 月—2001 年 12 月	-4	-4
2002 年 1 月—2003 年 6 月	-7	-3
2003 年 7 月—2005 年 10 月	0	-3
2005 年 11 月—2009 年 5 月	-4	-4

续表

	制造业库存	零售商库存
2009年6月—2013年7月	-4	0
所有周期低点平均	-5.14	-4.86
产能周期低点平均	-4.00	-4.50

数据来源：CEIC数据库，中信建投证券研究发展部。

产出缺口与价格

正如基钦所认为的，要研究库存周期，价格和库存的变化都是不能忽视的，二者共同决定了库存周期。其内在的逻辑是，当需求不振时，价格上涨乏力，企业没有提高库存的动力。反之，当需求旺盛时，企业预计未来有更多的需求，于是提高库存。

我们一直认为，经济周期或库存周期也是价格周期，价格在经济运行中占据核心地位，它反映了经济运行过程中的供需关系与货币状态：经济扩张伴随着通货膨胀，经济衰退或萧条则伴随着通货紧缩，这一现象可以反映在产出缺口变化与物价同比的关系上，而且物价拐点很多时候滞后于经济周期的拐点（见图35-15）。

产出缺口领先PPI同比约1个季度，两者均领先于产能周期。但在产能周期达到低点时，PPI价格指数往往已上升至阶段性高点，这充分说明：（1）价格的回升并不需要等到产能周期触底，一个产能周期嵌套了多个价格周期，价格提前反弹的原因可能是在长期去产能和去库存之后第三库存周期的开启，以及价格弹性大幅提升；（2）在产能周期的运行过程中，企业的产能投资行为具有显著的滞后性，供需在时空上是严重错配的。

在研究价格问题时，不可避免地需要结合库存周期进行研究。美国库存数据序列有限，我们仅通过1992年之后的数据观察库存和价格关系。从理论和数据出发，价格数据略领先于库存数据，在产能周期低点附近，PPI的回升速度和强度明显领先于CPI和库存数据（尽管这种领先在时间规律上间隔较小），本质上是周期切换过程中的动力源强弱差异和弹性差异。

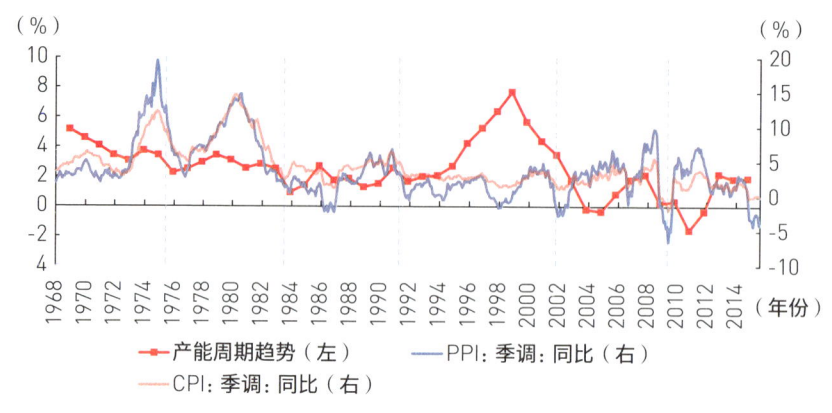

图 35-15 美国产能周期的低点往往伴随着价格阶段性高点

数据来源：CEIC 数据库，中信建投证券研究发展部。

因此我们认为，产能周期在长时间的去产能情况下，在产能周期底部前我们可能观测到的传导关系是：产出缺口→PPI 同比→制造业库存→CPI 同比→零售商库存（见图 35-16、图 35-17、图 35-18）。

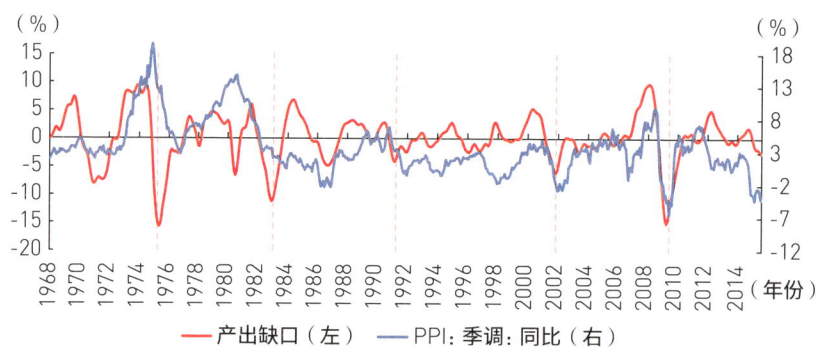

图 35-16 美国产出缺口是 PPI 同比的领先指标

数据来源：CEIC 数据库，中信建投证券研究发展部。

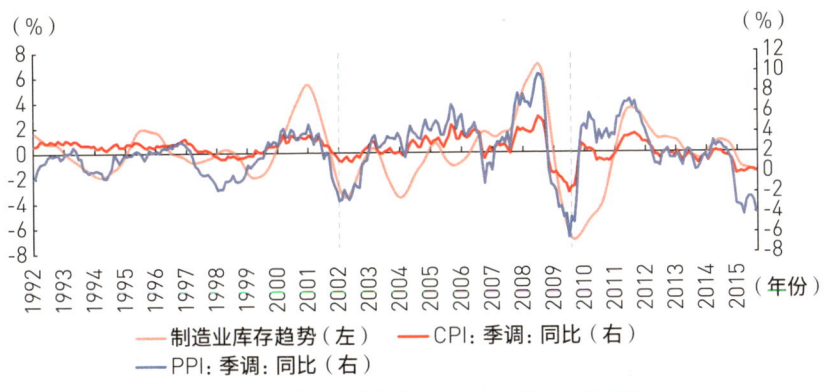

图 35-17　美国制造业库存与 PPI 同比、CPI 同比

数据来源：CEIC 数据库，中信建投证券研究发展部。

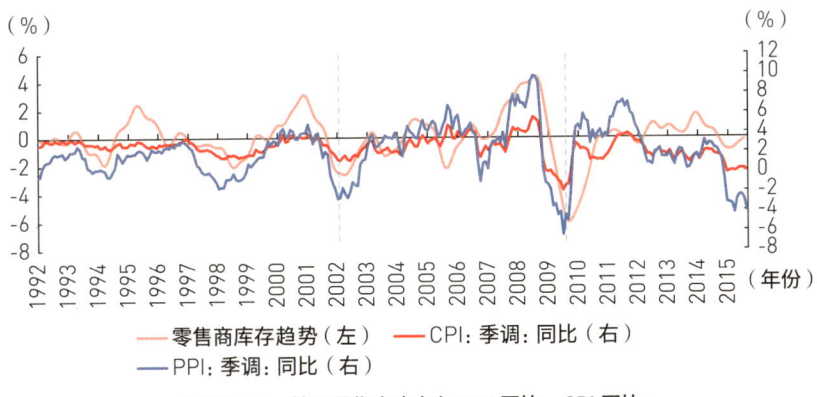

图 35-18　美国零售商库存与 PPI 同比、CPI 同比

数据来源：CEIC 数据库，中信建投证券研究发展部。

产出缺口与利润

利润是企业生产经营的最终目标，利润的变化对企业生产经营决策较为敏感，在经济周期运行的上行期，需求旺盛，价格持续攀升，企业利润增速较快，企业将通过投资新建、扩建产能，最终实现企业利润的最大化。因此，研究企业利润的变化与库存周期的关系极其重要。

产出缺口基本上同步于企业利润，企业利润与 PPI 的领先—滞后关系随康波运行呈不同形式。可能的原因是我们在 2015 年 9 月《康波中的价格运动》中所提到的:"康波价格的剧烈波动主要集中于从衰退到萧条的阶段,这是由于:(1)当效率提升放缓时,供需的原有平衡边际发生了变化;(2)长鞭效应,康波衰退期上游原材料的波动幅度与速度远大于产品价格,而原材料价格的巨幅波动正是工业企业利润回升的潜在条件。原材料价格跌幅超过产品价格,提升了利润边际的弹性。"

从产出缺口的角度看,产出缺口是利润变化的领先指标,其背后的逻辑是:产出缺口衡量的是实际产出和潜在产出之间的差额,反映的是社会经济中资源的利用情况,而企业利润是量和价的综合表现,利润触底先要看到销售量见底,其次要看到价格(或者销售价格—成本)见底,销售量我们可以用产出缺口描述,价格变动则可以用PPI同比描述。

从历史规律我们可以看到,利润同比的底部最早可以在"量"的底部出现,最晚则在"价"的底部出现,或者在二者之间出现。利润同比波动基本上与产出缺口波动一致,而当利润底部回升后,在回升初期,原材料价格的回升将推升利润。但到了回升后期,PPI同比如果大幅上涨,就会对工业企业利润产生冲击,商品价格本身也是企业利润的掘墓人(见图35-19、图35-20)。

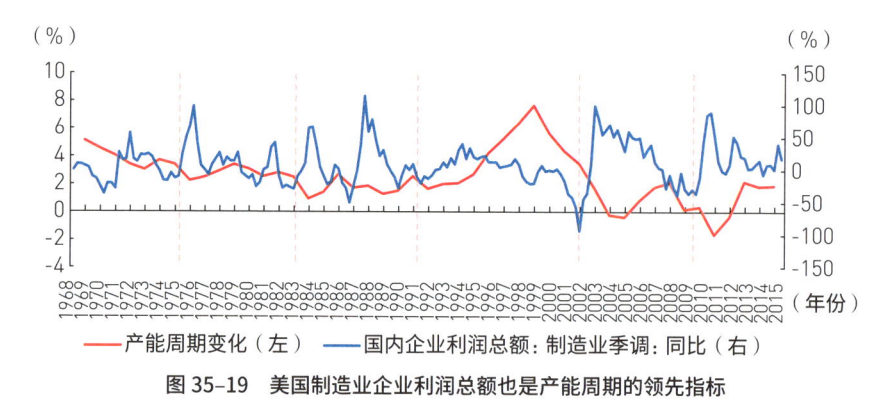

图35-19 美国制造业企业利润总额也是产能周期的领先指标

数据来源:CEIC数据库,中信建投证券研究发展部。

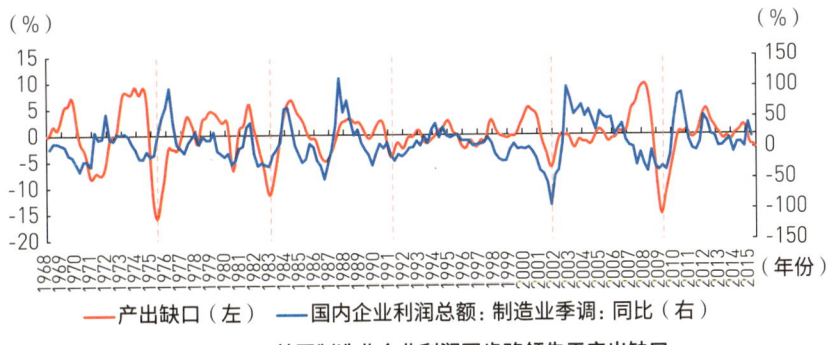

图 35-20　美国制造业企业利润同步略领先于产出缺口

数据来源：CEIC 数据库，中信建投证券研究发展部。

　　从当前的经济周期运行来看，"量"处于第二库存周期二次探底的过程中，"价"的走势跌幅略有收窄。因此，利润的恢复至少需要产出缺口再次掉头向上才能得到确认（见图35-21）。按照第二库存周期运行的规律，美国的第二库存周期底部或在2016年第二、第三季度出现。

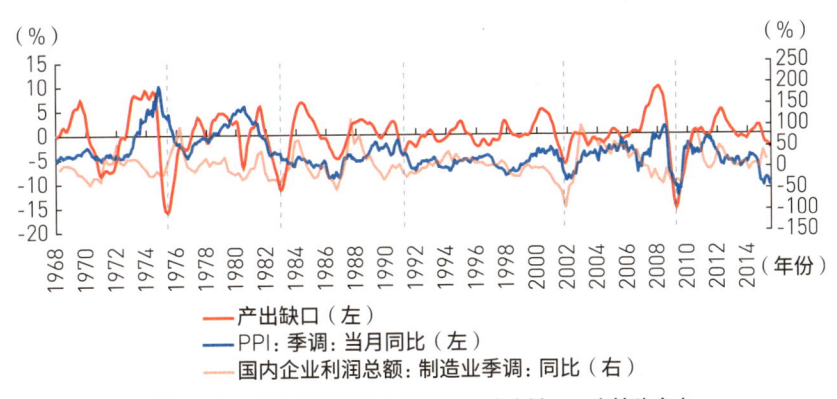

图 35-21　美国利润的恢复至少需要产出缺口再次掉头向上

数据来源：CEIC 数据库，中信建投证券研究发展部。

另一个维度的证据：库存周期中的产出弹性

　　研究产能周期是为了定位经济或价格的高低点，实质上是为了研究库存

35　中国经济即将触底　　107

周期，因为在产能周期的高低点位置，库存周期往往会表现出波动放大状态。就一般规律而言，随着经济从衰退底部复苏，产能利用率通常得到快速提升。从这个角度看，产能利用率的提升是经济增长弹性最大的动力（源泉当然是需求的快速复苏）。这也说明，周期波动不仅表现在库存和价格变动上，还通过生产行为体现出来。

从美国库存周期来看，美国制造业产能利用率历史平均值约80%，产能利用率运动呈现的规律明显：（1）第一库存周期产能利用率提升幅度较大，平均达10.35%，其后依次为第二、第三库存周期，第三库存周期产能利用率较低，表现出高位震荡的特征；（2）产出弹性依次为第三、第二、第一库存周期，分别为564%、251.91%、125.41%，而产出弹性越高，意味着相同的产能利用率产出越多；（3）不同库存周期产能利用率与产出弹性特征表明，产能的扩张从第一库存周期开始，之后随着时间的推移逐渐得到投放（见表35-8、表35-9、表35-10）。

表35-8 美国第一库存周期上行期（单位：%）

第一库存周期上行期	产能利用率变化	每小时产量提高率	设备投资增长率	CRB现货变化	产出弹性
1964年9月—1966年8月	5.66	13.96	35.88	7.75	107.08
1975年6月—1977年5月	14.74	4.97	36.93	13.48	78.73
1983年1月—1984年5月	13.23	5.59	26.26	23.94	74.01
1991年4月—1995年1月	9.30	7.57	38.92	13.87	174.84
2002年1月—2002年9月	2.36	3.15	-3.95	11.72	151.01
2009年6月—2012年6月	16.80	5.16	48.28	31.77	166.80
平均值	10.35	6.74	30.39	17.09	125.41

数据来源：CEIC数据库，中信建投证券研究发展部。

表 35-9 美国第二库存周期上行期（单位：%）

第二库存周期上行期	产能利用率变化	每小时产量提高率	设备投资增长率	CRB现货变化	产出弹性
1967年8月—1969年9月	-0.03	4.00	24.25	16.07	295.25
1978年2月—1978年12月	4.73	2.54	17.13	13.72	137.91
1986年11月—1988年5月	6.38	1.64	6.45	19.41	108.44
1996年3月—1997年12月	2.53	4.31	14.12	-6.06	606.03
2003年7月—2005年3月	5.85	5.92	15.79	18.70	114.78
2013年8月—2014年11月	3.25	0.64	9.98	-3.87	292.36
平均值	3.78	3.17	14.62	9.66	251.91

数据来源：CEIC 数据库，中信建投证券研究发展部。

表 35-10 美国第三库存周期上行期（单位：%）

第三库存周期上行期	产能利用率变化	每小时产量提高率	设备投资增长率	CRB现货变化	产出弹性
1971年1月—1973年11月	13.56	9.48	52.31	77.71	95
1980年8月—1981年8月	2.40	3.57	14.59	-7.37	505
1989年10月—1990年7月	-4.09	3.25	2.24	-3.55	252
1999年1月—2000年5月	-0.11	5.96	13.82	-0.15	1426
2005年11月—2008年3月	-1.54	3.62	16.47	57.92	546
平均值	2.04	5.18	19.89	24.91	564

数据来源：CEIC 数据库，中信建投证券研究发展部。

在第三库存周期上行期，我们观察到产能利用率波动较小、产出弹性极高。可能的原因是：产能短期内受到约束，产能利用率维持震荡，产能利用率的进一步持续源于需求的维持。产能利用率的产出弹性较高，则源于第一、第二库存周期产能扩张后的产能投放、产能利用率提升（需求回升是核心）及效率提升。

值得注意的是，1971年1月至1973年11月、2005年11月和2008年3月的第三库存周期上行期，均出现明显的大宗商品价格波动。我们在2015年9月发布的《康波中的价格波动》中对此有所论述："康波价格的剧烈波动主要集中于从衰退到萧条的阶段，这是由于当生产效率提升放缓时供需的原有平衡边际发生了变化，以及长鞭效应。"

小结

通过上述分析，我们发现美国产能周期底部前的库存周期大致有如下规律：

（1）产出缺口在周期拐点处明显领先于产能周期，主要的原因是，产能周期的触底和回升源于长期去产能以及短周期剧烈去库存和边际弹性回升。

（2）产出缺口领先制造业库存和零售商库存同比约4个月（1~2个季度）。但库存企稳顺序在不同级别的周期转换过程中存在差异，根本原因在于周期动力源强弱和需求弹性差异。

（3）在库存周期底部运行过程中，零售商库存同比将领先于制造业库存同比反弹；在产能周期底部切换前，比较可靠的顺序是：产出缺口→制造业库存同比→零售商库存同比。

（4）PPI同比滞后于产出缺口约1个季度，在产能周期达到低点时，PPI价格指数往往已上升至阶段性高点。可能的原因有长期去产能后的价格弹性回升，供需时空上的严重错配。

（5）在产能周期低点附近PPI同比的回升速度和强度明显领先于CPI和库存数据（尽管这种领先在时间规律上间隔较小），本质上是周期切换过程中的动力源强弱和需求弹性差异。

（6）企业利润与PPI的领先—滞后关系随康波运行呈现不同形式。可能的原因是：①当效率提升放缓时，供需的原有平衡边际发生了变化；②"长鞭效应"促使原材料价格跌幅超过产品价格，提升了利润边际弹性。

（7）利润同比波动基本上与产出缺口波动一致，而当利润底部回升之后，PPI同比如果大幅上涨，就会对工业企业利润产生冲击，商品价格本身也是企业利润的掘墓人。

根据上述规律，我们认为比较可靠的顺序是：产出缺口→PPI→制造业库存→CPI→零售商库存。根据这样一个顺序，我们认为短周期（库存周期）有这样的特征：

（1）产出缺口触底反弹。

（2）PPI触底大幅反弹。

（3）制造业库存回升。

（4）CPI触底反弹。

（5）零售商库存回升。

结合美国产能周期的运行规律和产出缺口数据，美国本次产能周期开始于2011年，运行至今已接近5年时间，美国产能周期平均上行期约3.75年，最长运行时间为7年，我们有理由相信本次产能周期运行接近尾声。从库存周期的角度看，2013年8月美国开启第二库存周期，2014年11月到达高点后随即回落，按照美国第二库存周期平均19个月下行期的运行规律，第二库存周期将在2016年第二、第三季度附近触底，而美国第三库存周期开启或将伴随产能周期的见顶回落。

中国经验

基于我们过去对周期嵌套关系的研究，美国经验都在中国得到了很好的印证。但是，需要注意的是，对美国经验的运用不能太教条，因为同期的美国和中国无论是在经济发展阶段还是工业化发展阶段，都存在较大的差异，美国规律只能在特定时空背景下才能被较好地运用，这也是我们的结构主义研究一直秉承的理念。

产出缺口与产能周期

中国1981—2014年共经历了三个比较完整的产能周期。在工业化起飞结束点之后，2010年是中国30年超级大周期的结束点，未来的趋势或许会向下运行，即由"成长型产能周期"向"成熟型产能周期"转型。

对中国而言，产出缺口作为微观层面衡量企业需求变动的短期指标，在产能周期底部前领先触底（见图 35-22）。每个产能周期包括数个经济短周期的高点，在产能周期的低点之前，我们可以清晰地看到，中国产出缺口早已步入回升阶段，甚至已从高点回落，其动力来自库存周期的开启，但这往往只是产能周期最终低点前的第一低点。这与我们从美国经验中获得的结论是一致的。

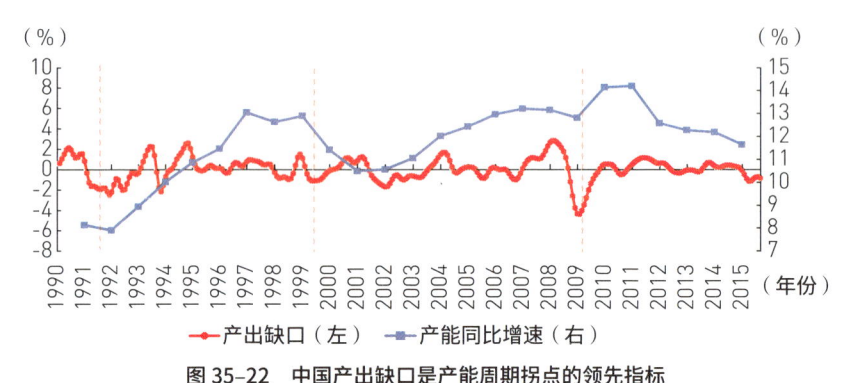

图 35-22　中国产出缺口是产能周期拐点的领先指标

数据来源：CEIC 数据库，中信建投证券研究发展部。

产出缺口与库存

以中国为例，从 1990 年开始，中国共经历了较完整的两个产能周期，每个产能周期包含 2~3 个库存周期。第一个产能周期在 2000 年到达低点，在此之前，库存周期已经出现反弹，与美国经验一致（见图 35-23）。

在历次库存周期拐点处，产出缺口平均领先工业产成品库存 7~8 个月（2~3 个季度），这与美国领先 1~2 个季度有所区别，这可能是同比与周期的区别（见图 35-24），对中国的后续研究我们将加入中采 PMI 产成品进行辅助判断。但无论如何，产成品库存都滞后于产出缺口，可以利用库存变化来验证经济周期的运行。

从中采 PMI 指数来看，PMI 原材料库存指数领先于 PMI 产成品库存，那么产出缺口与 PMI 原材料库存之间的关系如何？经季调后我们明显看出，PMI 原材料库存的周期波动与产出缺口周期具有较高的契合度，最大领先产成品库存约 7 个月。从这一关系看，产成品库存量价齐跌的主动去库存还将进行下去（见图 35-25）。PMI 产成品库存波动明显滞后于 PMI 原材料库存，这一点与美国历史规律存在明显差异，主要是因为中国目前仍处在工业化中后期，以原材料为主要投入的工业仍是中国经济发展的主要动力源。

由于中采 PMI 指数公布于每月 1 日，而工业增加值则公布于月中，因此，单从库存运行的角度看，PMI 原材料的走势对产出缺口走势有一定的指导意义，尤其是在衰退期和萧条期，但仍需结合其他指标加以验证。按照中国经验，库存与产出缺口的大致关系为：产出缺口→PMI 原材料库存→PMI 产成品库存→产成品库存。

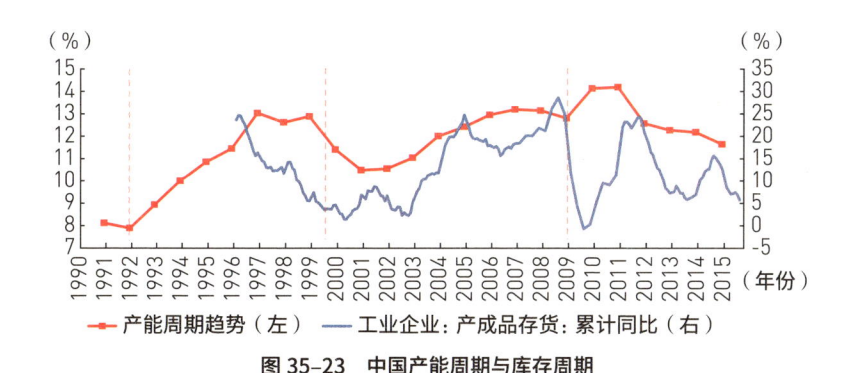

图 35-23 中国产能周期与库存周期

数据来源：CEIC 数据库，中信建投证券研究发展部。

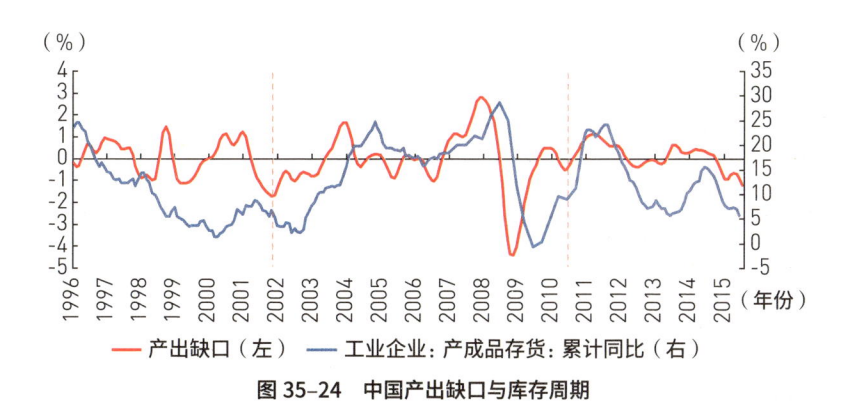

图 35-24 中国产出缺口与库存周期

数据来源：CEIC 数据库，中信建投证券研究发展部。

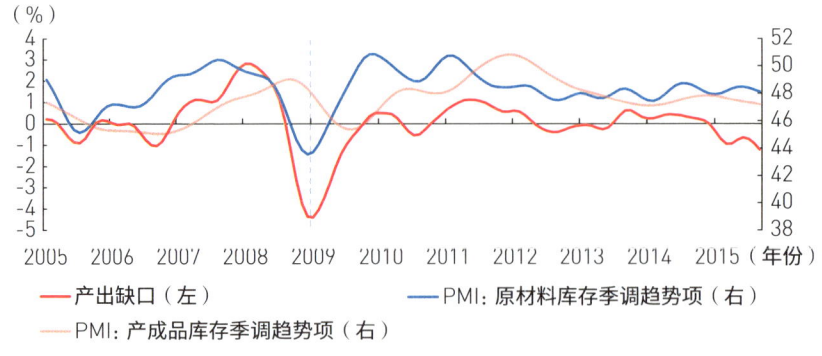

图 35-25　中国产出缺口与中采 PMI 库存季调趋势项

数据来源：CEIC 数据库，中信建投证券研究发展部。

产出缺口与价格

上个产能周期于 2000 年触底，此前的 1999 年 5 月，第一库存周期迎来反弹，带动价格指数迅速回升，并于 2000 年 9 月见顶回落（见图 35-26）。产能周期触底之时，价格反弹至阶段性高点，这一规律与美国的历史经验相符。

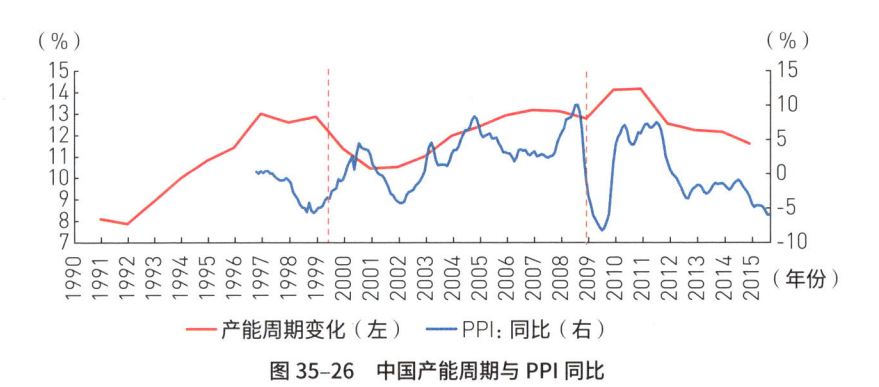

图 35-26　中国产能周期与 PPI 同比

数据来源：CEIC 数据库，中信建投证券研究发展部。

从产出缺口的角度看，中国的产出缺口明显领先 PPI 同比，在库存周期底部平均领先 4~5 个月（1~2 个季度），PPI 同比在库存周期底部领先库存企稳（见图 35-27、图 35-28）。

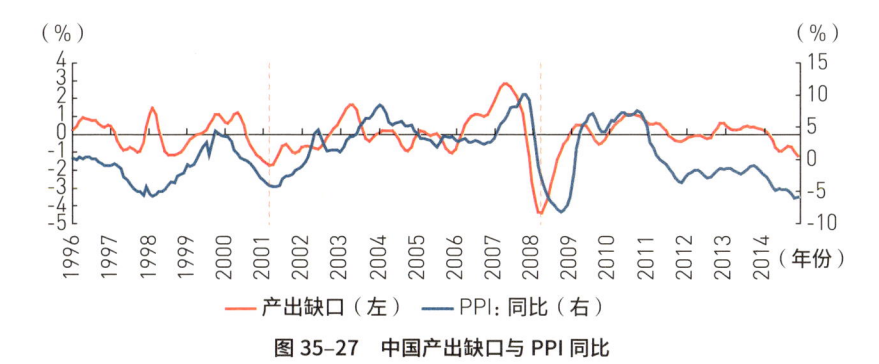

图 35-27 中国产出缺口与 PPI 同比

数据来源：CEIC 数据库，中信建投证券研究发展部。

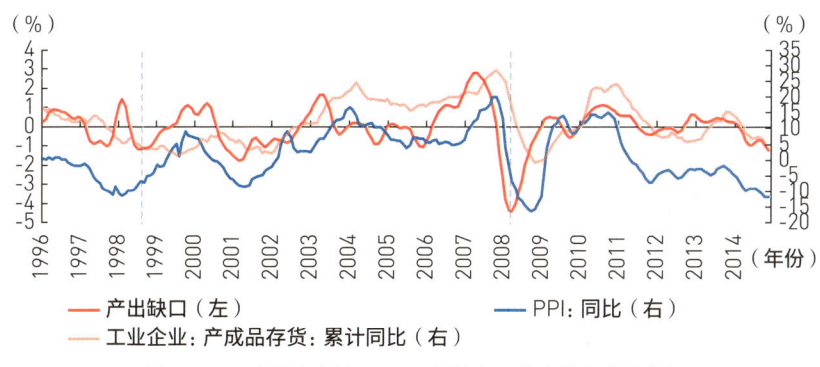

图 35-28 中国产出缺口、PPI 同比与工业企业产成品库存

数据来源：CEIC 数据库，中信建投证券研究发展部。

将中采 PMI 库存分项纳入分析，季调后 PMI 原材料库存的周期波动与产出缺口周期具有较高的契合度，最大领先产成品库存约 7 个月（见图 35-29）。我们发现，PMI 原材料库存在库存周期底部与产出缺口基本同步，并且领先 PPI 同比，主要可能是由 PMI 自身环比和抽样景气指标的特性决定的。

从库存周期运行情况来看，每一次大反弹的酝酿都源自库存周期的"量价齐跌"。在上一个产能周期低点之前，类似的情况也出现了。2012 年 8 月开启的第二库存周期，更多以"双底"波动模式实现了库存周期的启动。2013 年 10 月产出缺口见高点，反弹冲击演绎"双头"模式后再次回落，到 2015 年 10 月已经调整两年，目前正处于"量价齐跌"的阶段。按照中国库存周期调整经验，两年的调整期已是最长，本次库存周期调整已离底部不远。

在产能周期底部之前，我们认为较可靠的观测顺序是：产出缺口→PMI原材料→PPI同比→PMI产成品→产成品库存累计同比。

图35-29 中国产出缺口、PMI原材料库存和产成品库存季调趋势项

数据来源：CEIC数据库，中信建投证券研究发展部。

产出缺口与利润

从产出缺口的角度看，产出缺口是利润变化的领先指标，我们用产出缺口描述销售量，而价格变动可以通过PPI描述（见图35-30）。我们在之前的研究中曾指出，销售量领先于价格，所以在量价底部过渡时，利润才能见底。

值得注意的是，销售量、价格和利润运行的大致路径是价格超跌—需求回升—利润企稳—价格回升—利润反弹—价格冲击—利润受阻—价利双回落，这一过程正是我们之前一直强调的库存周期，即价格周期，其运动规律是"通缩—滞涨"的不断切换。

从历史规律中我们可以看到，利润同比的底部最早可以在"量"的底部出现，最晚则在"价"的底部出现，或者在二者之间出现。从当前的经济周期运行来看，"量"处于第二库存周期的底部，二次探底或将结束，"价"的走势跌幅略有收窄，但企稳仍需等待。因此，利润的恢复至少需要产出缺口再次掉头向上，按照第二库存周期运行的规律，底部或将在2016年第一季度出现（见图35-31）。

图 35-30 中国产能周期与企业利润

数据来源：CEIC 数据库，中信建投证券研究发展部。

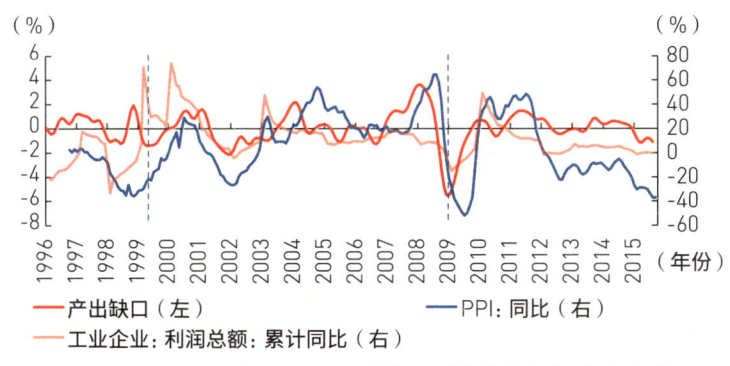

图 35-31 中国工业企业利润、产出缺口与价格指数趋势（经标准化）

数据来源：CEIC 数据库，中信建投证券研究发展部。

产出缺口与货币

上述我们以产出缺口为核心，分别从产能、库存、价格、利润等维度，考察了在经济周期嵌套关系下变量间的传导关系。然而，这仍然不能囊括所有的经济周期驱动因素，例如货币、进出口、汇率、信用等。在剩余众多的因素中，货币或许是一个较为重要的因素，我们分别从 M1 增速、M2 增速和社会融资规模增速来讨论。

M1 是指流通中现金与企事业单位的活期存款，活跃度仅次于 M0（流通中现金），与经济周期波动关系更为密切。M2 则是 M1 加上企事业单位的定期存款以及居民的储蓄存款，反映社会总需求变化以及未来通胀压力。随

35 中国经济即将触底

着直接融资发展的提速，社会融资规模的变化越发受到重视。具体来看，社会融资规模是指实体经济（即非金融企业和个人）从金融体系获得的资金量，主要包括金融机构表内业务、表外业务、直接融资和其他项目四个部分。

从货币流动性的历史规律来看，在周期拐点处，M1增速和M2增速是经济周期的领先指标，是产出缺口的领先指标，领先1~3个月（见图35-32、图35-33），M2增速是更加领先的指标，最长领先4个季度。正如我们所提到的，随着直接融资的兴起，社会融资规模的变化可以更好地反映与实体经济和经济周期的关系。从社会融资规模增速的变化来看，社会融资规模增速与产出缺口的拟合度高于M1增速和M2增速（见图35-34）。社会融资规模增速领先产出缺口约1个季度，最长领先4个月。

图 35-32 中国产出缺口与 M1 增速

数据来源：CEIC 数据库，中信建投证券研究发展部。

图 35-33 中国产出缺口与 M2 增速

数据来源：CEIC 数据库，中信建投证券研究发展部。

图 35-34　中国产出缺口与社会融资规模增速

数据来源：CEIC 数据库，中信建投证券研究发展部。

本次第二库存周期开启于 2012 年 8 月，在经历 13 个月的上行期后于 2013 年 9 月结束。在此之前，2012 年 5 月社会融资规模增速领先产出缺口 3 个月触底，2013 年 4 月见顶持续下行。社会融资规模增速之所以能成为经济周期的先行指标，本质上是由于融资加杠杆帮助资金流入实体经济后提升了企业的经营效率。从目前来看，社会融资规模增速已跌至 2005—2006 年的水平。而在长达 26 个月的下行期后，社会融资规模增速于 2015 年 6 月开始企稳，持续回升 3 个月。如果社会融资规模增速持续保持回升，我们或将在未来 1 个季度内见到经济的企稳。而我们认为，2016 年第一季度有可能成为本次库存周期的低点。

小结

（1）产出缺口平均领先工业产成品库存 7~8 个月（2~3 个季度），这与美国领先 1~2 个季度有区别，这可能是同比与周期的区别，但无论如何，产成品库存都滞后于产出缺口。

（2）PMI 原材料库存的周期波动与产出缺口周期具有较高的契合度，最大领先产成品库存约 7 个月。从这一关系看，库存量价齐跌的主动去库存还将进行下去。

（3）产能周期触底之时价格反弹至阶段性高点，这一规律与美国的历史经验相符。PMI 原材料库存在库存周期底部与产出缺口基本同步，并且领先于PPI同比。这主要由PMI本身环比和抽样景气指标的特性决定。

（4）值得补充的是，销售量、价格和利润运行的大致路径是价格超跌—需求回升—利润企稳—价格回升—利润反弹—价格冲击—利润受阻—价利双回落，这一过程正是库存周期根据"通缩—滞涨"切换的运动规律。

（5）在周期拐点处M1增速和M2增速是经济周期的领先指标，是产出缺口的领先指标，领先1~3个月。M2增速是更加领先的指标，最长领先4个季度。

（6）社会融资规模增速与产出缺口的拟合度高于M1增速和M2增速。社会融资规模增速领先产出缺口约1个季度，最长领先4个月。社会融资规模增速于2015年6月开始企稳，我们或将在未来1个季度内见到经济的企稳。

在产能周期底部之前，我们认为较可靠的观测顺序是：社会融资规模增速→产出缺口→PMI原材料→工业企业利润→PPI→PMI产成品→产成品库存。根据这样的顺序，我们认为未来短周期（库存周期）有这样的特征：

（1）社会融资规模增速持续回升。

（2）产出缺口触底回升。

（3）PMI原材料反弹。

（4）工业企业利润企稳回升。

（5）PPI大幅反弹。

（6）PMI产成品反弹。

（7）工业产成品库存增加。

从目前运行来看，6月社会融资规模增速触底回升已有3个月，9月产出缺口再次掉头向下，10月PMI原材料与上月持平，10月工业企业利润降幅收窄，9月PPI跌幅收窄，10月PMI产成品小幅反弹，工业企业库存仍处于量价齐跌阶段，未来几个月经济二次触底或为大概率事件。因此，利润的恢复至少需要产出缺口再次掉头向上，按照第二库存周期运行的规律，底部或将在2016年第一季度出现。

产能周期及库存周期运动中的行业定位

产能周期的运动源于固定资产投资的变化，而中观层面不同行业的产能变化，与其自身行业与宏观经济的强弱关系存在差异，这种差异主要体现在产能周期、库存周期运动时间、反弹的领先—滞后关系、反弹的幅度和持续性上。基于前面对美国和中国产能周期、库存周期运动规律的分析，我们继续对上游的周期性行业进行产能周期和库存周期研究。

美国经验

分行业产能周期运动规律

从美国经验看，上游的煤炭、钢铁、化工、非金属制品等周期性行业，其产能周期的运动均遵循自身规律。一个产能周期可能包括1~2个高点，而行业产能周期则包括3~4个高点，说明行业的产能调节相对灵活。尽管部分行业的产能周期领先于总的产能周期，但均滞后于中周期触底。（以下产能周期均指总的产能周期。）

从行业领先—滞后关系看，上游的化工和非金属制品产能周期明显领先于产能周期企稳，因为该细分行业自身建设投产周期较短，产能建设和去产能化相对灵活（见图35-35、图35-36）。相比较而言，钢铁行业产能周期与产能周期的领先—滞后关系不明确，但钢铁产能周期的运行遵循产能周期运行规律；煤炭行业产能周期波动较大，煤炭产能周期与产能周期不存在明显的领先—滞后关系（见图35-37、图35-38）。

因此，就美国的经济结构而言，中周期触底后上游行业产能周期较可靠的企稳顺序是：化工→非金属制品→钢铁→煤炭→产能周期。

分行业库存周期的演进轨迹

产能周期转换的研究本质上是寻找价格低点，这也凸现了讨论库存周期及两个周期关系的重要性。按照我们以往研究库存周期的经验，产出缺口和

PPI 价格是最领先的观察指标，我们在此基础上对细分行业库存周期的运行进行研究。

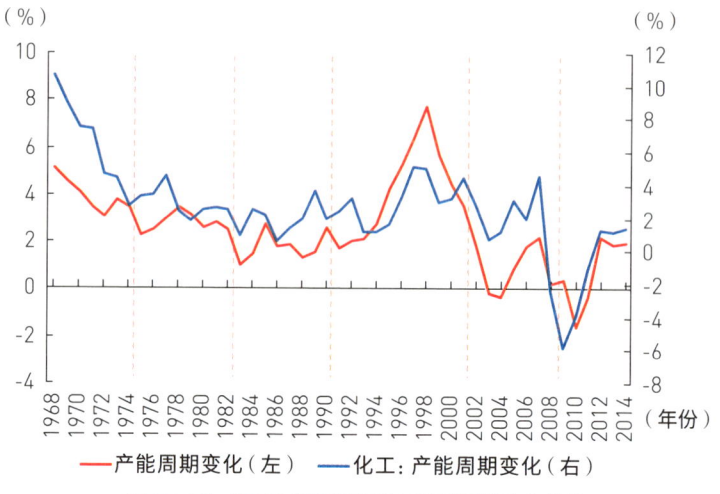

图 35-35　美国产能周期与化工产能周期变化趋势

数据来源：CEIC 数据库，中信建投证券研究发展部。

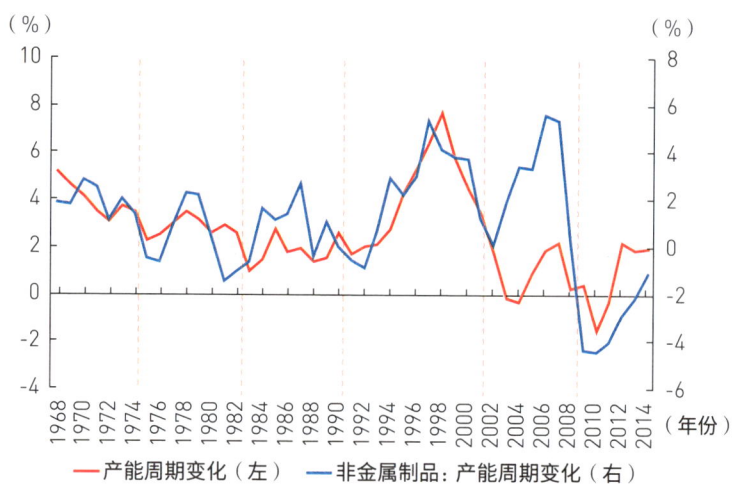

图 35-36　美国产能周期与非金属产能周期变化趋势

数据来源：CEIC 数据库，中信建投证券研究发展部。

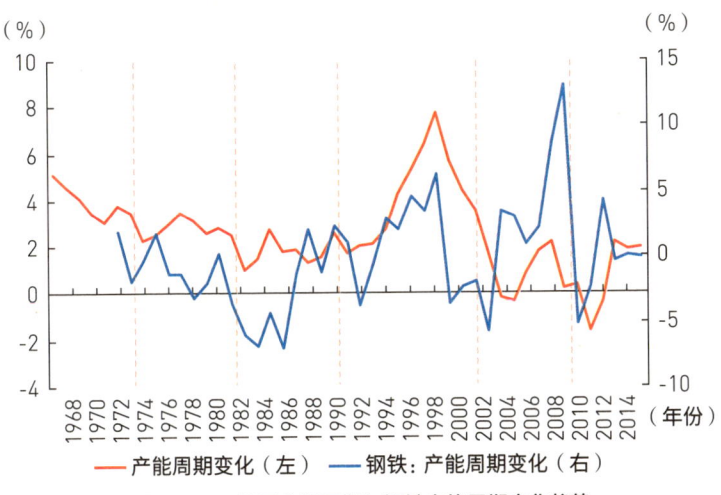

图 35-37 美国产能周期与钢铁产能周期变化趋势

数据来源：CEIC 数据库，中信建投证券研究发展部。

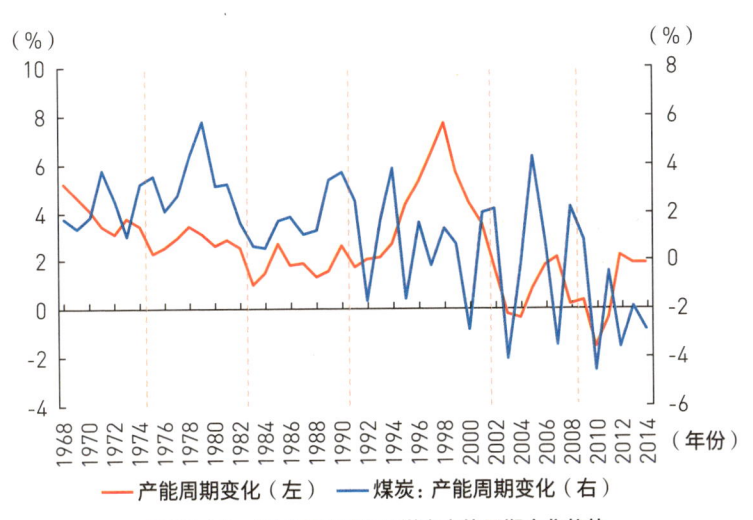

图 35-38 美国产能周期与煤炭产能周期变化趋势

数据来源：CEIC 数据库，中信建投证券研究发展部。

从产出缺口来看，历史经验规律表明，化工产出缺口领先于非金属产出缺口，非金属产出缺口基本同步于产出缺口（下文提到的"产出缺口"均表示以全社会工业增加值测算的总量指标），钢铁产出缺口同步于产出缺口，煤炭产出缺口则相对较为滞后。

从 PPI 价格同比来看，PPI 钢铁最领先，钢铁价格的反弹领先于全社会 PPI 同比，其他细分行业的价格反弹略显滞后，依次表现为非金属 PPI、化工 PPI 和煤炭 PPI。

我们研究库存周期的目的是：从嵌套的行业关系中寻找第三库存周期开启时各行业企稳的顺序，并指导未来的投资节奏。考虑到本次库存周期下行期伴随着大宗商品价格的暴跌，我们选取历史上第二库存周期与第三库存周期交替以及中周期切换的产能周期拐点做分析。美国经验表明，化工产品对经济的敏感度最强，化工产出缺口领先产出缺口 1~2 个月，其次是非金属产出缺口，领先产出缺口 1~2 个月，钢铁产出缺口同步于产出缺口的变化。

因此，我们认为在产能周期底部前，如果库存周期出现低点，较可靠的回升企稳顺序是：化工产出缺口→非金属产出缺口→产出缺口→钢铁产出缺口→钢铁 PPI→煤炭产出缺口→PPI 同比→非金属 PPI→化工 PPI→煤炭 PPI（见表 35-11、图 35-39 至图 35-46）。

表 35-11　美国分行业领先—滞后关系表（以产出缺口为基准，单位：月）

	产出缺口：化工	产出缺口：非金属	产出缺口：钢铁	PPI：钢铁	产出缺口：煤炭	PPI	PPI：非金属	PPI：化工	PPI：煤炭
1975 年 5 月	0	1	-3	-4	-3	-6	-9	-10	-8
1980 年 7 月	0	1	0	0	-1	1	-7	-10	10
1982 年 12 月	1	2	1	-1	-5	-1	-3	-3	-7
1989 年 9 月	2	1	-2	-5	3	-8	-3	-7	-11
1991 年 3 月	0	-2	-1	-5	0	-7	-13	-10	-10
1998 年 12 月	2	-5	0	-1	-6	1	9	-3	-12
2001 年 12 月	6	2	0	8	-7	-1	6	-2	-14
2005 年 10 月	-1	5	3	2	0	-12	-27	-15	-19
2009 年 5 月	2	0	1	-1	-6	-2	-8	-2	-11
平均	1.33	0.56	-0.11	-0.78	-2.78	-3.89	-6.11	-6.89	-9.11

数据来源：CEIC 数据库，中信建投证券研究发展部。

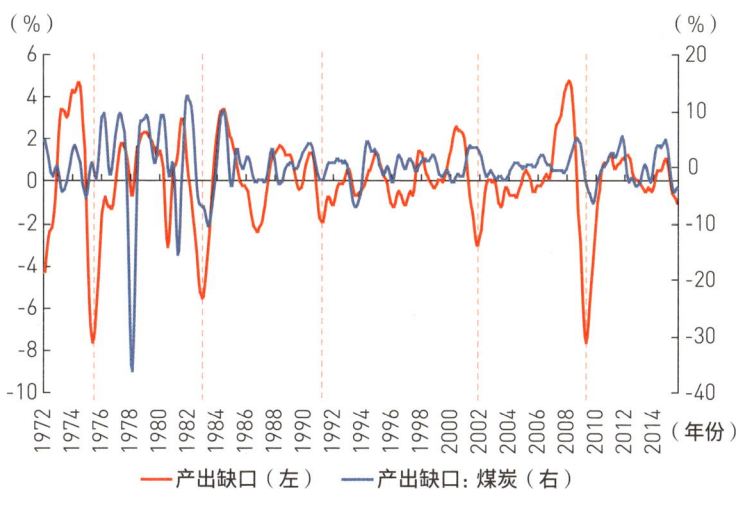

图35-39 美国产出缺口与煤炭产出缺口

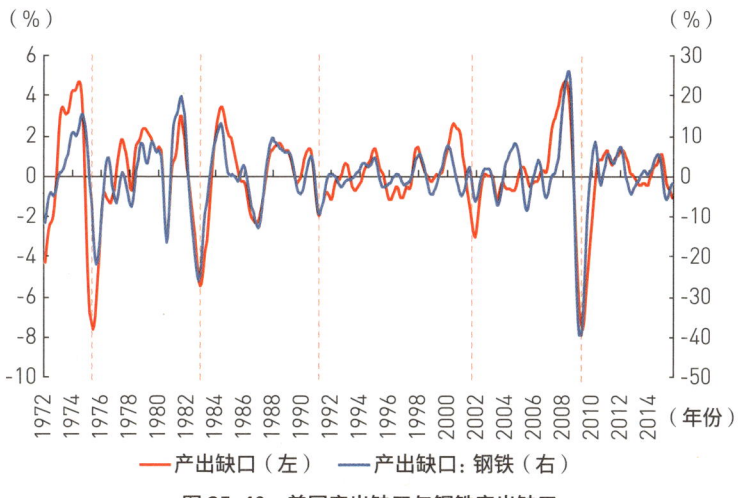

数据来源：CEIC数据库，中信建投证券研究发展部。

图35-40 美国产出缺口与钢铁产出缺口

数据来源：CEIC数据库，中信建投证券研究发展部。

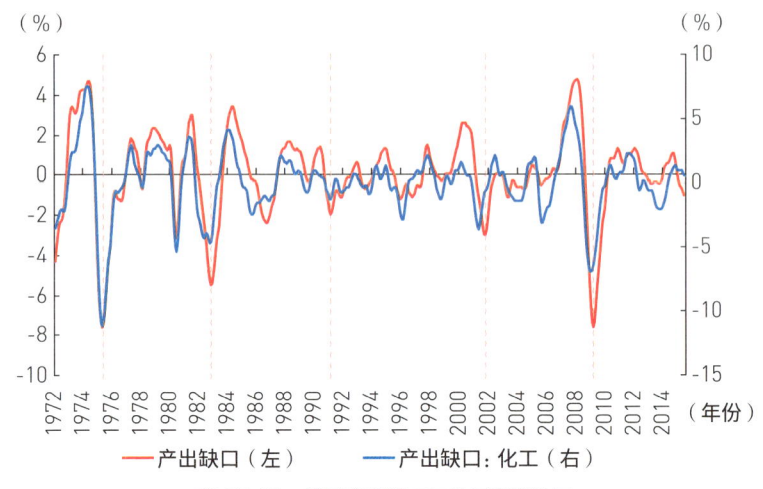

图 35-41 美国产出缺口与化工产出缺口

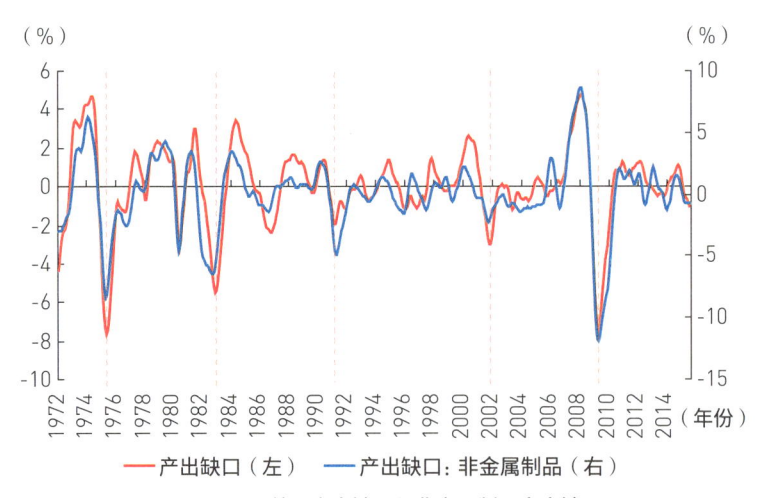

数据来源：CEIC 数据库，中信建投证券研究发展部。

图 35-42 美国产出缺口与非金属制品产出缺口

数据来源：CEIC 数据库，中信建投证券研究发展部。

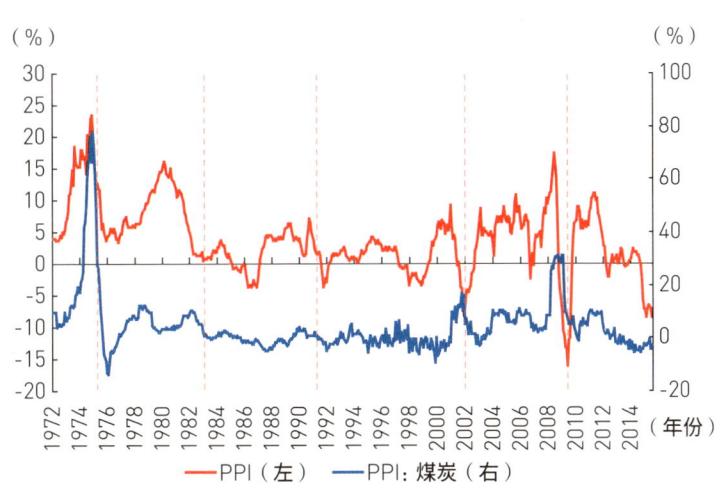

图 35-43　美国 PPI 和煤炭 PPI

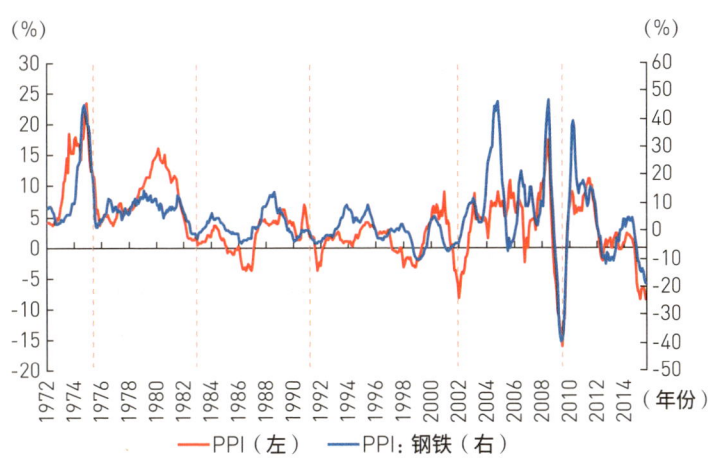

数据来源：CEIC 数据库，中信建投证券研究发展部。

图 35-44　美国 PPI 和钢铁 PPI

数据来源：CEIC 数据库，中信建投证券研究发展部。

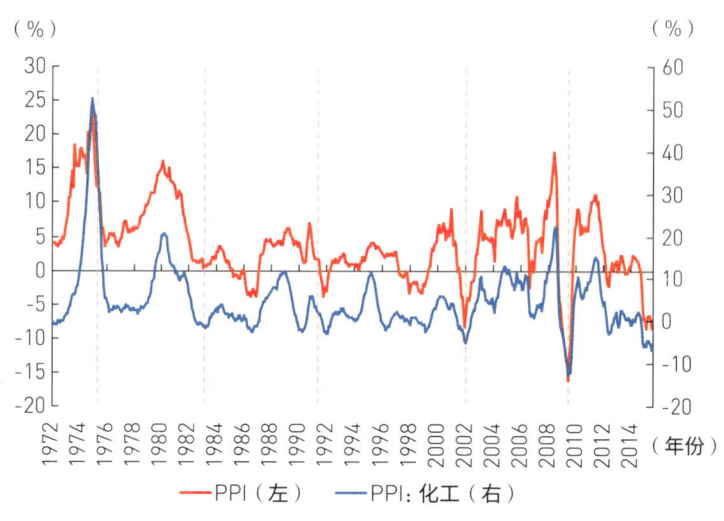

图 35-45　美国 PPI 和化工 PPI

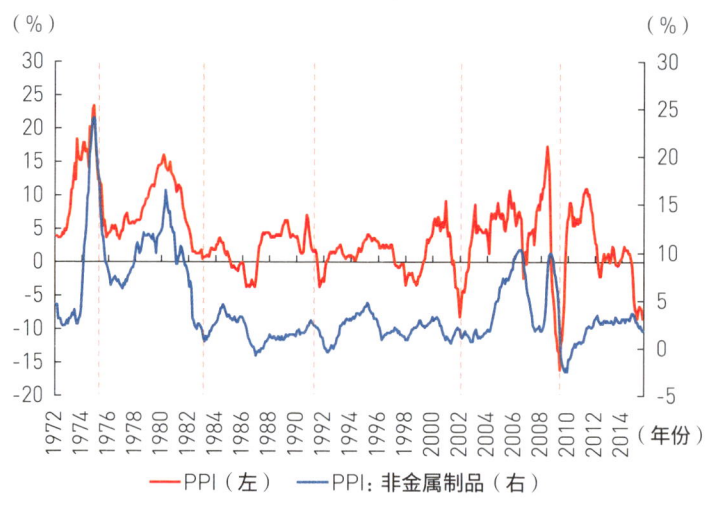

数据来源：CEIC 数据库，中信建投证券研究发展部。

图 35-46　美国 PPI 和非金属制品 PPI

数据来源：CEIC 数据库，中信建投证券研究发展部。

中国经验

分行业产能周期运动规律

中国自20世纪80年代以来一直运行的是超长产能周期,这与中国处于工业化起飞阶段有较大的关系,以我们对中国工业化的理解,2007—2010年是中国工业化起飞的结束点,所以,2010年的产能周期高点应该是中国产能周期30年超级大周期的结束。随后,中国的产能周期或许会出现较长一段的向下趋势,而在2025年或2028年之前,由于康波处于衰退及萧条阶段,全球都是超级下降产能周期。

根据我们前面研究的产能周期的时间规律,美国产能周期的平均下行期为5年,而中国产能周期的下行期也是5年。所以,自2010年开始回落的中国产能周期,我们认为2016年应该是一个重要的低点年份,而本来中国中周期的终极低点在2018年左右。如果产能周期滞后中周期低点一年,则中国本次产能调整的终极低点出现在2019年,这有可能是一个18年的产能周期。

从分行业产能周期的运行来看,本次产能周期调整以来各行业加速去产能,这与经济结构转型升级和中周期主导产业变化关系密切。而从中国的历史经验来看,每个产能周期在触底前,各细分行业均已触底回升,其中,化工、非金属制品、有色金属、钢铁和煤炭将次第企稳回升(见图35-47至图35-51)。

分行业库存周期的演进轨迹

中国产能周期在2010年见顶回落,下行至2015年近6年之久,在这一背景中,中国在2012年8月开启第二库存周期,上行13个月后受房地产周期调整见顶回落,下行已有2年之久。我们认为,无论从产能周期还是库存周期的角度看,第三库存周期都开启在即。而在长期去产能的大背景下,2016年第一季度第三库存周期的开启有望带动产能周期触及底部的第一低点,带动上游行业的产品价格回升。

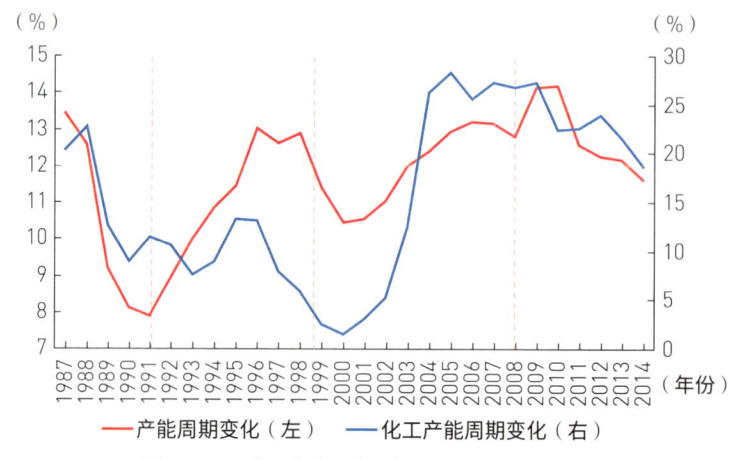

图 35-47 中国产能周期与化工产能周期变化趋势

数据来源：CEIC 数据库，中信建投证券研究发展部。

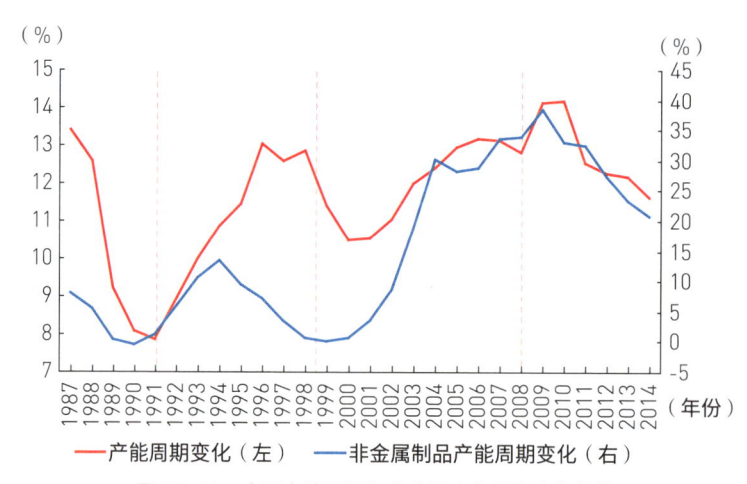

图 35-48 中国产能周期与非金属产能周期变化趋势

数据来源：CEIC 数据库，中信建投证券研究发展部。

图 35-49 中国产能周期与有色金属产能周期变化趋势

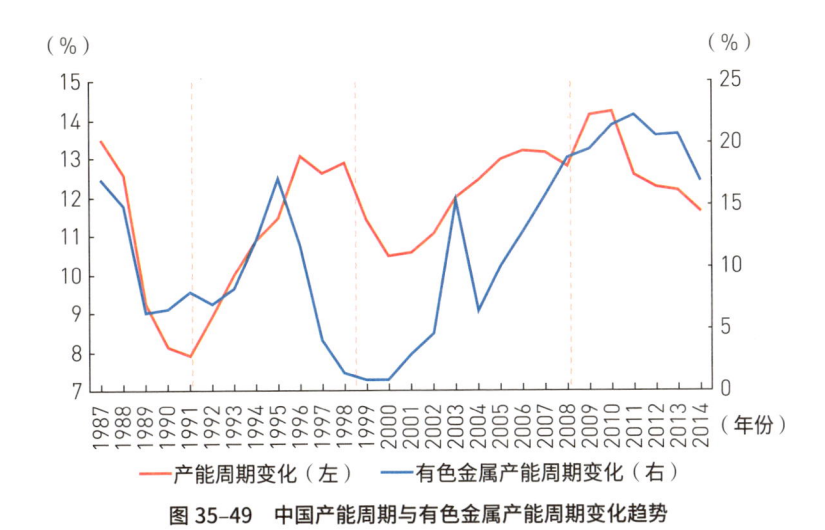

数据来源：CEIC 数据库，中信建投证券研究发展部。

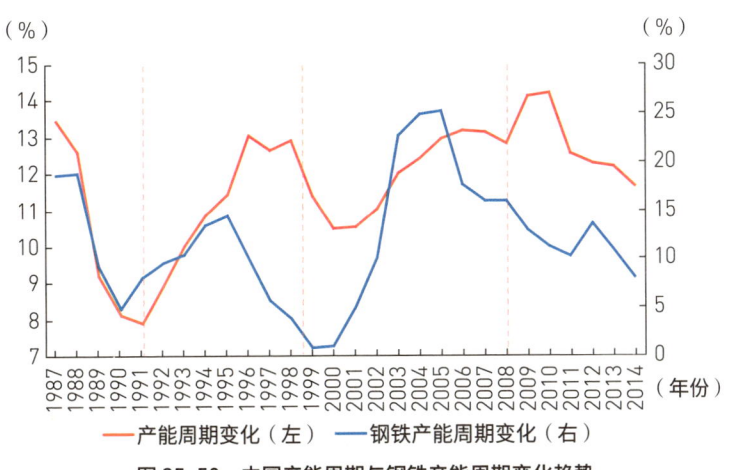

图 35-50 中国产能周期与钢铁产能周期变化趋势

数据来源：CEIC 数据库，中信建投证券研究发展部。

35　中国经济即将触底

图 35-51 中国产能周期与煤炭产能周期变化趋势

数据来源：CEIC 数据库，中信建投证券研究发展部。

按照我们前面的经验，从分行业产出缺口来看，库存周期触底前可能出现的复苏顺序是：化工、有色金属和钢铁略微领先于产出缺口，而非金属和煤炭同步于产出缺口开始反弹。从行业 PPI 同比角度来看，非金属 PPI 将有望率先企稳，领先于全行业 PPI、钢铁 PPI、有色金属 PPI 和化工 PPI，煤炭 PPI 则是滞后指标。这些指标顺序的综合运用，有助于我们先期判断库存周期的低点，特别是在我们预期 2016 年第一季度中国库存周期将触底的情况下，跟踪领先指标将非常重要。

我们认为在历史规律中，较可靠的企稳顺序是：化工产出缺口→有色金属产出缺口→钢铁产出缺口→产出缺口→非金属产出缺口→煤炭产出缺口→非金属 PPI→PPI 同比→化工 PPI→有色金属 PPI→煤炭 PPI。从这个规律来看，如果我们以产出缺口为库存周期的根本指标，则领先指标依次是化工产出缺口、有色金属产出缺口、钢铁产出缺口。如果我们判断 PPI 同比指标低点，则前面还有非金属产出缺口、煤炭产出缺口和非金属 PPI（见图 35-52 至图 35-61）。

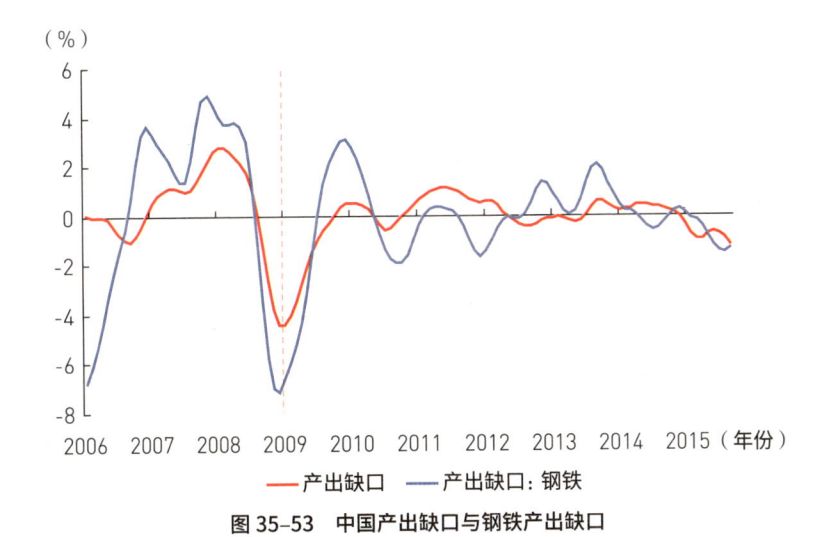

图 35-52　中国产出缺口与煤炭产出缺口

数据来源：CEIC 数据库，中信建投证券研究发展部。

图 35-53　中国产出缺口与钢铁产出缺口

数据来源：CEIC 数据库，中信建投证券研究发展部。

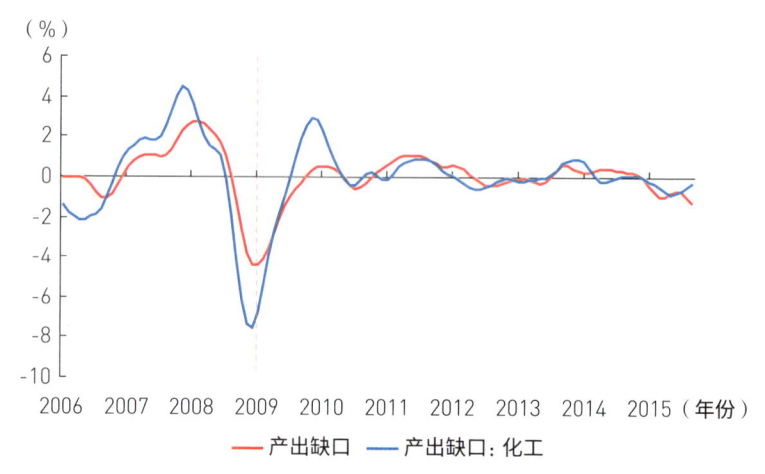

图 35-54　中国产出缺口与化工产出缺口

数据来源：CEIC 数据库，中信建投证券研究发展部。

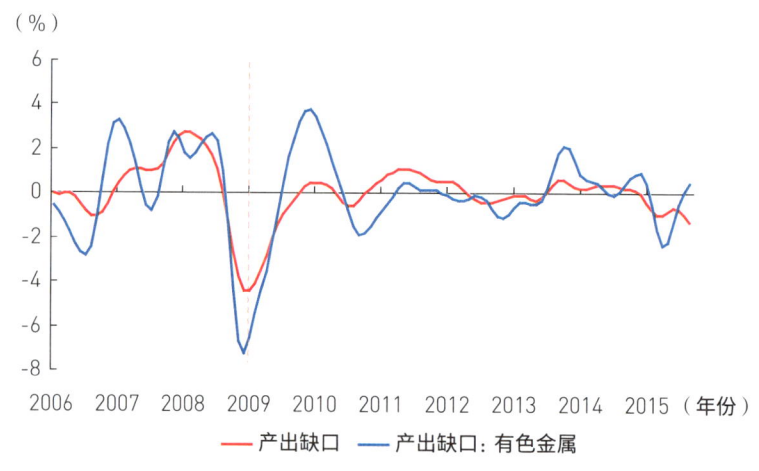

图 35-55　中国产出缺口与有色金属产出缺口

数据来源：CEIC 数据库，中信建投证券研究发展部。

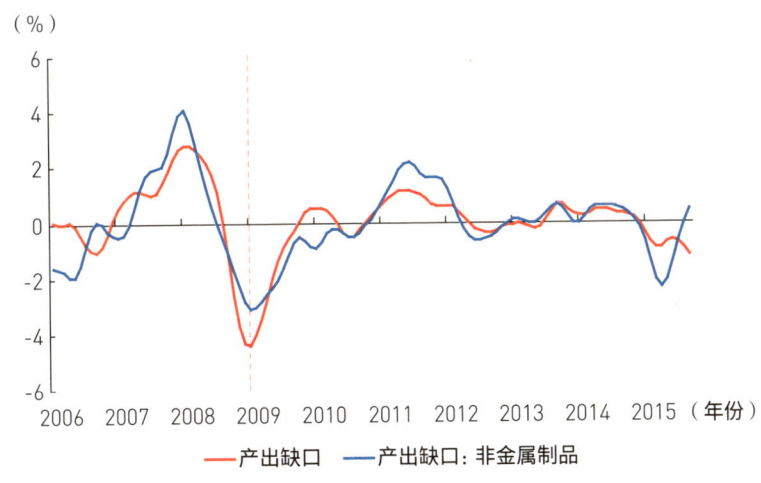

图 35-56　中国产出缺口与非金属制品产出缺口

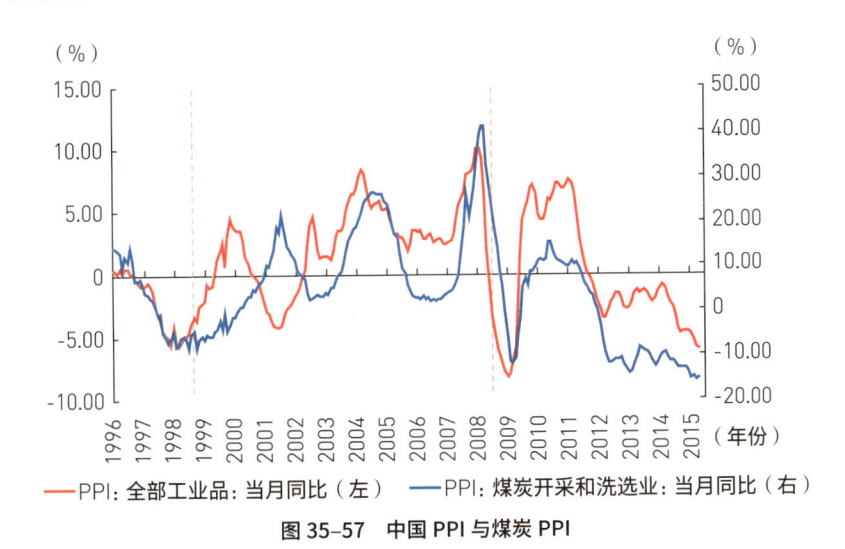

数据来源：CEIC 数据库，中信建投证券研究发展部。

图 35-57　中国 PPI 与煤炭 PPI

数据来源：CEIC 数据库，中信建投证券研究发展部。

图 35-58　中国 PPI 与有色金属 PPI

数据来源：CEIC 数据库，中信建投证券研究发展部。

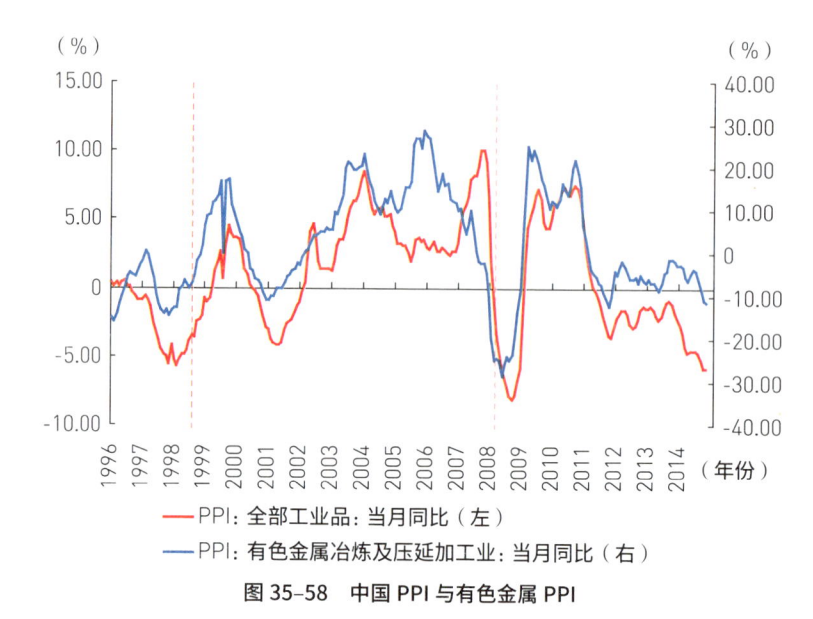

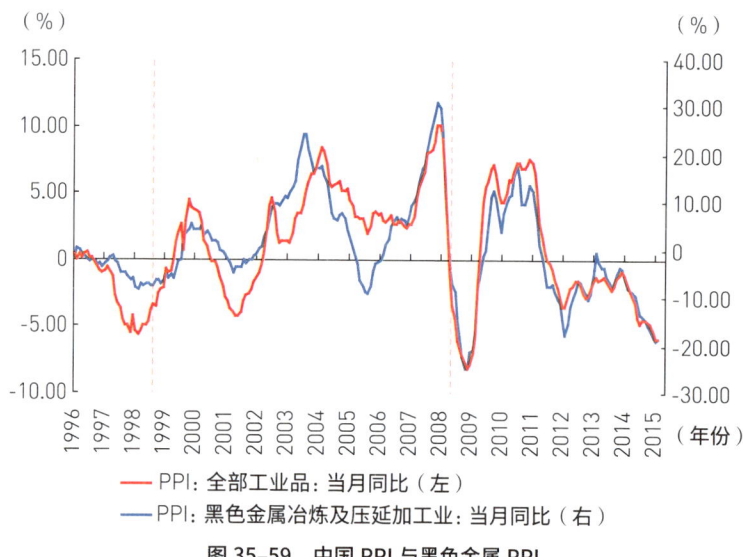

图 35-59　中国 PPI 与黑色金属 PPI

数据来源：CEIC 数据库，中信建投证券研究发展部。

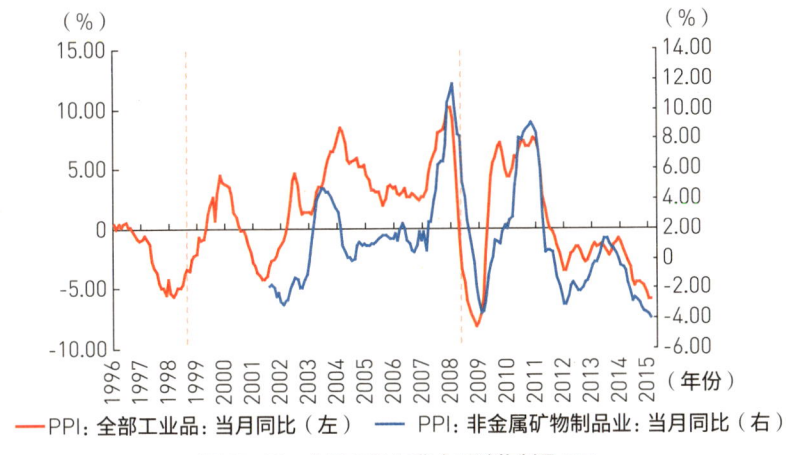

图 35-60　中国 PPI 与非金属矿物制品 PPI

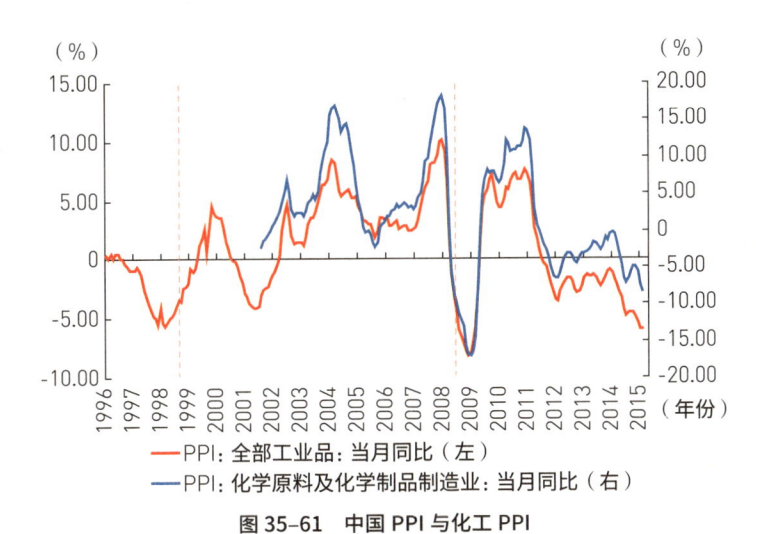

数据来源：CEIC 数据库，中信建投证券研究发展部。

图 35-61　中国 PPI 与化工 PPI

数据来源：CEIC 数据库，中信建投证券研究发展部。

　　本次中周期第二库存周期自 2013 年 10 月调整以来，已经历时 24 个月。有色金属产出缺口于 2015 年 4 月开始反弹，化工产出缺口于 2015 年 5 月触底反弹，钢铁产出缺口 9 月刚开始小幅上翘，上游资源品产出缺口依次复苏，这是周期回升前期最主要的特征。上述情况说明，中国的产出缺口可能会触底。我们后面需要的是跟踪产出缺口，一旦产出缺口有上翘，中国经济库存周期大概率已经触底。

细分行业产能周期及库存周期

中国本次产能周期高点在 2010 年，经过近 6 年的下行期，我们认为 2016 年应该是一个重要的低点年份，按照我国三周期嵌套模式，2016 年将开启中周期第三库存周期，而这可能与产能周期到达阶段低点有关，而本次中国中周期的低点出现在 2018 年左右，如果产能周期滞后中周期低点一年，则中国本次产能调整的终极低点将出现在 2019 年。在全社会产能周期触底之前，细分行业产能周期将次第企稳，我们认为较为可靠的顺序为：化工、非金属制品、有色金属、钢铁和煤炭。

在前面对产能周期理解的基础上，我们明确了产能周期的运行规律及底部运行节奏。在产能周期运行即将触及第一低点和第三库存周期开启之际，我们以产能周期运行规律为坐标，通过以产出缺口为核心的指标体系，分别考察产能、库存、价格、盈利等四个维度，结合行业微观证据和行业分析师的观点，讨论细分行业未来企稳的可能、企稳时间、或有风险。

化工行业

产能周期：10 年去产能化，周期寻底风将至

2005 年化工产能周期见顶，在时间上领先于全行业产能周期，高位震荡数年后于 2009 年加速去产能，从顶部回落至今已有 10 年之久（见图 35-62）。按照中信建投化工组的定义，当化工固定资产投资增速超过全社会固定资产投资增速时，我们将其称为产能扩张周期，反之称为消化周期。从 2015 年经济及化工行业的运行来看，2015 年 1 月至 8 月全社会固定资产投资同比增长 10.90%，化工行业固定资产投资同比增长 5.80%，继

续低于全行业投资水平，仍旧处于产能消化周期（见图35-63）。伴随着第三库存周期底部的到来，化工行业产能周期低点或将出现。

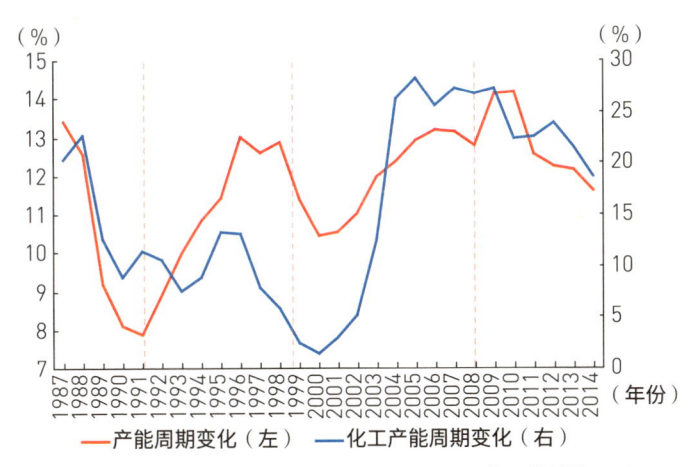

图35-62 2005年中国化工产能周期见顶，震荡回落长达10年

数据来源：Wind资讯，中信建投证券研究发展部。

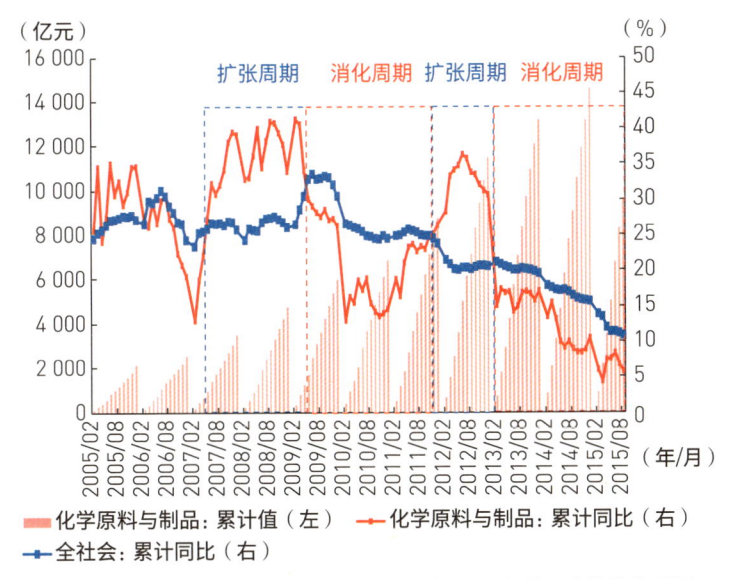

图35-63 中国化工行业固定资产投资继续下行，仍处于产能消化周期

数据来源：Wind资讯，中信建投证券研究发展部。

库存周期：量价齐跌终将逝，化工弹性或再现

从库存周期的运行来看，化工产出缺口领先于产出缺口，这是前面得出的结论。化工产出缺口是化工产成品库存的领先指标，从历史规律看，化工产成品库存滞后化工产出缺口2~3个季度。

本次化工库存周期始于2012年5月，产出缺口在经历双底震荡后启动了19个月的上行期，受制于房地产周期见顶回落需求下滑的影响，于2013年12月见顶回落后向下运行18个月，于2015年5月触底回升，领先于产出缺口触底（见图35-64）。按照化工库存周期的规律，我们认为，化工产成品库存将有望在2016年第一季度附近触底。

正如我们一直强调的，库存周期也是价格周期，在库存周期的运动中，价格是库存的先行指标，即价格和库存存在"提前见顶，提前触底"的逻辑关系。在产能消化期，化工行业PPI指数一直处于0以下，2015年3月略有回升，这与上半年油价的小幅上涨有关。伴随着油价的继续下行，化工PPI指数继续掉头向下，短期内化工行业还在经历量价齐跌的主动去库存阶段（见图35-65）。我们认为，化工行业的价格底部将出现在2015年第四季度末。

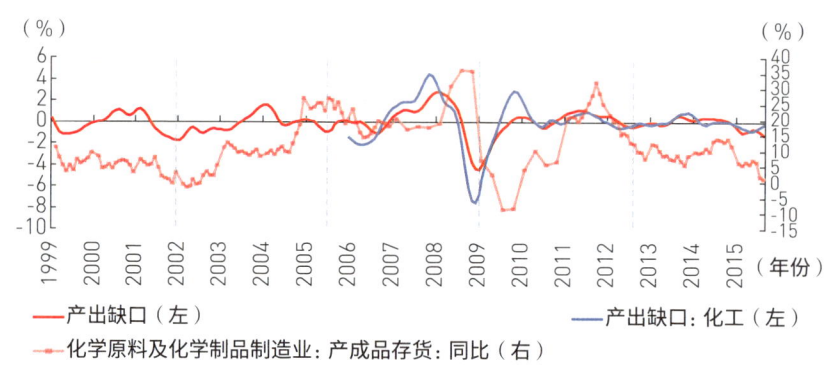

图35-64 产出缺口率先触底，库存有望触底反弹

数据来源：Wind资讯，中信建投证券研究发展部。

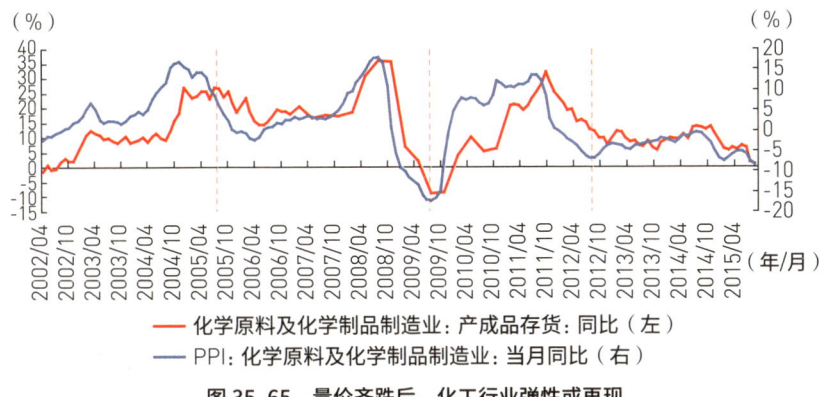

图 35-65 量价齐跌后，化工行业弹性或再现

数据来源：Wind 资讯，中信建投证券研究发展部。

利润与投资：产能消化中后期，盈利底部将出现

从周期运行的逻辑上看，我们认为产出缺口是最领先的指标，其次是库存周期的量价关系。其中价格略领先于库存变化，而利润的变化在中周期前后，PPI 价格出现大幅下跌后，由于边际利润的企稳将滞后于利润同比，投资变化将是最滞后的指标。

从化工行业运行规律来看，盈利与投资均存在 3 年左右的周期性（基本上相当于一个基钦周期），且投资相对于盈利有 1 年左右的滞后，这与我们对全社会库存周期的判断是一致的。从化工行业自身特性来看，这是由企业投资项目决策、规划、审批、设计与前期准备的平均周期决定的。

从盈利和投资来看，本次盈利周期从 2012 年 2 月开始，在全行业产能过剩的背景下，盈利表现平淡，销售利润率基本保持在 4%～5%。本次投资周期从 2013 年 2 月开始，固定资产投资呈持续下行的走势。伴随着化工行业产出缺口的企稳，利润总额同比有所回升，但受制于价格因素持续下滑，短期内趋势尚未显现（见图 35-66）。

从利润与价格的关系看，我们发现在每次价格下跌后，盈利相对于价格都具有提前触底的规律，因此，在盈利回升趋势尚未确立之前，价格仍在继续探底（见图 35-67）。综合产出缺口、投资增速、价格和盈利来看，化工

行业本次产能消化周期有所延长，行业投资和盈利都处于底部区域，而底部位置的判断需要结合前述库存周期的运行情况。

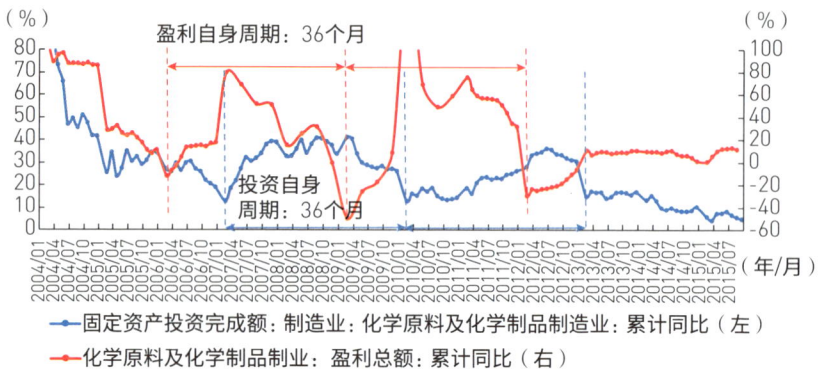

图35-66　投资和盈利都没有明显的触底回升迹象

数据来源：Wind资讯，中信建投证券研究发展部。

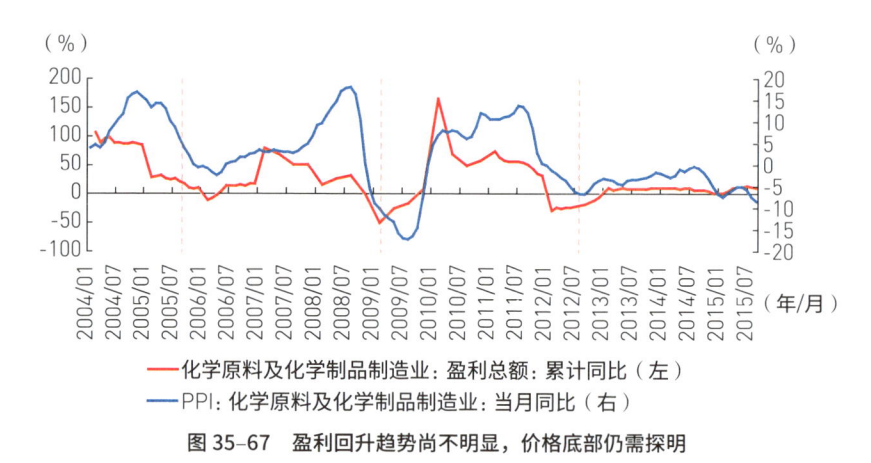

图35-67　盈利回升趋势尚不明显，价格底部仍需探明

数据来源：Wind资讯，中信建投证券研究发展部。

美国去库存进行时，全球化工品价格有望企稳

在讨论完以产出缺口为核心的库存周期运行问题后，我们发现产出缺口的触底反弹，略有滞后的价格和库存仍在主动去库存末端，盈利底部略有企稳，投资持续仍在下行。以我们对化工行业库存周期的理解，我们认为，化

工行业将在 2016 年第一季度附近触底。

基于对化工行业库存周期运动规律的判断，我们仍有几个问题需要进一步做出解释。首先，参与全球定价的化工产品是否会受到美国因素的影响？其次，原油价格走势判断以及原油价格与化工产品价格波动的关系。

中信建投化工团队的观点如下所述。

首先，在全球化时代，基础化工产品作为大宗商品已经跨越国别参与全球定价，因而，全球化工产品的供需、库存运行情况将直接影响我国化工行业的周期运行。我们从主导国美国和日本的化工产品价格和库存情况来看，美国目前仍然处于高位去库存阶段，化工品价格仍在低位，但从历史运行规律来看，美国去库存时间一般在 6 个月左右，而这一期间价格将会反弹。日本的情况则与美国不同，化工产品库存和价格都处于低位运行，未来一旦价格反弹就会很快进入主动库存增加阶段。

其次，油价变动一般领先于化工产品的价格和盈利约 1 个月，而我国基础化工指数（中信）的反弹一般也在油价上涨的背景下完成。但是当油价平稳时，我国化工行业的价格和盈利也可走出自己的周期。油价在 2015 年 2 月和 9 月双探底，WTI（西得克萨斯中间基原油）价格与美国运行原油钻机数量相互影响，暂时形成平衡，油价底部已被基本探明，2016 年有望在 40~60 美元/桶波动，化工品 PPI 将更多地依靠自身周期运行。

因此，我们有理由相信，2016 年，美国化工产品库存周期将会出现低点，届时在原油价格不发生大的下挫的情况下，全球化工品价格有望企稳（见图 35-68）。

新一轮库存周期，关注开工率向上和持平的品种

去产能初见成效，部分产品开工率回升。中信建投化工团队统计了 29 种重点化工品近 5 年来开工率的走势，结果显示，共有 8 种化学品的开工率逐渐上行，占总数的 28%；另有 5 种化工品的开工率小幅波动，占总数的 17%；而其余 16 种化工品的开工率仍在不断下降，占总数的 55%。开工率上行的产品中，磷酸一铵和磷酸二铵主要受出口提升的影响，是关税政策调

整的结果,其余的产品主要为行业自身去产能的结果(见表35-12)。

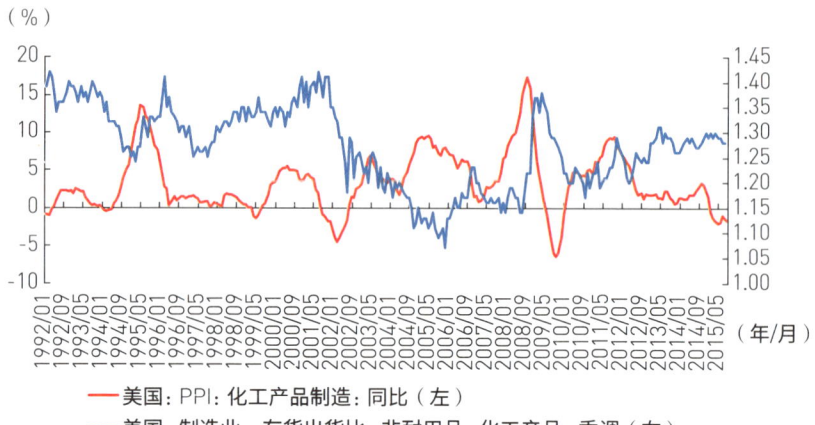

— 美国:PPI:化工产品制造:同比(左)
— 美国:制造业:存货出货比:非耐用品:化工产品:季调(右)

图 35-68 美国化工产品价格低位,存货出货比相对较高

数据来源:Wind 资讯,中信建投证券研究发展部。

表 35-12 重点化工产品的开工率情况

序号	化工产品	2015 年 1—9 月开工率(%)	上市企业
开工率在回升的化学品			个数占全部的 28%
1	纯碱	78	三友化工、ST 海化、双环科技、华昌化工
2	氯化铵	75	华昌化工、云维股份
3	磷酸二铵	67	云天化、六国化工、湖北宜化、兴发集团
4	钛白粉	67	佰利联、中核钛白、安纳达、金浦钛业
5	硫酸钾	66	冠农股份、青松建化
6	醋酸	65	华鲁恒升、皖维高新
7	磷酸一铵	57	新洋丰、司尔特、六国化工、
8	复合肥	48	金正大、史丹利、新洋丰、芭田股份、司尔特
开工率持平的化工产品			个数占全部的 17%
1	烧碱	75	氯碱化工、中泰化学、云南盐化
2	单体聚醚	70	奥克化学、科隆精化
3	电石	67	英力特、内蒙古君正、新疆天业

续表

序号	化工产品	2015年1—9月开工率（%）	上市企业
4	甲醇	58	鲁西化工、兖州煤业、远兴能源、云维股份
5	磷矿石	41	兴发集团、澄星股份、湖北宜化、司尔特、六国化工
开工率在下滑的化工产品			个数占全部的55%
1	MDI（二苯基甲烷二异氰酸酯）	69	万华化学
2	合成氨	68	华鲁恒升、鲁西化工、湖北宜化、泸天化、四川美丰
3	环氧丙烷	67	滨化股份、方大化工（后改名航锦科技）
4	环氧乙烷	67	奥克股份、永安药业
5	硝酸钾	66	盐湖股份、金谷源
6	尿素	65	华鲁恒升、鲁西化工、四川美丰、湖北宜化
7	百草枯	60	红太阳、沙隆达A（后改名安道麦A）
8	TDI（甲苯二异氰酸酯）	60	沧州大化、北化股份
9	氯化钾	60	盐湖股份、金谷源
10	丁酮（甲乙酮）	54	齐翔腾达、天利高新
11	煤焦油	52	永东股份、山西焦化
12	炭黑	52	龙星化工、黑猫股份、海印股份、双龙股份
13	三聚氰胺	49	ST川化、金禾实业、四川美丰
14	草甘膦	47	扬农化工、新安股份、沙隆达A
15	二甲醚	42	新奥股份、天茂集团
16	顺酐	41	

数据来源：Wind资讯，百川资讯，中信建投证券研究发展部。

小结

综上所述，我们对化工行业的周期运行情况做出如下总结。

（1）产能周期：化工行业自2005年见顶后，经历了10年去产能化，伴随着第三库存周期底部的到来，化工行业产能周期低点或将出现。

（2）库存周期：化工产成品库存滞后化工产出缺口2~3个季度。我们认为，化工行业的PPI底部将出现在2015年第四季度末，化工产成品库存将有望在2016年第一季度附近触底。

（3）利润与投资：化工行业盈利与投资均存在3年左右的周期，且投资相对于盈利有1年左右的滞后。短期来看，伴随着化工行业产出缺口的企稳，利润总额同比有所回升，但受制于价格因素持续下滑，短期内趋势尚未显现。

（4）2016年，美国化工产品库存周期将会出现低点，届时在原油价格不发生大的下挫的情况下，全球化工品价格有望企稳。

（5）油价在2015年2月和9月双探底，WTI价格与美国运行原油钻机数量相互影响，暂时形成平衡。油价底部已被基本探明，2016年有望在40~60美元/桶波动，化工品PPI将更多地依靠自身周期运行。

非金属制品

产能周期：去产能化进行时，供给端持续收紧

从我们对非金属制品产能周期的判断来看，受益于中国工业化进程加速和城市化的大力推进，1999年中国开启本次产能周期，共持续10年，2009年受经济下滑冲击后快速回落，去产能已有近6年的时间。按照中信建投非金属建材团队对水泥产能周期的统计，2010年是新型干法熟料产能增速的高点，之后一段时间内均处于产能的消化阶段（见图35-69至图35-71）。

从每年新增新型干法水泥熟料产能来看，熟料新增产能自2010年2.43亿吨后持续下滑，根据卓创资讯的统计资料，2015年和2016年熟料新增产能约0.5亿吨，供给端进一步收缩，几近停滞（见图35-72）。

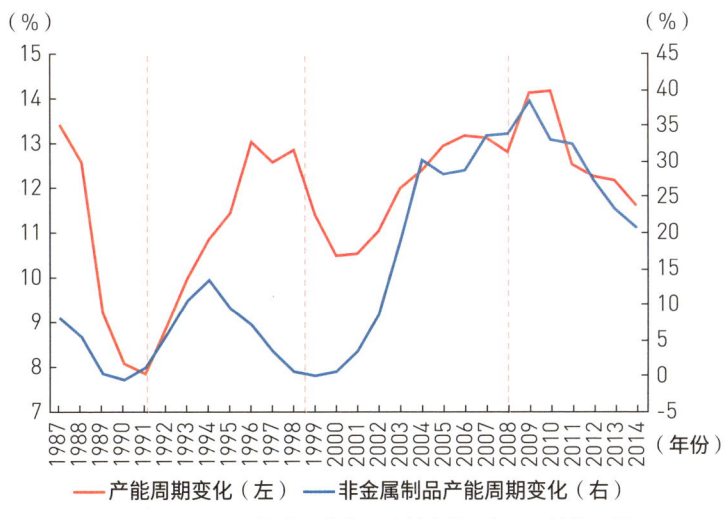

图 35-69　2009 年中国非金属建材产能周期见顶持续下滑

数据来源：卓创资讯，数字水泥网，中信建投证券研究发展部。

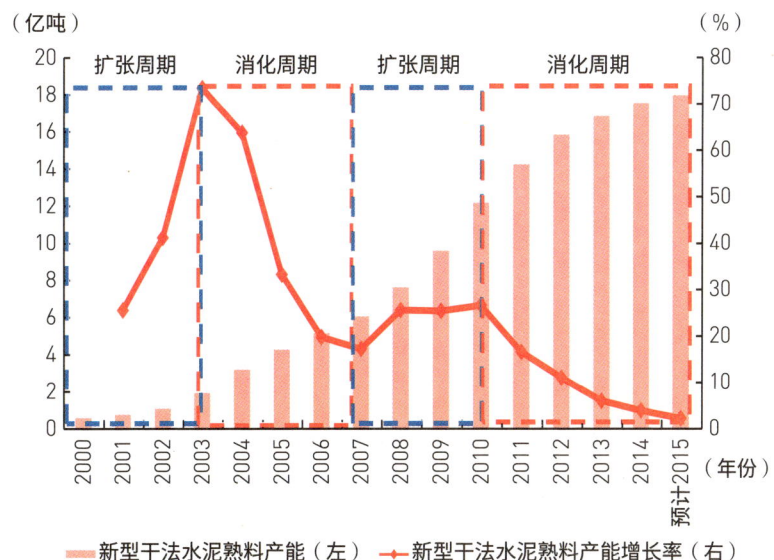

图 35-70　中国新型干法水泥熟料产能及其增速

数据来源：国家统计局，Wind 资讯，中信建投证券研究发展部。

35　中国经济即将触底

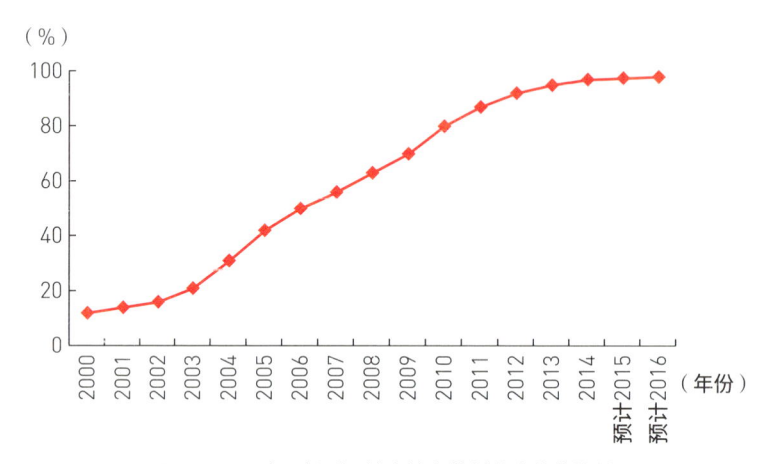

图 35-71　中国新型干法产能占熟料总产能的比例

数据来源：卓创资讯，数字水泥网，中信建投证券研究发展部。

图 35-72　中国每年新增新型干法水泥熟料产能的情况

数据来源：卓创资讯，数字水泥网，中信建投证券研究发展部。

库存周期：去库存正当时，触底仍需等待

对比数据后发现，非金属制品产成品库存和 PPI 同比价格波动与水泥库存和价格同比波动基本一致，我们姑且将非金属制品看作水泥产品的替代，

来讨论水泥行业库存周期的关系（见图 35-73 至图 35-76）。

从历史库存周期的运行看，水泥产出缺口同步于产出缺口，这是前面得出的结论。水泥产出缺口是水泥产成品库存的领先指标，领先水泥库存约 4 个季度。水泥库存周期底部多呈现二次探底的形态，这或与水泥建设投产周期较短带来的冲击有关。

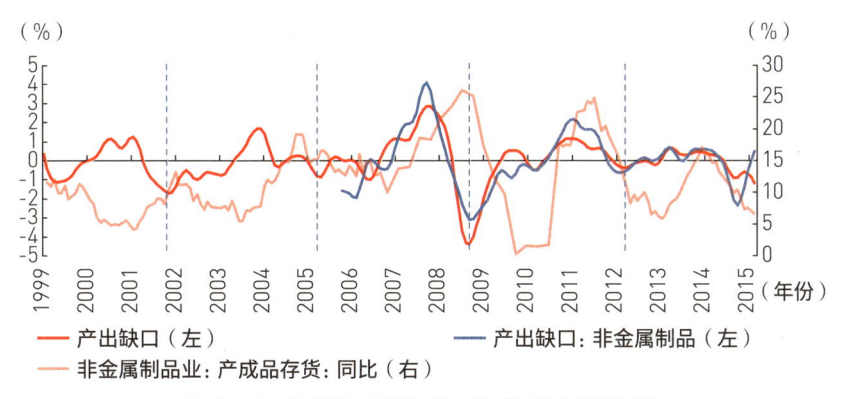

图 35-73　产出缺口反弹过半，产成品库存持续下降

数据来源：Wind 资讯，中信建投证券研究发展部。

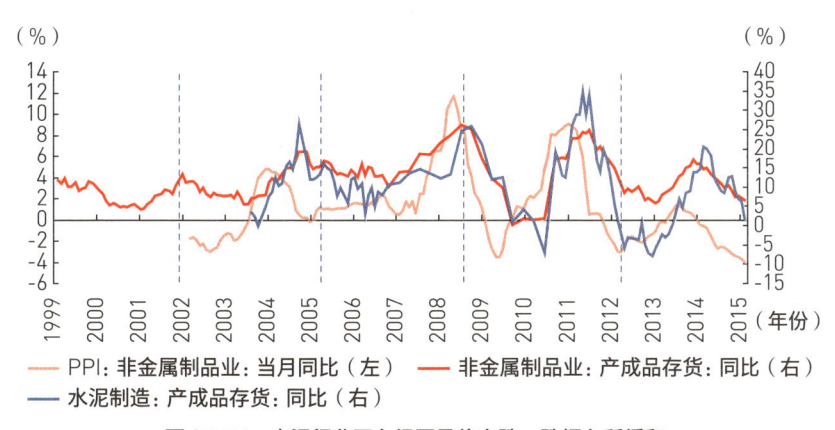

图 35-74　水泥行业正在经历量价齐跌，跌幅有所缓和

数据来源：Wind 资讯，中信建投证券研究发展部。

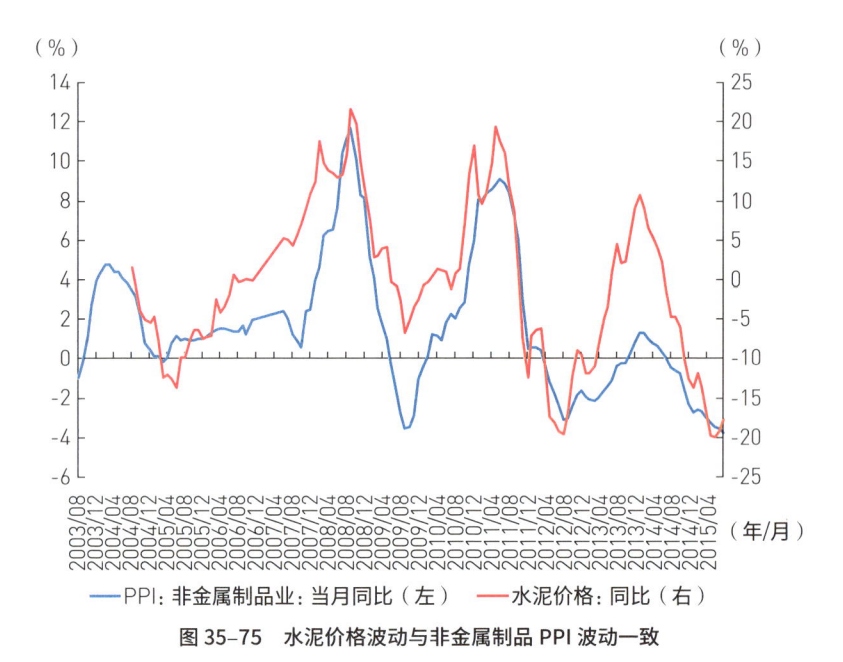

图 35-75　水泥价格波动与非金属制品 PPI 波动一致

数据来源：Wind 资讯，中信建投证券研究发展部。

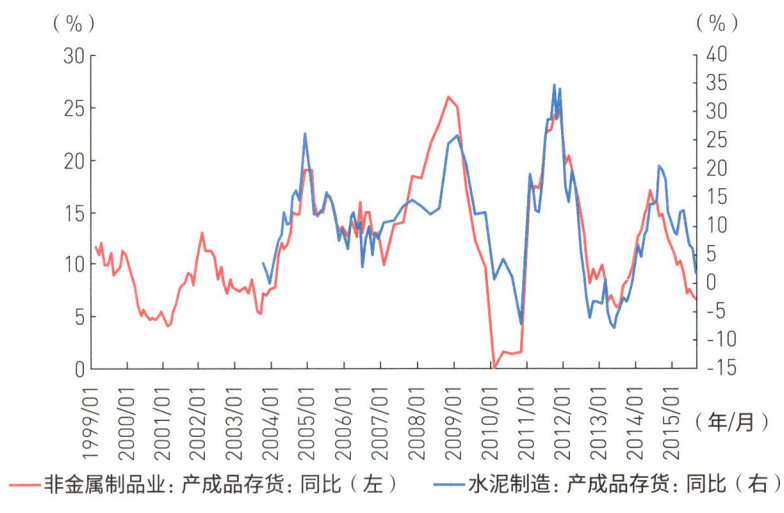

图 35-76　水泥产成品库存与非金属制品产成品库存波动一致

数据来源：Wind 资讯，中信建投证券研究发展部。

从非金属制品的角度看，本次水泥产出缺口于 2012 年 7 月开启，产出缺口启动了 21 个月的上行期，受制于房地产周期见顶回落需求下滑的影响，于 2013 年 10 月见顶回落，向下运行 18 个月后于 2015 年 4 月触底回升，上行已 6 个月。按照水泥产出缺口的规律，我们认为，水泥产成品库存有望在 2016 年第二、第三季度附近触底。按照价格领先库存平均约 3 个月，水泥价格有望在 2016 年第二季度触底。

2016 年边际供需改善推升价格趋势大概率向上

一般而言，影响水泥价格的主要因素包括供需关系、成本因素、市场竞争情况、消费者和生产者对价格的预期、政策因素、短期其他突发因素等。由于市场竞争情况在短时间内难以有明显的改善，消费者和生产者对价格的预期变数较大，很难准确预判，政策因素和短期其他突发因素也难以被准确预测。所以，通常的分析方法是对供需关系以及成本变化进行比较深入的分析，而供需关系和成本变化基本上能分析和预判价格趋势。

中信建投非金属建材团队的研究表明：相较于供需关系的研究，成本变化研究相对简单一些。而在成本影响中，煤炭价格变化较大，其他的成本影响因素如电价、原材料、机器和厂房折旧、人工以及其他因素的变化相对要小一些。由于水泥价格受多种因素综合影响，在调整幅度上还没有一个明确的数量关系。下面分析一下水泥价格走势与供需之间的关系。表 35-13 列出了一些供需的指标：供给（产能）、需求（产量）、供需差（供给减去需求）、产能利用率以及供给和需求的增长率。

预测 2016 年水泥供给同比减少 4.58%，需求同比增长 3%~4%，边际供需关系或有明显改善，成本变动幅度预计不会太大，所以 2016 年同比 2015 年价格上涨的概率较大。

表 35-13 影响价格变化的供需指标

年份	供给（产能）（亿吨）	需求（产量）（亿吨）	供需差（供给-需求）（亿吨）	产能利用率（%）	供给增长率（%）	需求增长率（%）
2004	16.21	9.67	6.54	60	11	12
2005	16.46	10.38	6.08	63	2	7
2006	16.77	12.04	4.73	72	2	16
2007	16.88	13.54	3.34	80	1	12
2008	18.83	13.88	4.94	74	12	3
2009	21.72	16.29	5.43	75	15	17
2010	24.78	18.68	6.10	75	14	15
2011	27.08	20.63	6.45	76	9	10
2012	29.49	21.84	7.65	74	9	6
2013	31.50	24.14	7.36	77	7	11
2014	31.67	24.76	6.91	78	1	3

数据来源：Wind 资讯，中信建投证券研究发展部。

小结

综上所述，我们对水泥行业的周期运行情况做出如下总结：

（1）产能周期：产能见顶回落已有 6 年时间，从新增新型干法水泥熟料看，供给端新增产能接近停滞。

（2）库存周期：水泥库存周期底部多呈现二次探底的形态，这或与水泥建设投产周期较短带来的冲击有关。

（3）库存周期：我们认为水泥产成品库存有望在 2016 年第二、第三季度附近触底，按照价格领先库存约 3 个月看，水泥 PPI 有望在 2016 年第二季度触底。

（4）预测 2016 年水泥供给同比减少 4.58%，需求同比增长 3%~4%（根据文中假设），边际供需关系或有明显改善，成本变动幅度预计不会太大，所以 2016 年同比 2015 年价格上涨的概率较大。

煤炭行业

产能周期：行业加速去产能，新增产量首现负增长

回顾煤炭产能周期的进程，受益于中国重化工业发展和城市化进程，煤炭于1999年前后开启了本次产能周期，上行时间持续11年后，煤炭产能周期于2010年见顶回落（见图35-77）。煤炭行业十余年的产能扩张周期导致了煤炭产能的过剩，受制于宏观经济结构调整、行业产能过剩、能源结构调整和政策转向等因素，煤炭行业在2010年之后经受了一轮快速去产能，至2015年已近6年之久。

从新增原煤开采产能和产量来看，煤炭新增原煤开采同步于煤炭行业产能周期，于1999年开始一路飙升，直至2011年见顶后回落。而从新增原煤开采产量来看，2014年出现产量负增长，是近15年来首次，上一次是在1997年和1998年（见图35-78）。历史很难被复制，但历史总是惊人地相似，我们不能简单推演出产量负增长意味着产能即将降低（见图35-79）。但是我们可以理性地发现，煤炭产量的快速下滑或将导致未来煤炭供需关系发生变化。

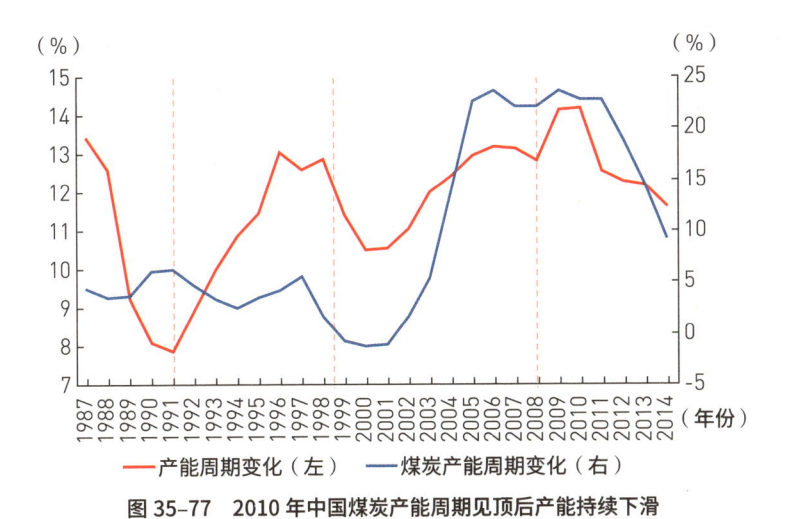

图35-77 2010年中国煤炭产能周期见顶后产能持续下滑

数据来源：CEIC数据库，中信建投证券研究发展部。

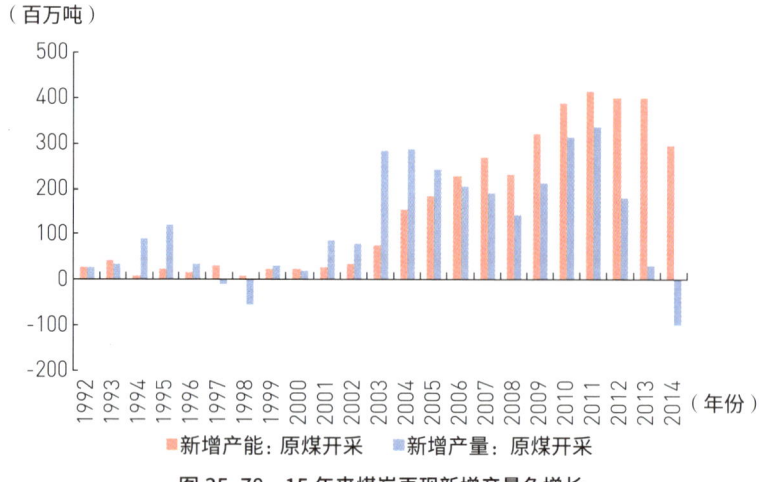

图 35-78　15 年来煤炭再现新增产量负增长

数据来源：CEIC 数据库，中信建投证券研究发展部。

图 35-79　近年来煤炭行业产能利用率持续下滑

数据来源：Wind 资讯，中信建投证券研究发展部。

库存周期：年内煤价空间有限，等待明年风再起

自 2006 年以来，中国共经历了三轮产出缺口的周期波动，其中包括：2006 年 7 月—2009 年 1 月、2009 年 1 月—2012 年 7 月，2012 年 7 月—2015 年 3 月，分别经历了 30 个月、42 个月、32 个月。平均来看，煤炭产出缺口的周期约 35 个月。煤炭产出缺口周期波动较大，一个周期往往包括 2~3 个高点。

从历史煤炭产出缺口的运行来看,煤炭产出缺口基本同步于产出缺口,煤炭产出缺口领先于产成品库存2~3个季度(见图35-80),单边最长上行期为12个月,而煤炭PPI领先煤炭产成品库存约1个季度。值得注意的是,自2009年以后,煤炭产出缺口在底部前出现略领先的特征。

本次煤炭产出缺口上行期开启于2015年3月,煤炭PPI自2015年6月步入底部区域,震荡数月于8月触及年内低点,之后维持底部震荡走势(见图35-81)。按照PPI同比领先库存1个季度的经验,如果煤炭PPI的低点是8月,那么煤炭库存应于11月前后企稳。但是,从煤炭库存数据来看,库存在8月已有回升,或是冬季补库存因素造成的。从历史规律来看,如果没有价格的企稳,库存的增长是不可持续的,属于被动补库存阶段。

目前来看,本次煤炭产出缺口的反弹领先于产出缺口,上行期开启近11个月,但从历史最长上行12个月来看,未来煤炭库存或随季节因素的消退有所回落,产出缺口的上行或将于2015年第四季度发生变化。根据我们对库存周期的理解,如果价格尚未出现回升,库存的反弹尚属于被动补库存阶段,是不可持续的。

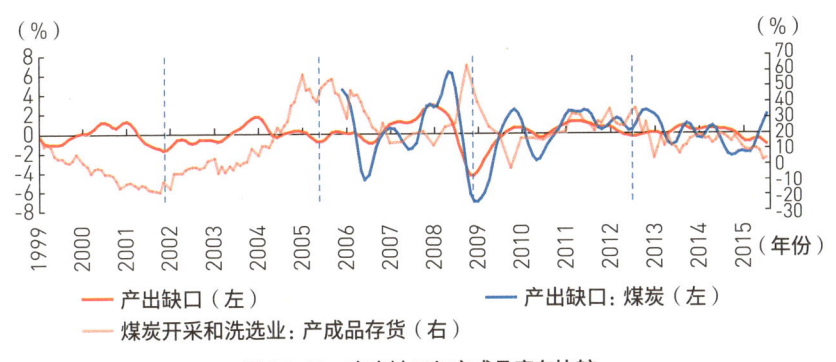

图35-80 产出缺口与产成品库存比较

数据来源:Wind资讯,中信建投证券研究发展部。

图 35-81　产出缺口与煤炭 PPI 比较

数据来源：Wind 资讯，中信建投证券研究发展部。

利润：全行业亏损已不远，边际供需改善应重视

虽然可观测的数据有限，但我们仍能看到煤炭行业的销售利润率与行业产能周期同趋势波动（见图 35-82），1999 年之后煤炭行业开启本次产能周期，行业销售利润率由逐步亏损的状态转向盈利，而后几年持续保持高增速。伴随着行业利润的持续高涨，大量投资者进入该领域，导致的直接后果是煤炭行业小煤矿众多，小散乱低层次生产过剩，落后产能严重过剩，这一现象直到 2010 年后才得到抑制。

从 2010 年开始，煤炭产能周期步入下行期，全行业加速去产能，煤炭销售利润率持续下行，反映了煤炭行业供过于求的现状。去产能至 2015 年已有 6 年之久，煤炭行业销售利润率从最高点的 15% 降至不到 2%，全行业大量煤炭企业亏损，处于倒闭边缘。我们认为，从行业发展的角度看，产能周期的下行期根本目的在于去落后产能建立新产能，提升行业整体的结构效率，因此，本次煤炭产能周期有可能在全行业进入全面亏损状态后到达。但在此之前，我们仍需重视第三库存周期开启时边际供需改善所带来的价格效应。

图 35-82　煤炭行业盈利周期

数据来源：Wind 资讯，中信建投证券研究发展部。

小结

综上所述，我们对煤炭行业的周期运行情况做出如下总结：

（1）产能周期：在经历近 6 年的去产能后，煤炭产量的快速下滑或将导致未来煤炭供需关系发生变化。

（2）库存周期：平均来看，煤炭产出缺口波动约 35 个月，单边最长上行期为 12 个月；煤炭产出缺口同步于产出缺口，煤炭产出缺口领先于产成品库存 2~3 个季度，而煤炭 PPI 领先煤炭产成品库存约 1 个季度。

（3）库存周期：煤炭 PPI 自 2015 年 6 月步入底部区域，震荡数月于 8 月触及年内低点，之后维持底部震荡走势；而煤炭库存在 8 月已有回升，或是冬季补库存因素造成，属于被动补库存阶段。如果 PPI 尚未出现回升，未来煤炭库存或随季节因素的消退有所回落。虽仍有反复，但已处于底部区域。

（4）利润：本次煤炭产能周期有可能在全行业进入全面亏损状态后到达。但在此之前，我们仍需重视第三库存周期开启时边际供需改善所带来的价格效应。

[第七章]

周期真实义

36　2016年：论资源的持久战

▪ 2016年1月6日

资源价格是 2016 年的最大赌注

2015年9月我们发表了报告《宿命与反抗》，2015年11月我们发表了报告《2016年：为资源而战》，我们指出：2016年的全球核心矛盾是商品价格超跌导致的全球分裂问题，商品价格是全球利益分配的焦点。在2016年全球开启第三库存周期的背景下，商品价格能不能稳住是一个重要的转折点，而我们推测，商品价格的企稳当在中国经济触底的2016年第一季度出现。如果这些变成现实，商品价格的反弹将引领全球的通胀预期，这与2015年形成鲜明的对比，通胀预期是2016年资产价格变局的核心问题，因此，资源价格是2016年的最大赌注。我们认为，这种逻辑推测正在逐步变成现实。

短期从供给侧到需求侧

应该说，目前市场对资源品的认识以我们提出的逻辑为背景，而短期更多地叠加了供给侧改革的因素。显然，从短期来看，周期性行业供给的改善是价格反弹的第一步，而供给侧改革可能给供给改善带来实质性的政策支持，从而推动供给改善加速。这应该是市场短期已经预料的问题。我们认为在此之后，市场应该会从供给侧改善预期逐渐向需求侧改善预期转换。当然，这样的前提是我们所提出的中国经济将在2016年第一季度触底，随后可能在下半年出现反弹，从而确认中国第三库存周期的开启。因此，资源品的投资意义刚刚开始，2016年为资源而战是持久战！

2016年是资源战略投资的开启之年

关于大宗商品的持久战问题，我们发布了报告《世界大宗商品周期研究》，在经历5年的下跌之后，大宗商品是否已经见到底部？这会是一个什么级别的底部？这个问题不仅仅是短期大宗商品价格波动问题，也是一个大宗商品投资的战略问题。我们一直认为，大宗商品投资是人生资产中最具战略性的品种，主要因为其投资的长周期和暴利性。如果大宗商品是一个重要的战略底部，那么在实体经济中不断买进矿产，就是为未来的暴利而投资，所以，现在研究大宗商品底部的级别至关重要。

关于大宗商品的底部级别问题，目前来看可以肯定的是，2016年将出现5年来大宗商品价格的重要低点，这个低点将是7年大宗商品熊市主跌段的第一低点，也是20年大宗商品产能下降周期的第一低点。虽然这个低点未必是大宗商品价格熊市的最低点，但从价格来看，这一定是距离大宗商品熊市最低点最近的价格低点。自这个低点之后，资源的投资将进入战略期，2016年是资源持久战的开启之年。

资源反弹是2016年行业配置之源

如果资源价格如我们预期那样反弹，则下半年之后全球的通货膨胀预期不可避免，所以，我们认为2016年全年的资源投资应该是先有色金属、化工、煤炭和建材。而第三季度之后，当确认出现滞胀预期后，农业可能具有较好的配置价值，而在下半年滞胀预期出现后，我们认为诸如消费、旅游、医药等行业都具有防御价值。所以，由此看来，资源价格是否反弹，是2016年行业配置之源，所谓牵一发而动全身。

所以，无论是2016年的大类资产配置，还是2016年的行业资产配置，资源都已经成为核心博弈，但这只是短期问题。资源之所以能够在此时成为博弈核心，是因为它已经开始进入战略投资期，而对这一战略投资的把握，才是人生财富靠康波的真谛。

37 过程与系统：周期真实义（一）

▪ 2016 年 3 月 14 日

周期终将幻灭，但在此之前我们仍将经历一次康波。虽然轮回才是永恒，但周期的奥义是对过程的追逐，所以，周期研究的核心是对过程的描述，如果不珍视过程，对周期的研究就是一知半解。我们从未把周期当成宏观经济来研究，周期是经济、技术、社会系统及社会制度的综合产物。在周期大系统面前，几个宏观指标的微小变化根本不值一提，周期研究的境界是以对系统的理解来推断细节的变化，过程与系统才是周期的奥义。写这段文字，是为了说明不是几个宏观指标就可以左右我们对周期的认识，也不是去实体领域调研就可以感知周期，能够让我们与众不同的是对周期系统的理解以及顺周期之道而行的理念。

我们在 2015 年中期之后，对全球的周期运行发表了几个观点，主要见于《全球变局》《宿命与反抗》《中国经济即将触底》《2016 年：为资源而战》《世界大宗商品周期研究》等报告。在这一章，我们将再次阐述对这些报告的持续理解。

关于宿命与反抗

自 2009 年以来全球中周期的高点已经在 2015 年出现,这是全球以货币宽松反危机的高点,也是货币宽松的边际高点。自 2015 年至 2019 年,本次中周期将步入下降阶段。2015 年是全球中周期第二库存周期的高点,而在调整一年多之后,全球将在 2016 年迎来第三库存周期反弹,这就是我们当前经历的周期阶段,全球第三库存周期的触底顺序是中国、美国、欧洲国家。在 2015 年之前,我们看到的宽松是资产价格上升的根本推动力;而在 2015 年之后,资产价格的大方向是所谓的资产收益率的降低,资产管理的核心由获利向保值转移。而在 2016 年第三库存周期反弹时,由于宽松已经到达边际点,流动性宽松的推动由基础货币转向货币乘数的上升,从而引发通货膨胀预期,这就是资产保值需求的根本机制。在这个机制下,资本会脱虚向实,投资重点由轻资产向重资产转移,由估值逻辑向通胀逻辑转移,这就是当下投资的核心逻辑。但是这也并非长久逻辑,滞胀就是萧条前的回光返照,当滞胀达到高点时,流动性宽松逻辑会被彻底倾覆,货币消灭机制开启,彼时的投资主逻辑转向对资产流动性的追求,现金为王。所以,投资主逻辑随着周期的演进而不断变换,把握过程才是周期的奥义。

关于第三库存周期的开启

全球及中国经济第三库存周期的开启,不是由几个宏观指标决定的,而是周期系统运转到此时的必然现象。我们将发布新的报告来阐述第三库存周期开启的深层次机制。在这里,关于第三库存周期我想阐明几个看法。

其一,当前处在第二库存周期触底和第三库存周期开启之时,各项宏观指标的好坏变化并不会改变周期的运行,改变的只是人的心态。目前比较关键的一点是,我们在 2015 年 12 月价格触底后看到了库存水平的持续下降,这正是确认价格低点有效性的标志,这种价升量跌往往意味着库存低点将于

2016年第二季度出现。而库存低点的出现意味着库存周期由价升量跌转向量价齐升，那时真正的库存周期主升段才会到来，那时我们才能看到实体经济的明确改善。所以，2016年第二季度才是周期大是大非的关键时刻。

其二，关于库存周期的持续性问题。在我们的周期体系中，库存周期一旦开启，就存在自我加速机制，而在以往几十年的经验中，第三库存周期向上阶段最短为9个月，这是由工业生产的循环周期决定的，所以，整个2016年都将是第三库存周期的上升阶段。这个过程主要由库存行为推动，必须说明，通胀预期也是库存行为的推动力。至于房地产投资的回升以及财政基建的回升，只是库存行为的加速器，在库存周期的第一个循环阶段，投资加速器并非必要。投资加速器的作用，是在库存周期进入量价齐升后决定库存周期的高度及其延续时间，如果加速器启动合适，本次库存周期可延续至2017年中期。

关于本次大宗商品价格反弹的性质

我们依然处在大宗商品熊市中，这是毫无疑问的。2011年开启的是大宗商品产能周期级别的熊市，这个熊市将延续至2030年，之后才能开启新的产能周期。但是，大宗商品熊市的前7年是大宗商品价格的主跌段，这一阶段几乎会跌去大宗商品熊市的所有跌幅。理论上，大宗商品熊市的价格最低点出现在2018年后，随后是震荡筑底期。在前7年中，第五年大宗商品的价格将触及第一低点，随后展开熊市大级别反弹。这一反弹将领先于第三库存周期的启动而开始，滞后于第三库存周期的高点而回落，理论上将持续1年以上，这就是本次大宗商品熊市大级别反弹的性质及其时间跨度。

比较令人吃惊的是，我们研究了过去50年与本次反弹类似的大宗商品熊市反弹，在各个品种的开启顺序及其未来幅度方面有了新的发现。以历史经验触底顺序来看，是糖→铁矿石→石油→铅→黄金→铜→产出缺口→铝。糖是最领先的品种，而本次糖的触底时间在2014年9月，铅的触底时间在

2015年1月，在商品的第一波反弹中，糖、铁矿石和黄金的突出表现符合历史规律。而在第一波反弹之后，由于对周期的质疑，一波明显的回撤将产生，而随后的第二波上涨却更加猛烈。

关于滞胀的宿命

我们反复强调，中周期第三库存周期的基本特征就是滞胀，但这个滞胀是局部的、短暂的。滞胀在中国源于通胀的回升速度快于经济增长的速度，而直接的推动力是经过库存周期的长期下行后上游资源品的价格修复。前面已经言明，这种价格的修复根本上是由资本脱虚向实的保值需求发展决定的。所以，这个滞胀只是基于通胀与增长上升速度的比较。这些情况在美国有所不同，美国的第三库存周期将于2016年第二季度开启，劳动力成本和资源价格将是推升美国通胀水平的主要动力。我们判断这将发生在美国第三库存周期开启后的下半年，而在一年之后，即2017年，美国可能会出现通胀脱离增长的景象，全球将出现滞胀特征，那时可能是本次全球第三库存周期的高点。

当全球第三库存周期在2016年中期进入中国和美国共振向上阶段后，我们判断人民币币值将领先回升。随后，美元指数进入本次美元周期的最终上升阶段。在这个阶段，我们将看到美元与大宗商品和黄金同涨，而在本次第三库存周期的高点附近，即2017年中期附近，我们将看到本次自2011年开始的美元指数牛市的高点。随后，本次全球中周期将彻底进入最终下降期，直至2019年。滞胀就是萧条前的回光返照。

关于2017年中期之后的全球景象

2017年中期之后，东西半球的房地产周期进入共振回落期。我们预期，中国本次房地产周期的B浪反弹将在2017年中期之前回落，而美国房地产周期 B 浪上升将持续 7 年，在 2017 年中期之后回落。所以，2017—2019 年将是全球经济增长基本动力的回落期，也是本次中周期的回落探底阶段，而从更大的角度看，这一时期意味着全球货币宽松反危机的结束与清算，康波进入萧条阶段，是中国经济周期的四周期共振低点。周期终将幻灭，但在 2019 年之后，中国新的房地产周期将启动，所谓幻灭即重生，以人生财富靠康波来看，2019 年是"85 后"的第一次人生机会。

周期由人类的社会运行系统推动，自然包括每个周期的信仰者与不信仰者，而在周期的每个阶段，信仰者与不信仰者自然有不同的结果，这本身没有必要进行无谓的争论。当下需要做的，只是研究清楚周期的过程，获取周期对我们人生财富的意义。所以我们反复强调，周期终将幻灭，但在此之前，我们仍将经历一次康波。

38　周期即人性：周期真实义（二）

- 2016 年 4 月 15 日

从冷眼旁观到喧哗吵闹，这就是 2016 年初以来周期的华丽转身，从最初我们的孤独到现在全球的山呼，难道周期真的发生了这么大的变化？周期即人性，这就是周期理论的形而上层次。周期的剧烈波动，每次都体现出人性的贪婪与恐惧。所以我们才得出结论，认为周期就是人类集体行为的结果。自然，作为群体的人来讲，绝大多数人都不明白周期的真实义，所以才有从恐惧到贪婪的转变，但这就是周期运动的一部分。

库存周期的运动本身就是人的投机性最直接的体现，在众人都恐惧的时刻，机会悄然降临。2015 年 11 月我们发表报告《中国经济即将触底》，目前这已经成为当时同样恐惧的人们津津乐道的话题。虽然周期是人性，但是人性是有规律的。在通缩的最恐慌阶段，我们提出 2016 年的两个坚持：坚持认为经济在第一季度触底，坚持认为第一季度为资源而战。我们早就指出，在价格触底的时候，生产者还是一片悲观，但此时需求正在悄然好转，所以在 3 月之前，虽然价格是上升的，但库存水平和工业增加值都是下降的，我们看到的是对需求的质疑，以及对所谓经济触底的不信任。但到了 3

月中旬之后，突然间，一切都华丽转身，此时数据越来越证明经济触底的必然性，参与者因而都乐观起来，这时库存和工业增加值都触底了。而此时距离价格触底已经过去4个月，以库存周期的规律来看，库存低点滞后价格低点一个季度以上，这就是人性由恐惧转向贪婪的过程。

显然，3月之后中国经济量价齐升，群体乐观的必然后果就是价格上升的速度一定会超越需求的速度，从而带来剧烈的价格上行预期以及投资者的欢呼。此时，甚至原来的空头都在为继续做多寻找理由，这样的景象在库存周期中将出现两次以上。而此时价格的过快上涨必然带来需求的难以维系，参与者对诸如房地产投资、基建投资的预期已经十分充足。这样的结果必然是价格在狂欢后的回落，需求需要重新确认和检验。而以历史经验来看，这个价格的高点会在量价齐升之后的一个月后发生，所以，我们提示4月有量价齐升之后价格高点的风险。但我们心里非常清楚，已经开始贪婪的人性甚至会对此产生新的质疑。

尽管我们在提出"2016年为资源而战"之后，商品的反弹给人们留下了深刻的印象，但是对11月以来商品反弹的性质，我们不断申明，这就是7年熊市主跌段的第一次触底，是一个年度级别的反弹行情。因为在这个反弹中，除了库存周期的推动，更重要的是货币脱虚向实的逻辑，因此，这个反弹本身就具有很强的投机性。在一年的反弹中，波动不可避免，而且我们在报告《一波三折》中提示了历史经验中二次回落调整的可能性。现在来看，回落调整在中国源于前面我们说的库存周期机制，而此时还不得不关注国际局势的变化。

以黑色系为主的大宗商品价格反弹，毕竟只是中国库存周期意义上的反弹，要想进入大宗商品价格反弹的主升浪，关键的一环是要看美国的库存周期何时触底。我们在报告《一波三折》中说，以我们对美国库存周期的理解，美国产出缺口的触底时间在2016年的5月至6月之间。如果真是如此，那么中国库存周期价格第一波高点与美国触底之间的时间是短暂的，也就是1~2个月的时间。我们也可能不会看到大宗商品价格的深幅调整，所以我们提出了饵兵勿食的观点，期望不要因追高而受挫，反而辜负了未来的主升浪行情。这些想法都是我们对周期运动中人性的理解。

但是，仅仅了解库存周期的运行是不够的，因为周期的运行本身就包含了政策的主动干预，每个周期的动力也都有迹可循。中国的供给侧去产能和房地产政策就是周期运行的必然，也助力了周期的波动。在2016年元旦之际，我们发表了报告《再轮回与再平衡》，强调康波周期走向萧条期，是一个曾经稳定运行的世界经济结构和国际货币体系走向转型和解体的过程。蕴含在周期中的国际货币体系的变化决定了全球金融市场和风险的偏好，也决定了周期运行本身。2015年12月至2016年1月的全球动荡是对这种再平衡需求的确认。2月至3月，从G20到FOMC（联邦公开市场委员会）会议，再平衡的逻辑一步步走向高潮：弱势美元到鸽派表述，美联储给了全球空间；中国的供给侧改革去产能持续推进，稳增长政策下经济持续触底回升；冻产协议的推进不断向高潮挺进，供给侧支持着原油价格；新兴市场国家出现明显好转，而欧洲国家和日本也阶段性地容忍了升值。全球在再平衡的思路下出现了阶段性好转。

而从影响风险资产的风险偏好来讲，2月至4月再平衡的过程是所有需要再平衡的因素集中修复的过程，隐含的风险降至极低。但是，如果美国如我们所言在5月至6月触库存周期底部，那么4月之后全球风险偏好的修复就将面临检验。在全球价格体系得到修复之后，美元指数将找到底部，而日元相应地找到顶部，由此欧洲国家和日本会在全球需求好转的过程中基本面逐渐好转，从而降低超预期宽松的概率。而当前市场蕴含的逻辑是，中国的需求促进全球风险偏好回暖并带动全球复苏。如前面所言，库存周期在库存触底、量价齐升后会出现需求的确认过程，或达预期或不达预期，这些都是对全球风险偏好预期修复的考验。此外，诸如中东产油国的政治冲突再次恶化、冻产协议、在需求检验的过程中油价震荡回落，这些也可能造成对全球的冲击。当然，这些因素中单一因素的反复可能只会引起市场小幅震荡，但如果产生交叉和连锁的恶化，则会对风险偏好产生较大的影响。

虽然我们注意到上述情况，但我们早已明确指出，在2016年，我们首先坚持中国经济和美国经济第三库存周期开启的必然性，只不过现在处于中美库存周期顺序开启的间歇期。美国库存周期一旦开启，全球就必然出现复苏共振。其次，2016年我们始终坚持为资源而战，认为大宗商品是2016年最核心的机会，只不过大宗商品价格可能会一波三折。最后，2016年我们始终坚持通胀是股市的灵魂，没有价格上涨就没有股市的机会。但在上述情况下，股市不排除在4月后震荡调整的可能性。人性似乎更喜欢某种明白的确定性，但是周期在某些阶段就是一个积累和变换的过程。我们始终坚持，在这些必然的确认期有逻辑的观察与确认要强于无逻辑的观点鲜明。

39 周期需要更淡定：周期真实义（三）

- 2016年5月13日

2016年3月底，我们发布了《一波三折》，认为在量价齐升之后，库存周期必然调整，而其时间点就在4月后半期。一如3月后的疯狂贪婪，5月后，对一些政策的解读却加剧了周期的恐惧，两个月内的急剧变化确实太过惊心，难道周期就如此随人心而波动？周期需要更淡定，周期的运行如日月星辰，其规律自然而和谐，没有什么人能够改变它，中国经济自有其内在的运动规律，这是由全球大系统决定的。任何人都不是神仙，中国经济的矛盾不会那么超脱，也不会被简单化解。顺周期而行，是应有之义。逆周期而动必然遭遇反抗，而且反抗会更强烈。

5月后的再平衡

5月后周期需要调整，这本来就是周期的应有之义。从库存周期的角度看，第三库存周期本身就是中周期下降中的反弹，所以，对需求的质疑会贯穿始终。而在量价齐升后，需求自然不会如预期那样美好，所以价格调整是必然的，也是符合规律的。而从全球大系统看，我们4月就提出风险偏好折返问题，指出在美元贬值预期和中国经济反弹预期下，全球的风险偏好已经到达高点。而在这种风险偏好的折返中，中国可能处于不利情境。原因在于，从周期来看，中国的第三库存周期领先美国反弹，而美国的第三库存周期将于5月触底回升，所以，5月至7月三个月最有可能低于预期的国家就是中国，因为中国会领先反弹。

而对美元来说，在全球整体风险因素稳定后，压低的美元指数必然能够修复美国的制造业，只是修复的程度以及可持续性问题。这种框架的转变一旦被意识到，市场关注的焦点就会转向政策安排的效果。如果这个修复的过程时间过长，修复效果从数据上来看不理想，并且最终表现出美国想继续压低美元指数，那么这种走低会叠加避险情绪的上升——对政策的效果产生怀疑。因此，最终还是需要过渡到对经济数据的关注。所以，美元的贬值不能维持太长时间，经济数据一旦好转，美元就必然进入升值阶段。我们认为这个底部将在5月后出现，这符合美国库存周期的规律。

所以5月后，全球经济将进入一个重要的再平衡阶段，这个再平衡的核心就是中美库存周期开启的错位问题，而它的核心表现就是美元和商品的关系问题，以我们对美国库存周期已经触底的判断，我们认为美元指数已进入触底阶段。而美元触底后未来美元和大宗商品的关系将是决定大类资产运行的核心线索。但是，我们在之前的文章中反复提出，通胀就是2016年资产价格的灵魂，所以美元和大宗商品的关系要符合通胀为主要逻辑的原则。也就是说，美元的强弱取决于美国经济好转后通胀的力度，而大宗商品更是如此。由此看来，至少在2016年，美元和大宗商品并不矛盾。

关于下半年的主升浪

在权威人士发表言论之后，人们对周期悲观的认知似乎达到了恐惧的底部。从周期理论看，第三库存周期大宗商品的价格反弹，从来都不是投资刺激和货币拉动的结果，因为第三库存周期的周期性复苏从来都不会传导到固定资产投资领域。真正推动价格反弹的，是由中周期的货币堆积后，资本在收益率下降背景下的保值行为，或者说此时大宗商品的收益率会超越其他资产的收益率，而此时其他资产可能已经进入收益率回落期。因此，我们从不认为经济刺激是大宗商品价格反弹的前提，我们反而更觉得供给侧改革有利于大宗商品价格反弹，所以对供给侧改革再度强化，大宗商品价格反弹不是结束了，而是更加确定了，反抗将更加坚定和猛烈。

从产出缺口来看，我们当前完全可以确认产出缺口在4月已经触底。而从我们的研究来看，一旦产出缺口触底，根据中国的生产循环规律，其中一个波段最短将上行4~6个月。所以，我们认为在10月之前，经济增长数据的改善是可以被看到的。在5月之后，虽然我们提出库存周期将进入价格调整期，但这在库存周期中是一个供需水平在更高的价格水平上寻找均衡的阶段。因为在量价齐升之后，价格和供需都不可能回到2015年第四季度的超跌状态。但新的均衡值在哪里，需要一个调试的过程，这个过程要2~3个月。所以，就算是价格在调整，中国的供需和价格也会在新的更高的水平上达到均衡，这就是我们对经济乐观的基本逻辑。而供给侧改革一定会让这个均衡水平更高，而不是更低。

美国第三库存周期应该已经在5月触底，这是我们在报告《美国第三库存周期正在开启》中得出的结论。但如果要使资产价格感知到这种变化，我们认为大致要到第三季度美国经济数据有所改善的时候。所以，第三季度应该是中美经济预期共同改善的时刻，全球的风险偏好可能会在那个时候得到提升。对2016年来讲，风险偏好的提升依然会以通胀品种为突破口。所以，我们倾向于认为那个时候是大宗商品价格反弹的第二波机会，只不过在中美共振的背景下，大宗商品价格反弹的品种选择会有所不同。

4月之前，大宗商品价格反弹由中国的库存周期引领，供给端是逻辑的出发点，黑色系商品作为领涨品种是必然的。而下半年进入中美共振期之后，大宗商品价格反弹可能会从供给端向需求端转移，所以，我们认为原油及其产业链、有色金属、农产品应该是下半年大宗商品行情的主力品种。而由此领涨的大宗商品行情必然会导致第三库存周期朝着其最终宿命发展,那就是滞胀。我们对周期研究的成果是,第三库存周期产生全球滞胀是必然的,所以,是大宗商品推动了滞胀还是滞胀推动了大宗商品行情,都是一个问题。但这些问题的根源就是在过去 6 年的中周期运行中,大量的货币要应对资本收益率降低的问题,所以滞胀就是萧条的回光返照。

周期需要更淡定

周期在运动中已经安排好了自己运行的路径,对周期的投资者而言,我们只需要顺规律而行。周期本身就是人的行为的集合,这里面自然包括政策制定者,所以,掌握周期的运动规律才是最佳途径,这也是我们很淡定地看待人心反复和政策调节的原因。对 2016 年,我们一直坚守周期规律的三个原则:其一,2016 年全球库存周期复苏是大方向;其二,大宗商品是 2016 年最核心的投资机会;其三,滞胀是 2016 年资产价格运动的灵魂,有滞胀就有机会,无滞胀则一切皆空。所以,对 2016 年的周期而言,通胀就是最高投资逻辑。

将这个逻辑延展开来,下半年通胀同时会导致美元的强势和大宗商品价格的上涨,所以,如何处理美元和大宗商品的关系就是研判下半年资产价格趋势的核心点。大宗商品周期同美元周期运行阶段的背离是未来市场上美元和大宗商品价格同涨的主逻辑,而中美库存周期的运行节奏及国内外的政策力度决定了美元与商品价格的具体运行路径。值得注意的是,与以往美元周期同大宗商品周期的背离阶段相比,当前的物价水平是由前期通缩走向温和通胀的过程,而且因所处的长波区间位置的不同,当前实体经济复苏的基础和可持续性都较弱,这就决定了美联储加息的频率和力度都较小。因此,在下半年美国库存周期开启的初期,大宗商品价格将在复苏共振中走强,而美元仍大概率维持横盘震荡的走势,也即第三季度的"强美元"可能以较弱的姿态出现。待美国库存周期运行至中后期,全球市场滞胀预期重燃时,大宗商品价格反弹和强美元将在滞胀逻辑的发酵下同步出现,彼时美元可能逐渐完成由风险资产向避险资产的转化。

40 再轮回与再平衡
2016年全球周期和大类资产配置框架

- 2016年1月5日

简介

2015年的回顾——中周期高点与资产价格的分裂

2015年全球经历了资产价格的大幅震荡，这是康波二次冲击的预演。全球资产价格在持续分裂后进入全球的变局期。美国与其他主要经济体在货币政策上的分裂是这种动荡的主要诱因。主导国已经确认迈过了中周期的高点，接近充分就业背景下收紧货币政策是中周期的规律，适逢其他主要国家需要以宽松维持脆弱的经济，分裂由此而生。

宿命与反抗——未来四年的周期运行

迈过中周期高点后，未来四年全球都处于中周期的下降期。此前全球资产配置的核心逻辑是宽松主导，此后全球以宽松主导的资产配置逻辑将发生边际变化。在中周期的下降期，2016—2017年全球会迎来第三库存周期的反弹。价格体系的修复是对周期开启的最大赌注。美元问题是周期格局下的政策格局问题。未来是康波衰退后期向康波萧条期迈进的过程。

分裂中的观察——2016 年主要经济体的诉求

美国将追求股市等资产价格的稳定和健康，收紧货币，抑制美股等风险资产的估值泡沫，以第三库存周期拉动盈利复苏，从而推动股市健康上涨。中国将加速推进供给侧改革，通过需求管理的对冲开启第三库存周期，防止债务以及汇率风险。欧洲国家和日本仍处于 QE 后的短周期高位震荡期，持续的"输入型"通缩抑制了欧洲 QE 的效果，它们将追求价格的企稳。新兴市场国家的资源国需要追求资源的定价权，以输出危机的模式进行反抗。

再轮回与再平衡——主体的诉求与经济系统的融合

康波从衰退后期向萧条期过渡，是全球货币体系维护、走向瓦解和重构的过程。当前全球在重构经济结构的过程中，需要考虑康波周期位置所决定的本次中周期的脆弱性。当前，主导国美国从本位捍卫和财政重整的角度开启美元强周期。2016 年，在将各经济主体的诉求在全球经济系统中进行融合的过程中，消费国和制造国需要探索转型过程中的再平衡问题。

2016 年大类资产配置的节奏

第一季度将是中国短周期和价格探明底部的过程，第二季度经济企稳需要确认，下半年第三库存周期将开启上行之旅。大类资产配置的核心围绕着通缩到通胀预期的转换。

2016 年风险情景的提示

从周期运行的角度看，第一重风险来自持续的通缩导致超预期风险爆发中周期级别的危机；第二重风险来自中国短周期的脆弱性所引起的通往第三库存周期的波折。

前言——2016 年，宿命与反抗，再轮回与再平衡

在 2014 年美元开启强势突击之际，我们发表了简评报告《康波的二次冲击正在靠近》，点出了全球由宽松推动的"反危机"可能会因主导国退出宽松而受到二次冲击。2015 年，全球资产价格经历了大幅震荡。2014 年下半年主导国与核心消费国美国开启收紧货币的通道后，大宗商品的暴跌让资源国首先受到压制，而核心制造国中国通过维持汇率的稳定和开启流动性宽松的拐点，出现了"股债双牛"，也让全球共生模式下的消费国、制造国和资源国的资产价格出现分裂。这种分裂最终由于主导国货币收紧的进一步确认，以及中国自身股市泡沫的积累和实体经济的持续恶化而让全球资产价格受到冲击，8 月 11 日人民币一次性大幅贬值更是让全球资产价格的震荡达到高峰。

全球货币政策的分裂是全球经济运行和资产价格运行不稳定的核心因素。2015 年的标志意义在于，主导国迈过了经济增长中固定资产投资占比的高点，在接近充分就业的背景下开始了收紧货币政策之旅。这预示着：第一，主导国中周期的高点标志着全球经济已经越过了 2009 年开始的新一轮中周期的高点，理论上未来四年都在中周期的下行阶段运行；第二，主导国货币收紧通道的开启标志着全球宽松主导的大类资产配置的逻辑发生了变化。从周期嵌套的体系出发，2016 年各主要经济体将开启第三库存周期，从而形成对因中周期下行而产生的短周期的反抗。在这个过程中，价格体系的修复无疑是最大的赌注，从而使 2016 年的大类资产配置存在从通缩向通胀预期的转变。同时，基于周期格局下的美元政策格局将是关键问题。

展望 2016 年，各主要经济主体的诉求如下：美国将追求股市等资产价格的稳定和健康，收紧货币，抑制美股等风险资产的估值泡沫，以第三库存周期拉动盈利复苏，从而推动股市健康上涨；中国将加速推进供给侧改革，通过需求管理开启第三库存周期，防止债务风险以及汇率风险；欧洲国家和日本仍处于 QE 后的短周期高位震荡期，持续的"输入型"通缩抑制了欧洲

国家和日本QE的效果，它们将追求价格的企稳；新兴市场国家的资源国需要追求资源的定价权，以发起冲突和输出危机的模式进行对宿命的反抗。那么，只有对各主体的诉求在全球系统中进行融合，才能展现出未来经济运行的途径和大类资产配置的思路。

康波运行中存在全球货币体系和世界经济秩序的轮回。当前康波周期运行的位置是衰退期的后半段，从康波轮回的角度讲，世界经济的结构以及主导第五次康波的货币体系开始表现出重重问题。就规律而言，对这种货币体系的维持会逐渐成为抑制全球经济的因素。当前因主导国美国对美元本位的维护而产生的强美元战略，正在对全球经济体系产生较大的冲击。就全球经济结构而言，当前消费国美国和制造国中国都在谋求新经济结构的构建和自身经济的转型。但是康波周期的位置决定了当前经济体系的脆弱性，对资源国的持续压制可能会导致风险的恶化和蔓延。因此，在将个体和经济系统的诉求进行融合，完成消费国和制造国的转型与全球经济结构重建的过程中，我们需要看到给予资源国阶段性好转的机会对整个经济系统的意义，这也是再轮回中再平衡的意义。主导国在维持强势美元战略的同时，也需要控制美元上涨的节奏。

在2016年大类资产配置的逻辑中，判断各国第三库存周期的开启是核心问题之一，第一季度中国的短周期触底和价格企稳的迹象将会提升风险偏好，但是当前全球经济结构的脆弱性导致从触底到反弹会有波折。尤其是当价格体系修复预期后，对美联储再次加息的预期和美元的再次走强是检验中国短周期复苏强度的重要因素。不过我们依然认为，虽有波折，但是2016年下半年各主要经济体依然会开启第三库存周期。就2016年的风险而言，第一重风险是中周期维度的风险，也就是再平衡的失败导致全球中周期危机提前到来。第二重风险是短周期维度的风险，也就是中国短周期运行的波折可能给短期金融市场带来的冲击。

2015 年的回顾——中周期高点与资产价格的分裂

2015 年资产价格的动荡——康波衰退二次冲击预演

2015 年，全球资产价格经历了大幅动荡。就世界经济体的层级来看：对处于核心层的美欧体系而言，其股市进入 2015 年后整体见顶回落，迄今未创新高，债券市场整体处于震荡状态；核心制造国中国资产价格出现大幅动荡——A 股大幅调整，人民币币值波动；受到全球需求走弱、美元持续走强、大宗商品价格不断下探的影响，新兴市场国家的股市债市和基本面都面临大幅资本外流的冲击。从康波运动的角度看，在康波一次冲击的全球金融危机后，世界经济和资产价格经历了"反危机"后的增长和上涨，之后平稳运行，进入波动收敛期，而 2015 年资产价格的动荡正是康波二次冲击靠近所致（可参考图 40-1 至图 40-4）。

图 40-1　A 股第二季度末的大幅下跌完美衔接欧洲债市下跌

数据来源：中信建投证券研究发展部。

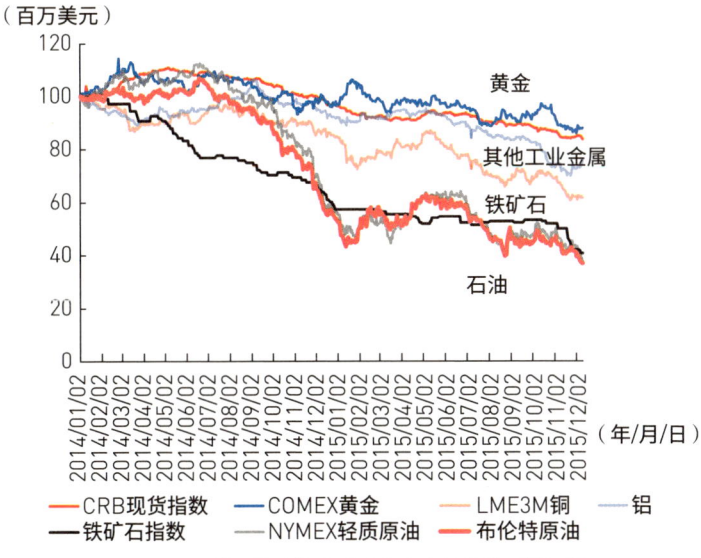

图 40-2　美元强周期启动后大宗商品价格不断下探

数据来源：中信建投证券研究发展部。

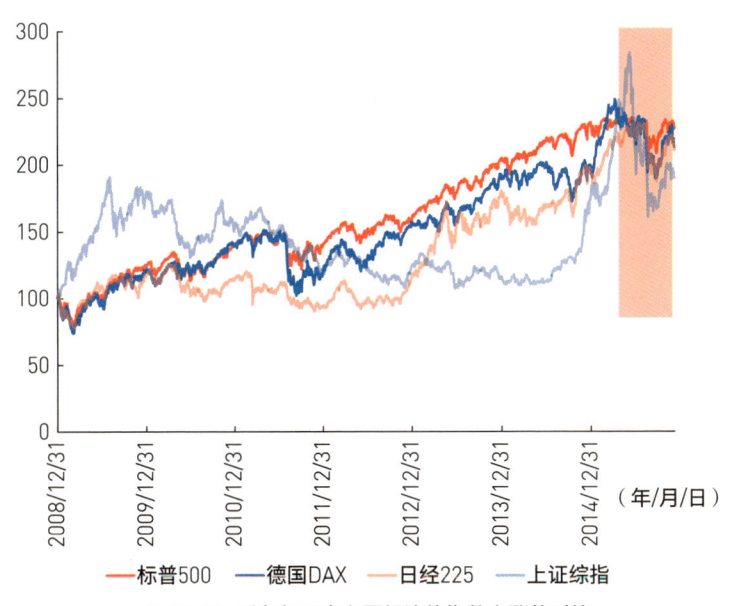

图 40-3　反危机以来主要经济体指数上涨的对比

数据来源：中信建投证券研究发展部。

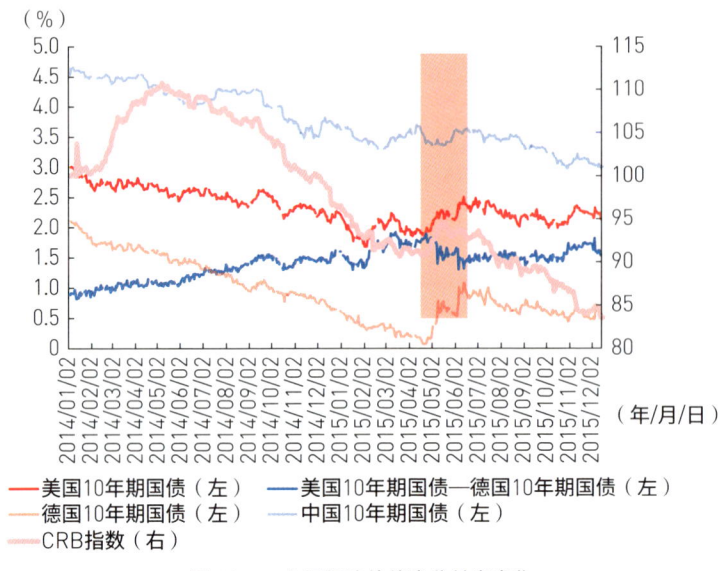

图 40-4 主要经济体债券收益率变化

数据来源：中信建投证券研究发展部。

全球大类资产价格的分裂以及新的变局期

从 2014 年第四季度到 2015 年，全球走向资产价格的分裂。主导国的货币紧缩效应和其他国家的货币宽松效应成为金融因素上大宗商品价格下跌的重要推动力。核心国家增长乏力、结构转型、总需求不足，更在供需层面打压了大宗商品的价格。中国和欧洲国家、日本享受了成本红利，通过释放流动性以压低无风险利率支撑自身风险资产的价格，却使资源国资产价格全面下跌、危机重重。全球大类资产价格分裂的背后，实际上是主要央行货币政策的分裂，更是旧有全球共生模式的分裂，这是康波的宿命（见图 40-5 至图 40-8）。

货币政策的分裂来自主导国美国，自 2009 年以来其经济周期已经迈入中后阶段。在充分就业的背景下，美国已经开始收缩货币政策的预期，而欧洲国家、日本、中国等经济体当前仍然不得不通过宽松的政策进行经济修复。分裂的主要副作用就是资源国因资源价格的下跌而进入萧条期甚至陷入战争，中东重新进入冲突期。六年的"反危机"之后，中周期走过高点，康波的衰退阶段正向尾声迈进，衰退向萧条的转换期到来。这个转换期核心的矛盾是中周期下降期资产价格的分裂，这个分裂的全球资产价格在未来将如何运行呢？

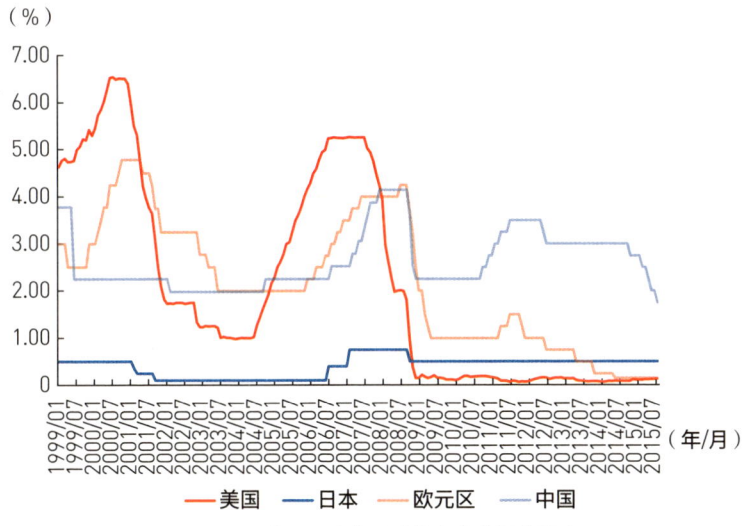

图40-5 主要国家货币政策走向宽松的顺序

数据来源：中信建投证券研究发展部。

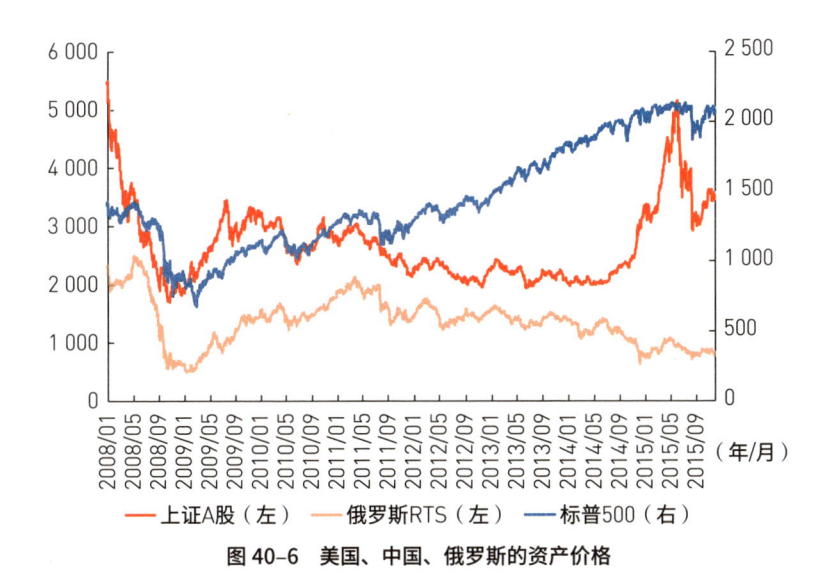

图40-6 美国、中国、俄罗斯的资产价格

数据来源：中信建投证券研究发展部。

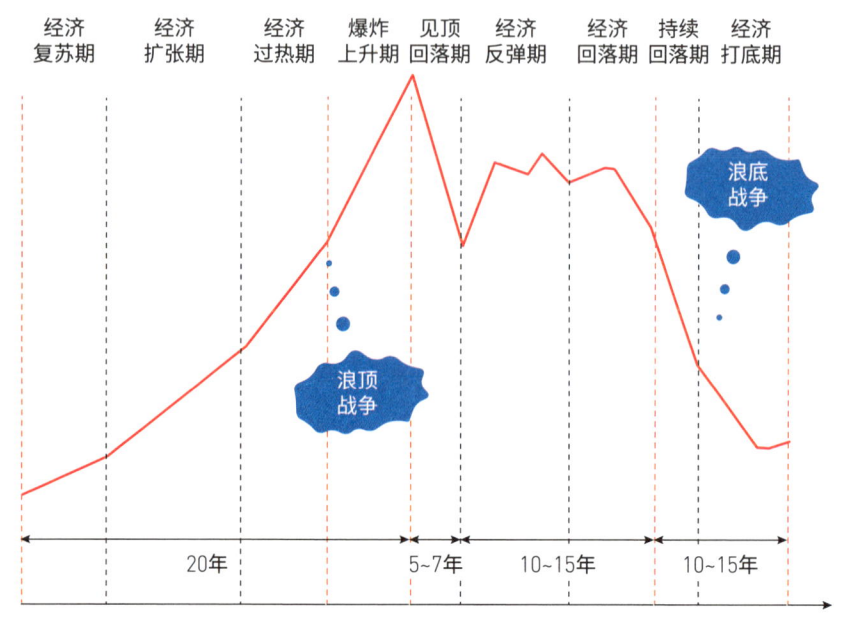

图 40-7 经典康波示意图

数据来源：中信建投证券研究发展部。

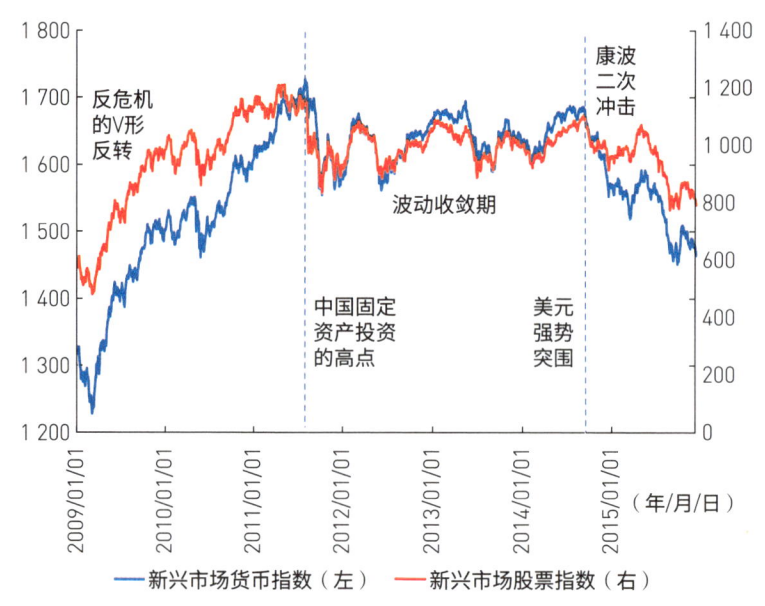

图 40-8 新兴市场——从"反危机"V形反转到康波二次冲击

数据来源：中信建投证券研究发展部。

宿命与反抗——未来四年的周期运行

宿命——未来四年中周期的下降期

2015年的意义——主导国中周期的高点

2015年的重要意义在于，主导国越过了从2009年开启的本次中周期（2008年康波一次冲击后，"反危机"开启的新一轮中周期）的高点——第二库存周期的头部已经出现（见图40-9至图40-12）。美国中周期后期的特点已经充分显现，美联储已经停止扩张资产负债表，并开始收紧货币。主导国的这一高点意味着中国和欧洲等重要经济体在相继见到中周期高点后，全球经济的中周期高点已经出现，也意味着全球以流动宽松"反危机"的重要拐点已经显现。

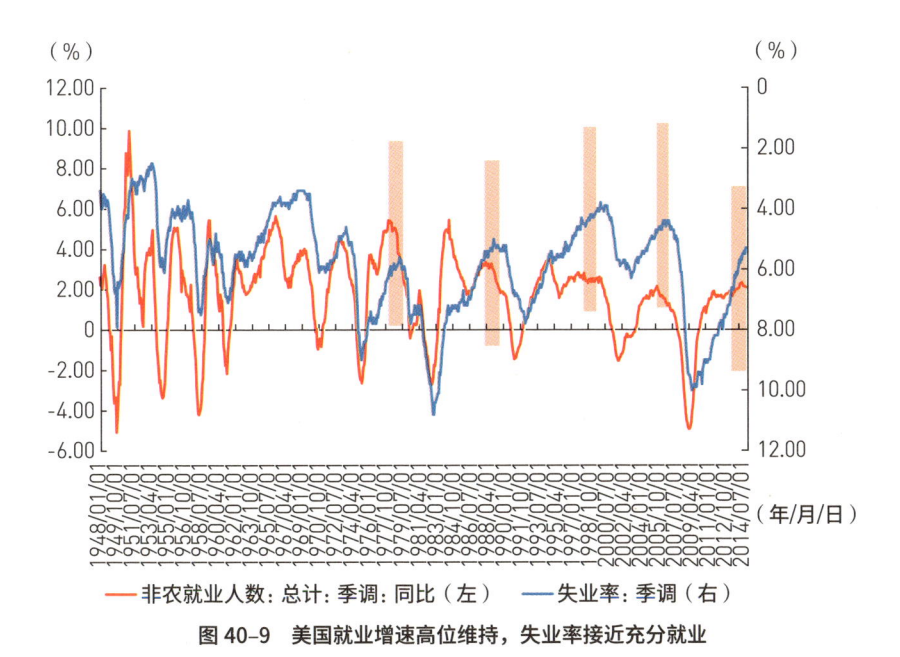

图40-9 美国就业增速高位维持，失业率接近充分就业

数据来源：Wind 资讯，中信建投证券研究发展部。

40 再轮回与再平衡

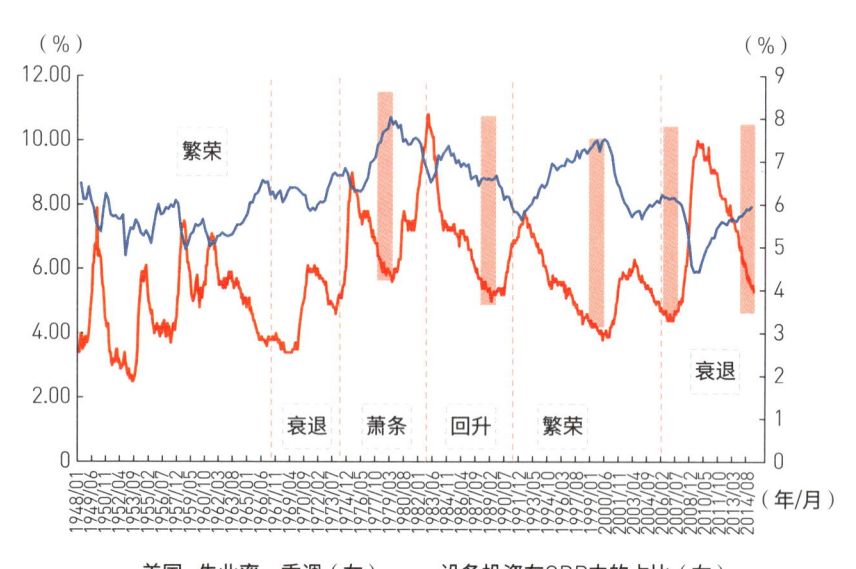

图 40-10　康波周期与主导国失业率下行空间的关系

数据来源：Wind 资讯，中信建投证券研究发展部。

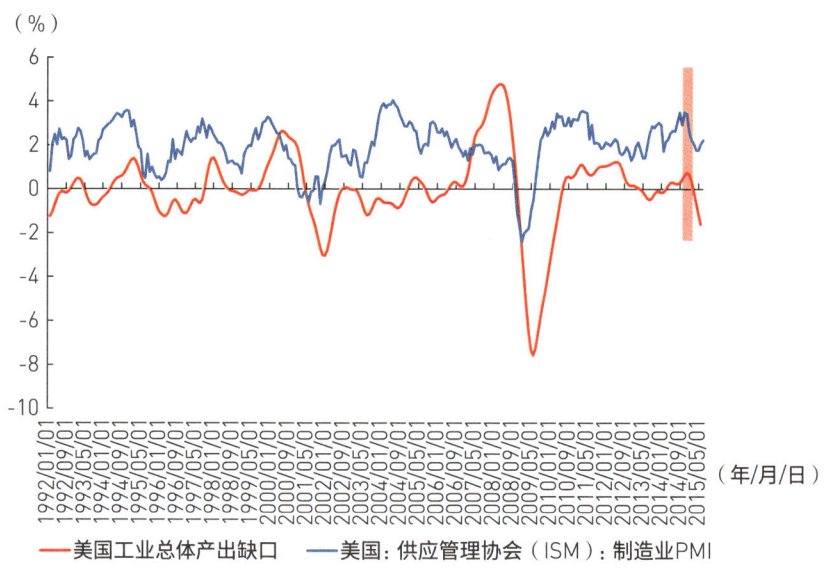

图 40-11　2015 年的意义——主导国迈过第二库存周期高点

数据来源：Wind 资讯，中信建投证券研究发展部。

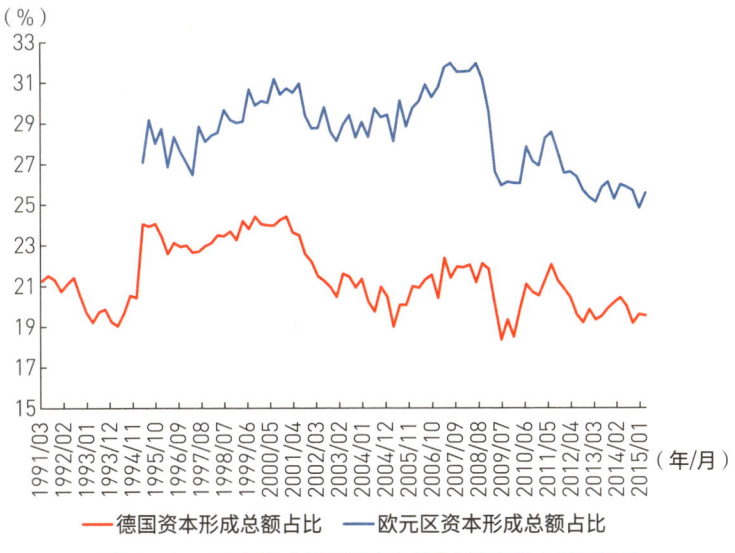

图40-12　主导国的中周期高点也是世界经济的中周期高点

数据来源：Wind资讯，中信建投证券研究发展部。

主导国中周期的高点后——全球进入四年下降阶段

对主导国美国而言，8~10年的中周期2009年之后已经走进了第七个年头，当前经济的主要特质是：设备投资高点占比已过，向充分就业逐步靠近，出现紧缩货币预期，消费拉动经济等。在强势美元对页岩油强势冲击后，经济增长的动力已经彻底切换至新开启的房地产周期，当前房地产周期的根本推动力仍在持续，中周期还维持在高位，预计持续到2018年。

中周期得以维持仰仗美国资产价格的繁荣所支撑的消费服务经济，目前美国的就业增速和实际收入增长仍然可以使美国的实际消费支出维持在较健康的水平。但是需要警惕的是，康波周期从衰退向萧条过渡的当前位置决定了主导国失业率的下限将会受到抑制，而劳动生产率的低迷也会抑制实际收入增长的空间。

展望未来，全球将进入四年的下降阶段，增长和资产价格的繁荣会受到明显的制约：在技术方面，全球缺乏新的投资点；虽然按照规律以往第三库存周期往往可以迎来虚拟经济繁荣，但本次中周期的特质决定了全球资产价格运行至今已经泡沫化（可参见图40-13、图40-14）。

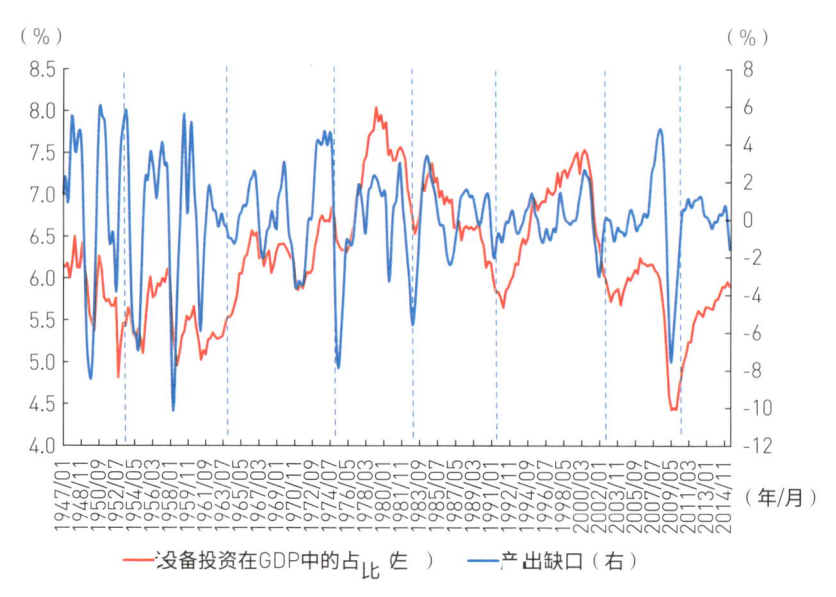

图40-13 美国库存周期与朱格拉周期波动的关系

数据来源：Wind资讯，中信建投证券研究发展部。

中周期高点前的全球资产配置——宽松主导

过去六年，全球大类资产的配置逻辑主要围绕着"宽松"展开：宽松的前半场，主要是宽松刺激增长，这一阶段将"中国因素"发挥至极致，以挣脱康波一次冲击对此前全球共生模式的破坏，对大类资产而言，这带来了宽松下增长的牛市；宽松后半场，随着中国迈过了中周期和房地产周期的高点，主流消费和制造国都开始分享大宗商品价格下行的成本红利，通过宽松压低无风险利率（成本红利），分享"股债双牛"的盛宴。

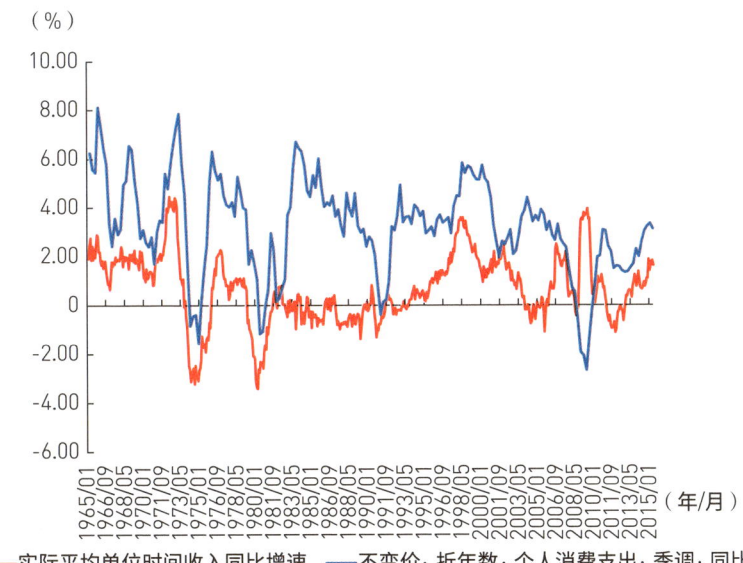

图40-14 美国实际收入同比增速与个人消费支出

数据来源：Wind 资讯，中信建投证券研究发展部。

展望未来，宽松之后还有什么？全球的货币宽松已经到达边际高点，尤其是当前主导国的货币紧缩通道已经较为明确地打开。当前已经开始出现关注宽松的负面效果的声音。对中国而言，持续的宽松需要理顺货币从金融市场向实体经济传导的路径，需要看到单靠货币政策宽松无法解决实体经济的结构矛盾。对欧洲国家和日本而言，在开放的金融市场下，它们持续地QE向市场投放了大量的货币，但在全球通缩的背景下提振自身的经济周期和通胀十分有限，反而让大量货币流入有升息和升值预期的市场。

反抗——第三库存周期和为资源而战

中周期的未来——第三库存周期的开启

既然判定美国可以推进和延续其中周期的运行，那么具体落实到短周期，我们认为2016年的重要看点是各主要经济体第三库存周期的开启（可参见图40-15、图40-16）。对美国而言，2015年强势美元对制造业的冲击是开启第二库存周期下行期的关键因素，加息预期和强势美元对全球产生的副作用也在2015年反作用于美国。当前美国仍然处于对这一反馈的适应阶段，2016年需要启动第三库存周期，时间在第二季度左右。

对欧洲国家和日本而言，2014年下半年开启的QE使它们在2012年底开启的第二库存周期上行期得以延续，目前它们处于对短周期景气度的高位震荡期和QE规模的观察期。在2016年，两个经济体整体上处于跟随状态，在上半年顺势回落后，下半年可能跟随中国、美国开启第三库存周期。中国会在经济持续回落后出现库存周期反弹，当前中国经济结构的矛盾使得货币加速器（M1）、金融底（信贷）向短周期的底部传导，地产销售到地产投资的传导出现了长于以往的时滞。但是随着持续去产能和去库存，持续的政策释放还是会使中国经济触底并获得一定的弹性，时间在第一季度。

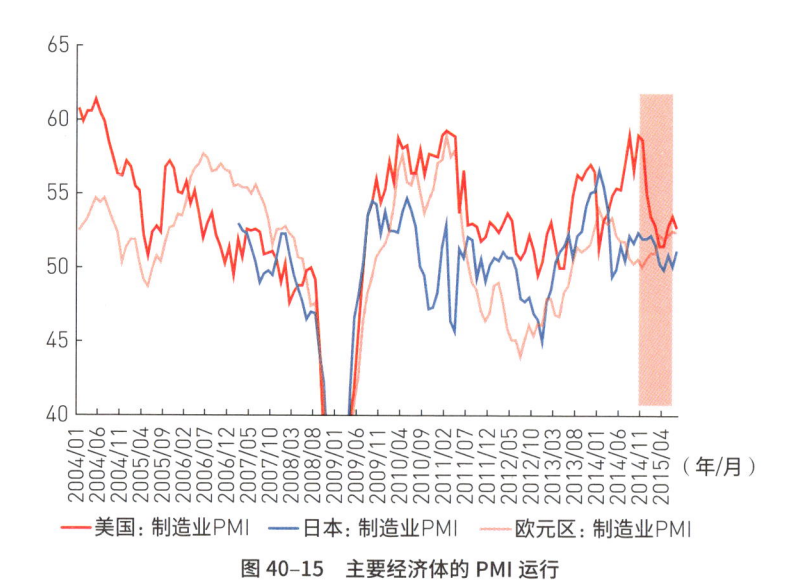

图40-15 主要经济体的PMI运行

数据来源：Wind资讯，中信建投证券研究发展部。

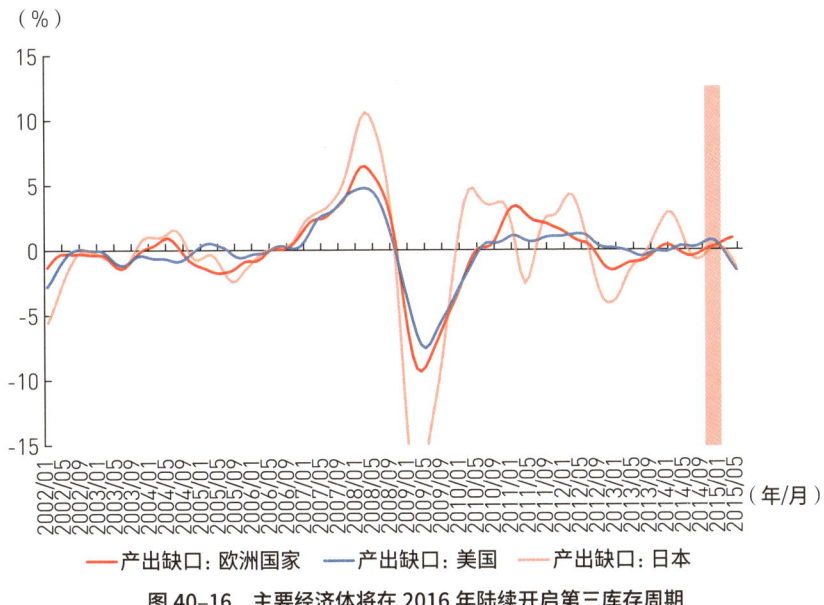

图 40-16　主要经济体将在 2016 年陆续开启第三库存周期

数据来源：Wind 资讯，中信建投证券研究发展部。

价格体系——通缩还是滞胀？商品将是重要赌注

我们目前似乎正在从滞胀走向通缩，这是趋势吗？康波的繁荣期百分之百是价格的平稳期，回升期基本上是价格平稳期；康波的衰退期价格百分之百剧烈波动，萧条期价格百分之百都是冲高回落。从康波的经验来看，其目前处于中期价格低点的概率非常高，未来需要探索价格回升的机制。

从全球格局来看，大宗商品价格是修正全球分裂的核心问题，是全球利益分配的焦点，2015 年我们已经看到大宗商品价格持续下跌带来的世界经济和政治问题的连锁反应。如果第三库存周期想要开启，大宗商品价格能不能稳住是一个重要的转折点。大宗商品价格的反弹将引领全球的通胀预期，这与一年前仅有持续通缩的预期形成了鲜明的对比。通胀预期是 2016 年资产价格变局的核心问题和最大赌注。

美元问题——周期格局所导致的政策格局问题

如果从周期运行的框架中可以看到第三库存周期的开启，同时价格体系存在探讨企稳与回升的可能性，那么我们必须弄清楚另外一个重要问题，即对美元周期的认识。美国将在怎样的美元格局下开启第三库存周期？美元周期的开启确实和美国与主要非美经济体在增长强度和货币政策分化上有直接关系，美元周期本质上是世界经济周期的格局问题（见图40-17、图40-18）。不过基于对中周期性质和偏弱强度的判断，强势美元对美国经济存在隐患。在经济周期格局下，美国政策的选择和配套的美元战略是关键因素。如果说过去几年宽松的本质是央行剥夺市场的资产价格定价权，央行成就了宽松也抑制了宽松，那么美联储已经开始试图第一个走出来并回归正常状态。但是为了开启第三库存周期，美国需要在美元强势和增长间找到再平衡。

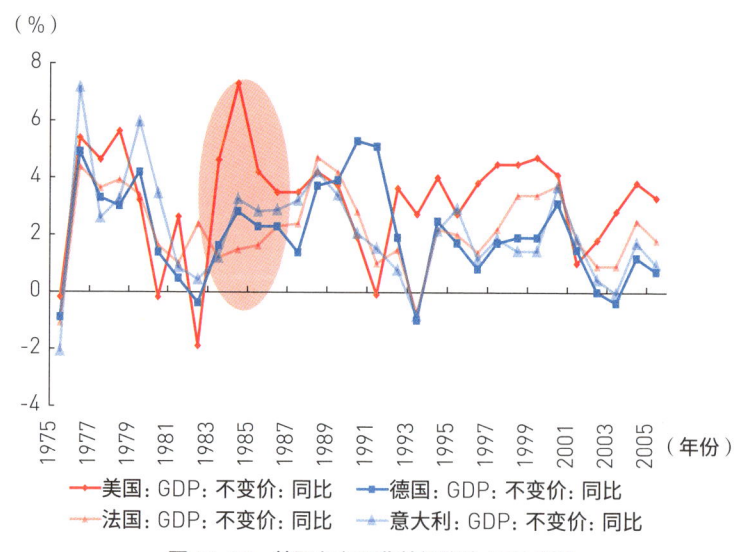

图 40-17　美国和主要非美经济体 GDP 增速

数据来源：Wind 资讯，中信建投证券研究发展部。

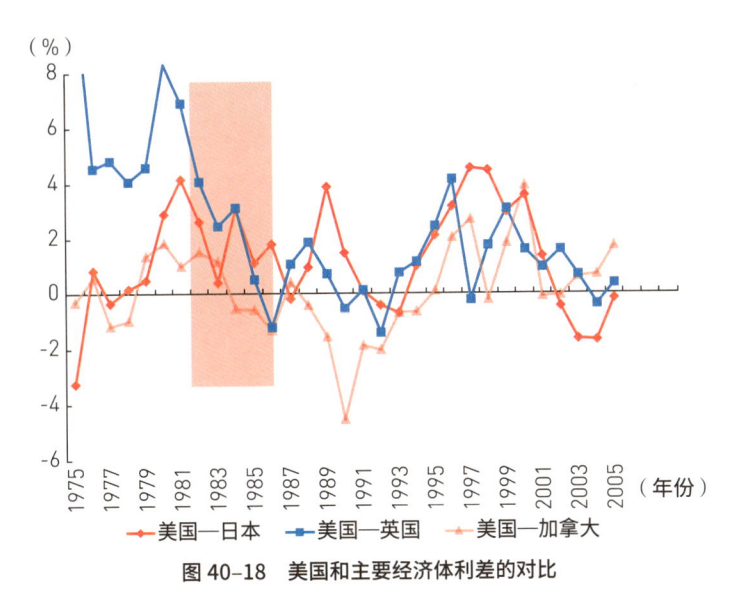

图 40-18 美国和主要经济体利差的对比

数据来源：Wind 资讯，中信建投证券研究发展部。

走向长波萧条——未来的结束

从中期来看，周期的运行将以怎样的方式结束？从康波运行的角度看，我们认为 2018 年本次中周期第三库存周期的下降期将使全球进入康波萧条期，即全球经济将在中周期的冲击中迎来康波衰退的第二次冲击，届时全球资产价格将会受到大幅冲击，或面临重要的清算时刻。

分裂中的观察——2016 年主要经济体的诉求

美国——长期维护本位，中期维护资产价格，短期等待第三库存周期

分析各主体的诉求首先需要从主导国美国入手。康波衰退的一次冲击（2008 年金融危机）带给美国的中周期危机是信用的空前收缩（流动性陷阱

危机模式，单纯压低利率至零信用无法修复）。美国面临的问题是修复私人部门（个人、家庭和私人所拥有的企事业单位）的资产负债表，美国选择了用基础货币取代信用货币派生的模式——通过 QE 的资产购买大量扩张基础货币（见图 40-19）。这种操作事实上是在总量杠杆提升的基础上通过杠杆转移的方式修复私人部门的资产负债表，从而使金融体系重获健康和活力。经过三轮 QE，家庭的负债率下降，银行的坏账率下降，信贷市场（消费信贷）开始重新扩张（见图 40-20 至图 40-22）。但这种做法的副作用是美国国债发行以及美元的泛滥，同时财政赤字增加。在经济复苏后，美国不得不考虑财政重整以及货币政策正常化的问题。而从长周期的角度看，这种诉求就是通过经济复苏和财政约束对美元本位进行维护。

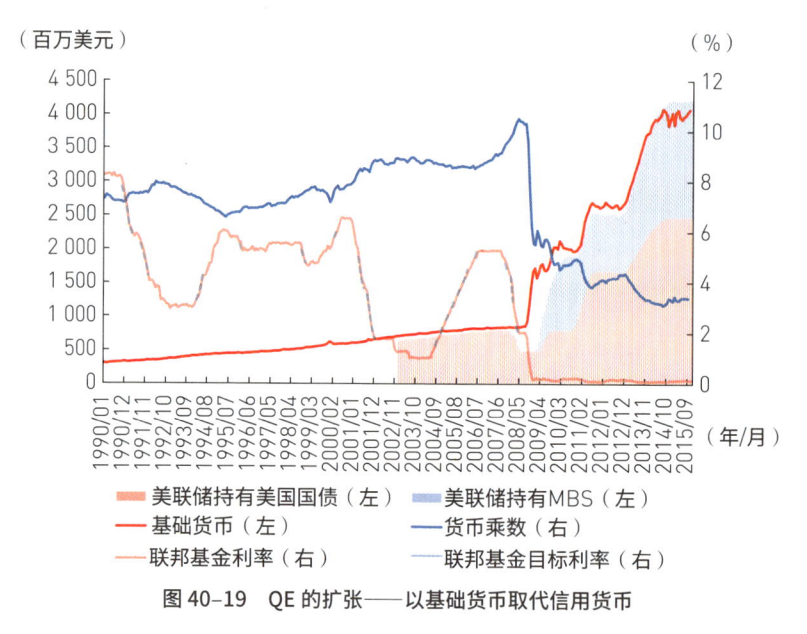

图 40-19　QE 的扩张——以基础货币取代信用货币

数据来源：Wind 资讯，中信建投证券研究发展部。

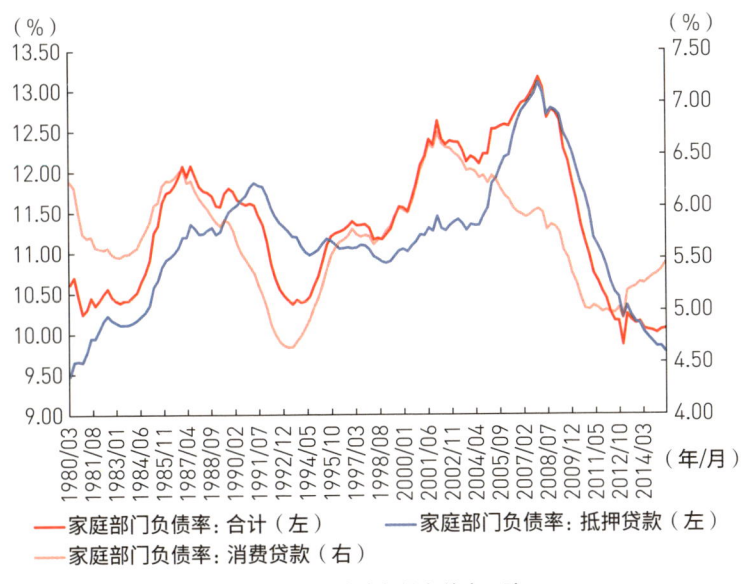

图40-20 家庭部门负债率下降

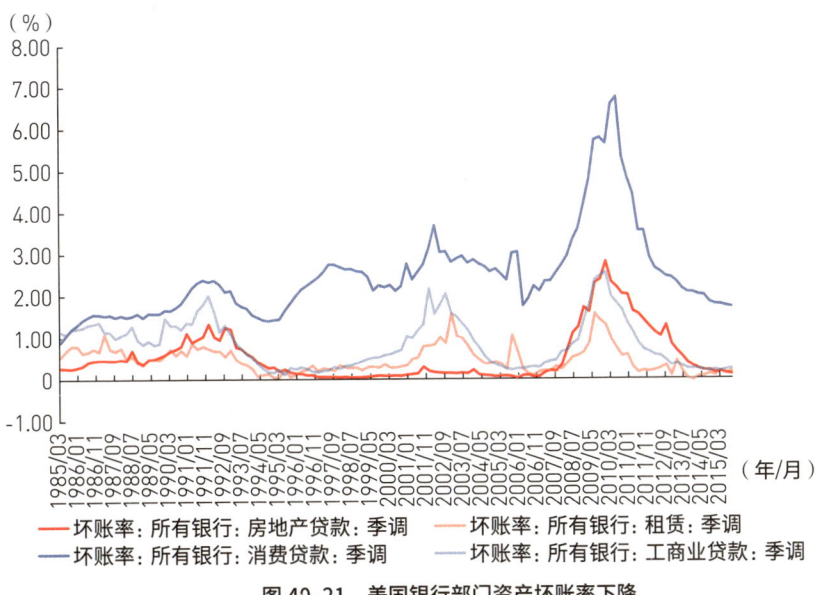

数据来源：Wind 资讯，中信建投证券研究发展部。

图40-21 美国银行部门资产坏账率下降

数据来源：Wind 资讯，中信建投证券研究发展部。

40 再轮回与再平衡

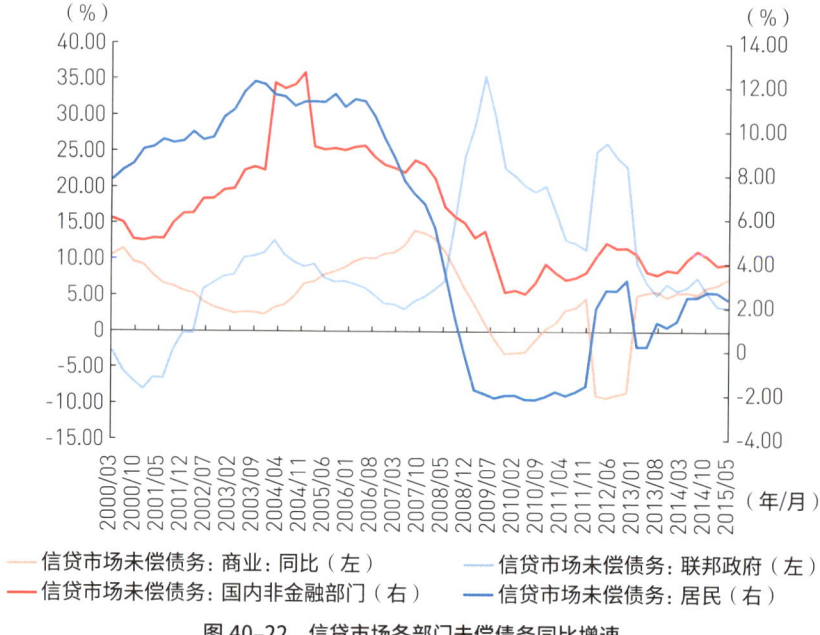

图 40-22 信贷市场各部门未偿债务同比增速

数据来源：Wind 资讯，中信建投证券研究发展部。

美联储在采取这种模式之后，显而易见，资产价格的稳定和繁荣对中周期的支撑有着重要意义。在这轮中周期，理论上央行在一定程度上剥夺了市场对资产的定价权。首先，以压低无风险利率为目的，央行成为长期国债的重要购买者。而这对整个债券市场和股票市场的定价有着重要作用。其次，还是通过 QE，美联储的基础货币发行开始盯住信用产品——MBS（按揭抵押债券），这在以往历史中不曾有过，这样做对经济尤其是对房地产周期恢复的作用是显而易见的，同时也使风险资产的价格被美联储控制。由此，美国走向了"国家牛市"。

自 2009 年美国开启本次中周期以来，当前已经走入中后阶段（已经迈入第七年），美元指数的走强和原油价格的下跌使得基于页岩油革命的固定资产投资周期已经迈过了高峰。2012 年之后新一轮房地产周期的启动支撑了美国的消费经济，房地产市场指数逐步向"次贷危机"前的高峰稳步迈进,目前运行状况依然良好。从美国对中周期的诉求角度看,美国经济的主要战略目标应该是将中周期剩余 2~3 年的时间向前推进,在逐渐接近充分就业的背景下这种消费经济的维持是可行的(见图 40-23)。而从另一个角度看,鉴于资产价格(房地产与股权)对经济基本面的重要性,美国需要重点维持其资产价格的稳定(见图 40-24 至图 40-26)。

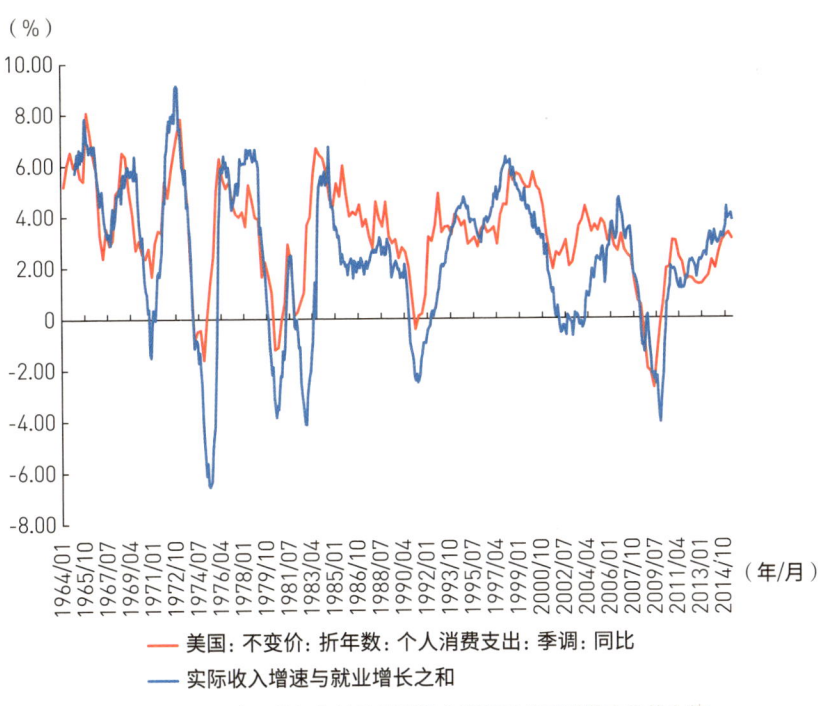

图 40-23　实际收入和就业增长基本解释了美国消费支出的上行

数据来源：Wind 资讯,中信建投证券研究发展部。

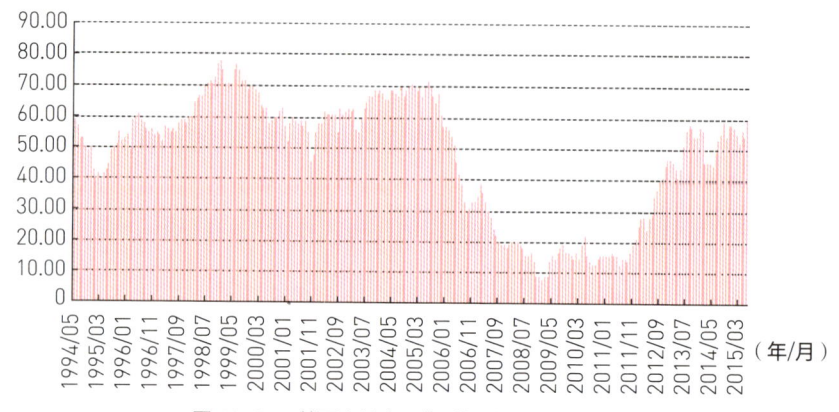

图40-24 美国房地产周期对经济周期动力的支持

数据来源：Wind 资讯，中信建投证券研究发展部。

— 美银美国高收益BB级企业债有效收益率
— 美银美国高收益CCC或以下级企业债有效收益率

图40-25 危机后低评级企业债有效收益率情况

数据来源：Wind 资讯，中信建投证券研究发展部。

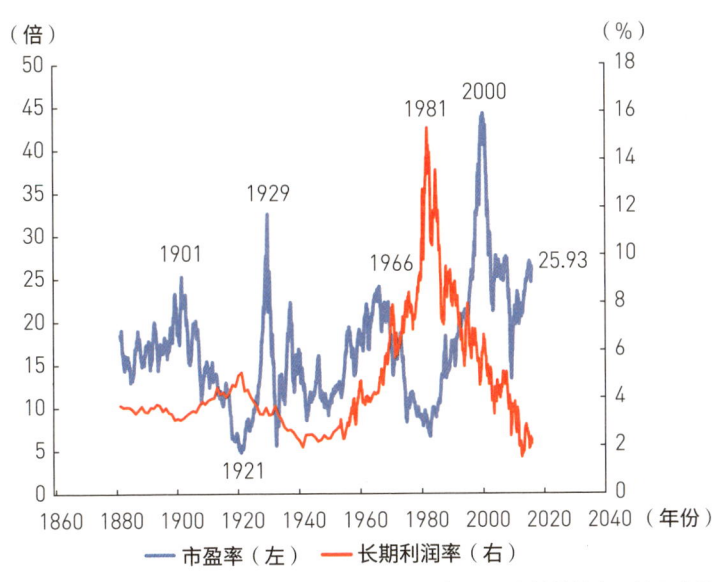

图 40-26　标普 500 的 CAPE（周期调整市盈率）显示当前估值水平处于高位

数据来源：Wind 资讯，中信建投证券研究发展部。

　　落实到对中周期的维持，就要对美国当前周期定位有准确的认识。当前美国处于第二库存周期的下行期。美国第二库存周期的准确开启时点是 2013 年 7 月，通过零售商补库存—销售回暖—制造业补库存—2014 年销售回暖全面去库存（经济增长从库存拉动到消费拉动）。2014 年第四季度后，受美元强势影响，美国进入主动去库存阶段，零售商库存和零售商销售齐降，库销比上行。价格因素对美国短周期的冲击较大，强美元和由此而来的 PPI 持续下滑，让美国短周期在 2015 年持续回落（见图 40-27）。另一方面，在中周期中后段充分就业的背景下，美国表现出消费和服务经济的繁荣。按照中周期的历史规律，美国在这个时间点需要向前推进其第三库存周期，而在这个过程中价格的企稳与筑底非常关键。

　　持续的通缩对全球整体的冲击也会波及美国自身的资产价格，从而影响美国的消费者信心和经济基本面。从短周期的角度讲，美国面临优化增长的问题，从而对 CPI-PPI 剪刀差进行修复。市场需要一个在强周期中稳定上行的美元，以适应全球市场的供需因素（见图 40-28 至图 40-30）。

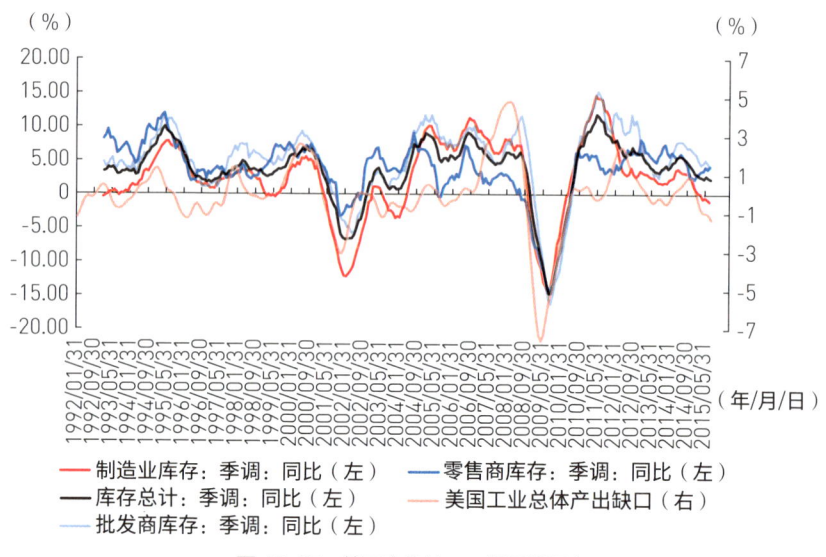

图 40-27 美国产出缺口、短周期运行

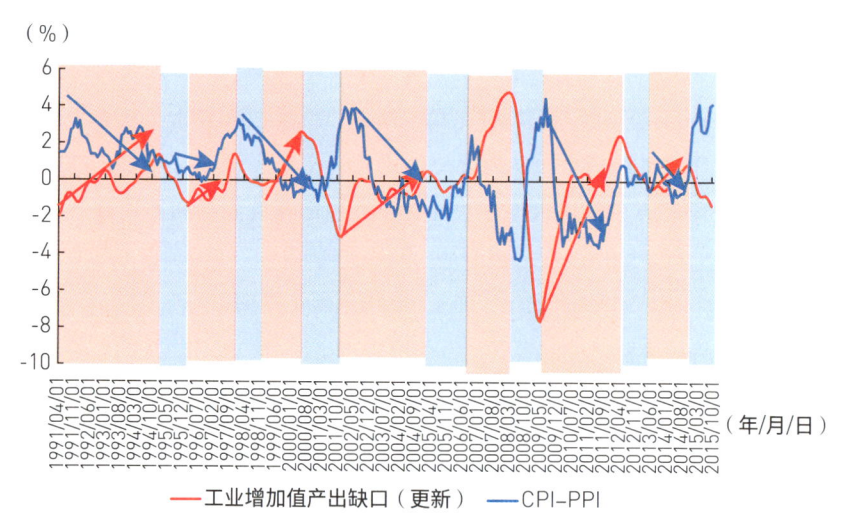

数据来源：Wind 资讯，中信建投证券研究发展部。

图 40-28 CPI-PPI 通胀剪刀差收窄是短周期复苏的必要条件

数据来源：Wind 资讯，中信建投证券研究发展部。

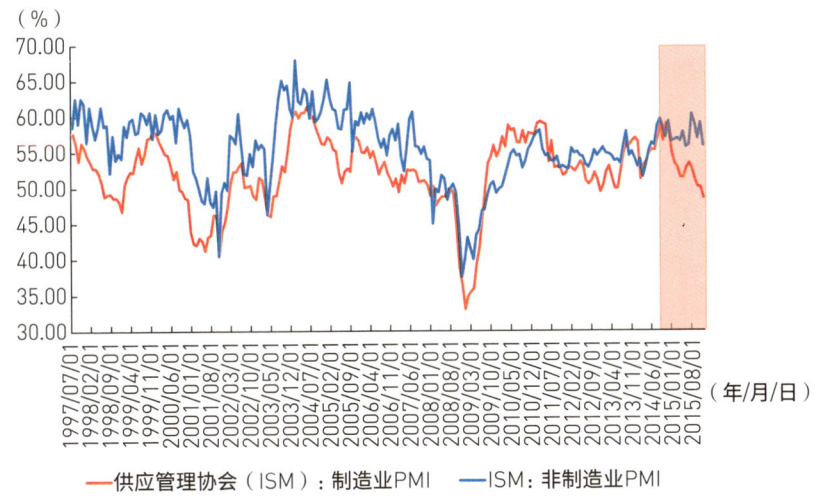

图 40-29　美国制造业的衰退与消费服务的高位维持

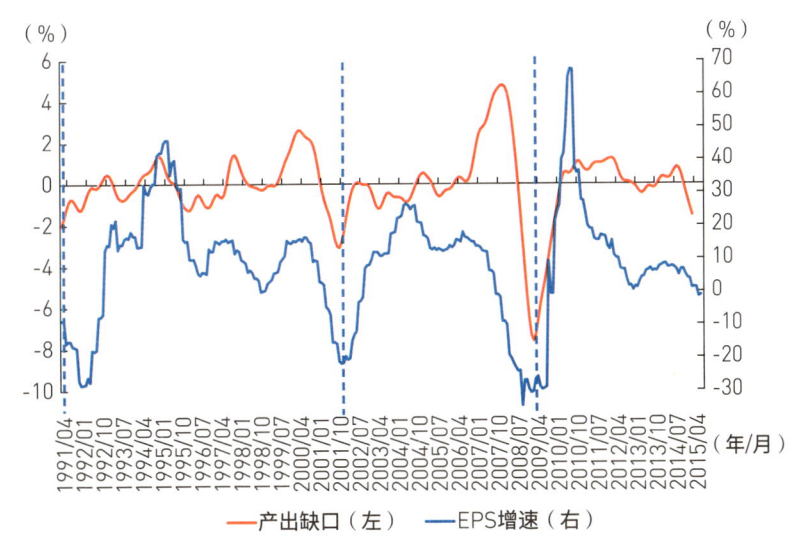

数据来源：Wind 资讯，中信建投证券研究发展部。

图 40-30　美国产出缺口与盈利增速

数据来源：Wind 资讯，中信建投证券研究发展部。

40　再轮回与再平衡

当然，上两轮第三库存周期（布什与克林顿执政时期）都经历了虚拟经济繁荣和泡沫的破灭，此次美国对短周期的诉求是追求股市的稳定和健康，而美国收紧货币的预期也抑制了美股的估值，未来需要第三库存周期拉动盈利出现复苏，从而推动股市健康上涨。

中国问题——国际化战略下，追求经济企稳与改革深化

2016年，中国经济发展的本质是追求再平衡。第一个再平衡的维度是从工业化角度追求增长方式的再平衡，主要是"十三五"开局之年，加速推进供给侧改革，逐渐摆脱2012—2013年以前过分依赖投资的总需求管理模式，并具体落实到对要素（产权、人口、土地与资本）的变革以及对全要素生产率的提升（创新）上。这是从工业化角度追求中长期发展道路变革的再平衡（可参考图40-31至图40-34）。

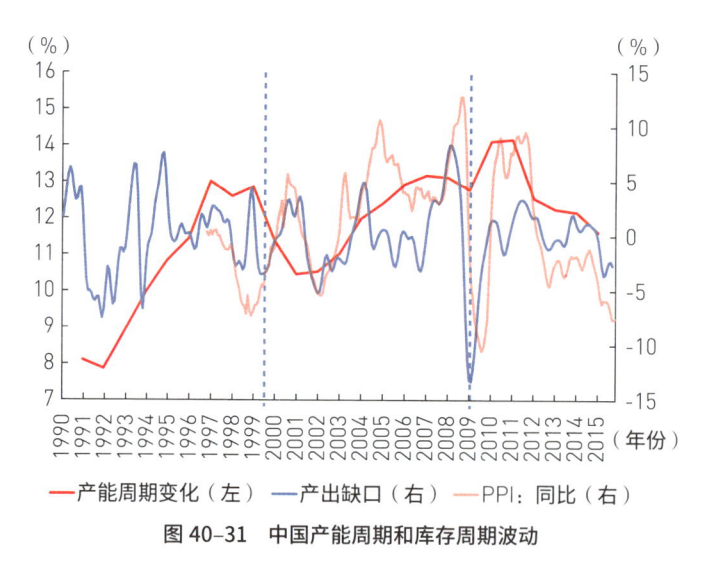

图40-31 中国产能周期和库存周期波动

数据来源：Wind资讯，中信建投证券研究发展部。

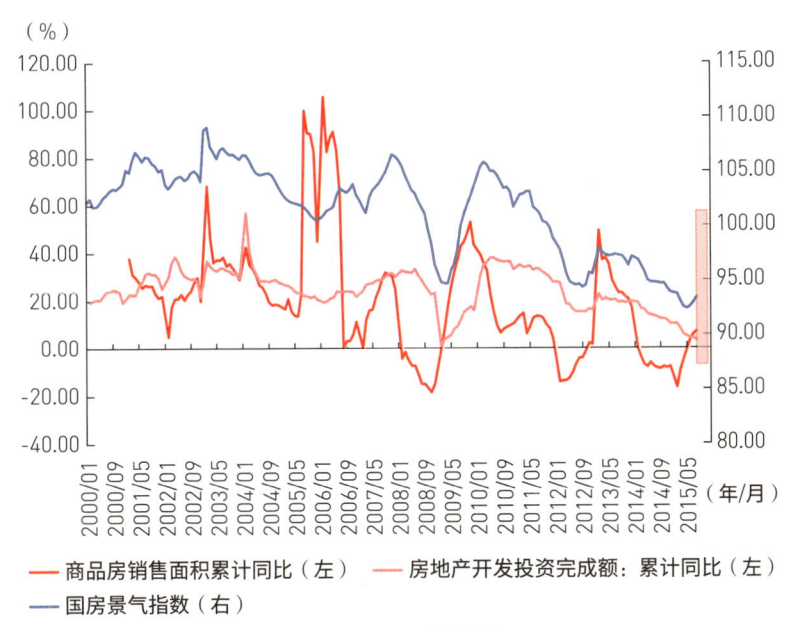

图 40-32 中国房地产状况

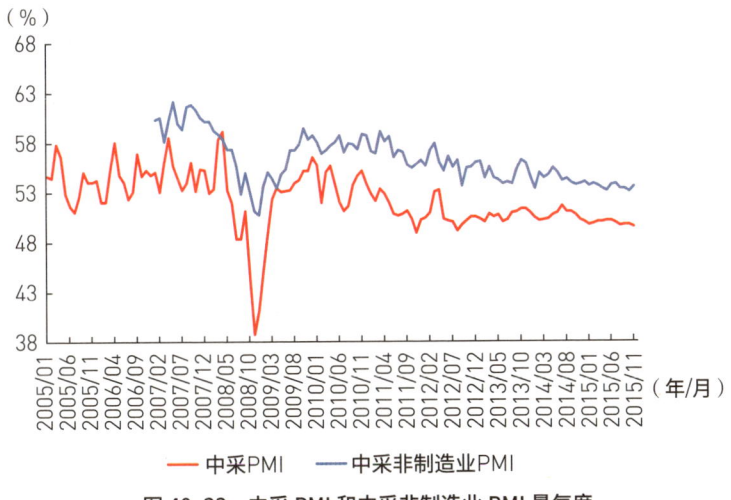

数据来源：Wind 资讯，中信建投证券研究发展部。

图 40-33 中采 PMI 和中采非制造业 PMI 景气度

数据来源：Wind 资讯，中信建投证券研究发展部。

40 再轮回与再平衡

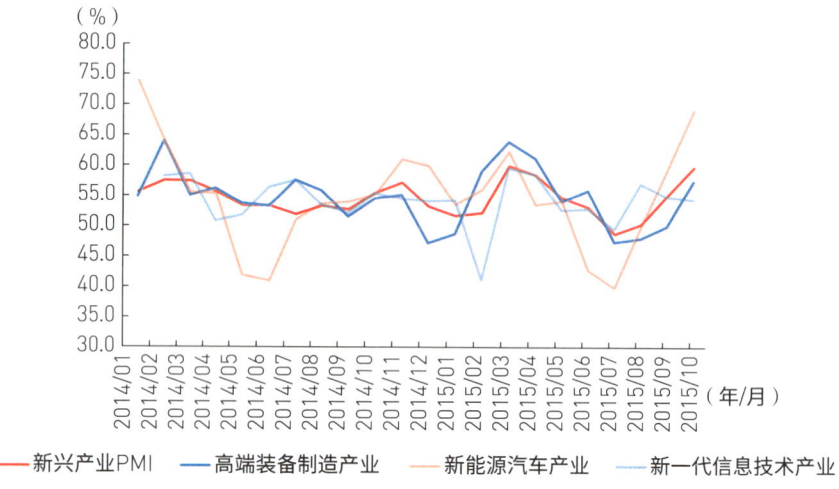

图40-34 新兴产业PMI

数据来源：Wind资讯，中信建投证券研究发展部。

改革和经济的调结构从2013年开始。此前的思路一直是在"稳增长"和"防风险"的基础上支持经济的调结构，存量经济在去落后产能和打破刚性兑付不理想的情况下，经济总量不断下探，积累的风险越来越多。未来存量经济将以加快产业整合的兼并重组的方式加快存量经济供给侧去产能和转型升级；增量经济保持活跃，推动经济产业结构调整。同时，这些活跃的领域在资本市场上积累了一定的估值泡沫，未来资本市场改革和注册制的实质性推进将使市场的配置效率和支持产业结构调整更有效。

战略性的供给侧改革需要中国战术性的需求管理进行对冲，房地产去库存对防范风险及经济的企稳有着重要意义，政策对房地产去库存的力挺已经反映了这样的取向。从中国产能周期和库存周期的关系角度来讲，历经6年左右的去产能，中国的库存周期有望在2016年第二季度迎来弹性，从而开启第三库存周期。中国的中枢下移是在波动中完成的，2016—2017年开始新的短周期对防范风险和为改革争取时间有着重要意义。对新的短周期而言，其增长弹性是相当有限的，主要在于供给侧改革路线大方向上的选择。中国金融周期向库存周期的传导阻塞问题仍然需要在2016年做出大量的债务置换,超预期的价格弹性将引发流动性环境生变,从而不利于债券市场的发展(见图40-35)。

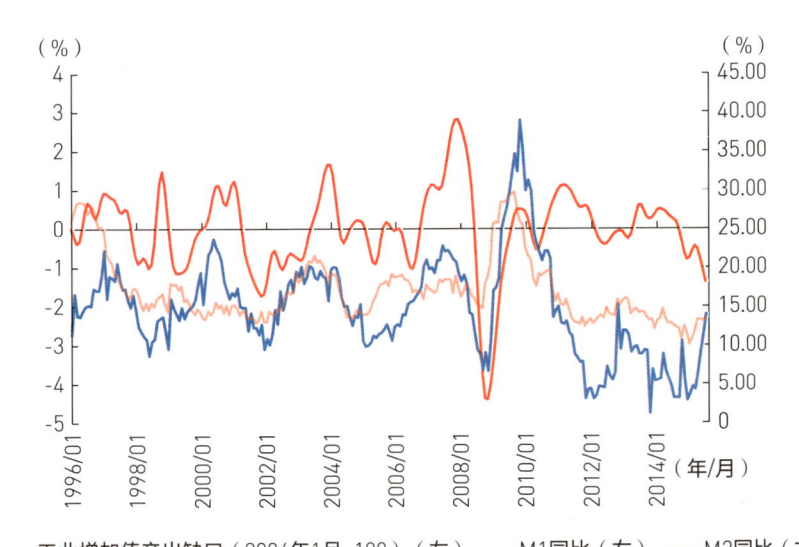

图40-35 结构矛盾(高杠杆)下金融短周期向库存周期的传导

数据来源:Wind 资讯,中信建投证券研究发展部。

在汇率层面上,可控的贬值和外汇储备对资本外流的对冲,最终需要改革实质性推进和增长的修复。而从中期来看,中国需要谋求自身的信贷主权和货币之路,创新性地寻求人民币与美元挂钩程度的进一步下降。对中国来讲,2016年的诉求是加速推进供给侧改革,并通过对冲管理开启第三库存周期,温和的价格反弹是受欢迎的,需要小幅且可控的汇率贬值配合,并通过SDR等因素对冲资本外流(可参考图40-36至图40-38)。

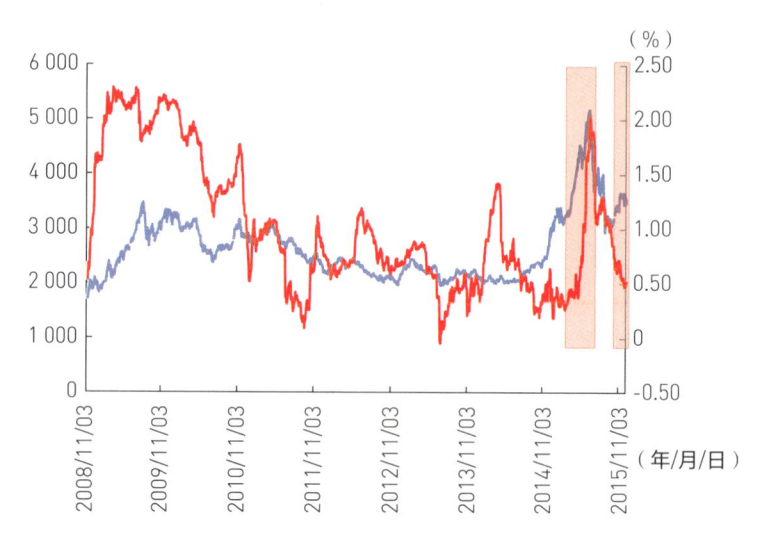

图 40-36　中国的股票市场和货币市场利率

数据来源：Wind 资讯，中信建投证券研究发展部。

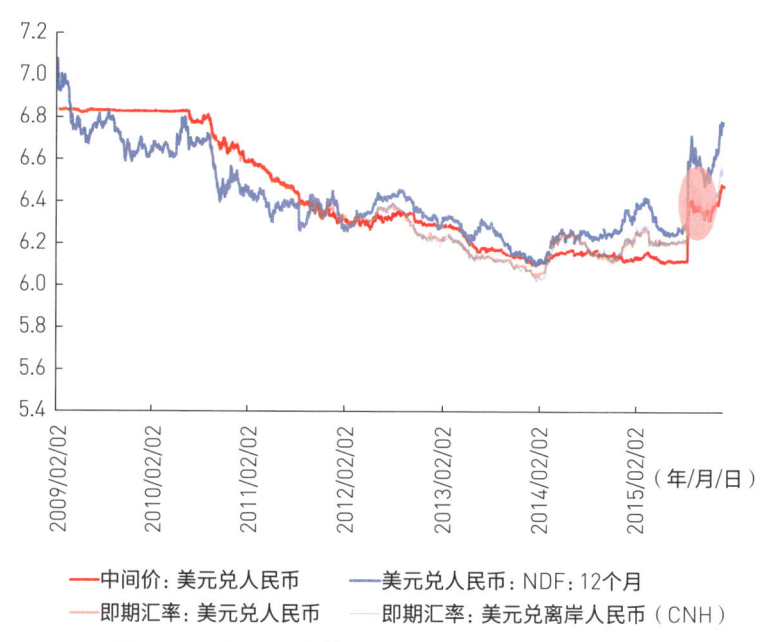

图 40-37　人民币汇率的变化：中间价、在岸、离岸与远期

数据来源：Wind 资讯，中信建投证券研究发展部。

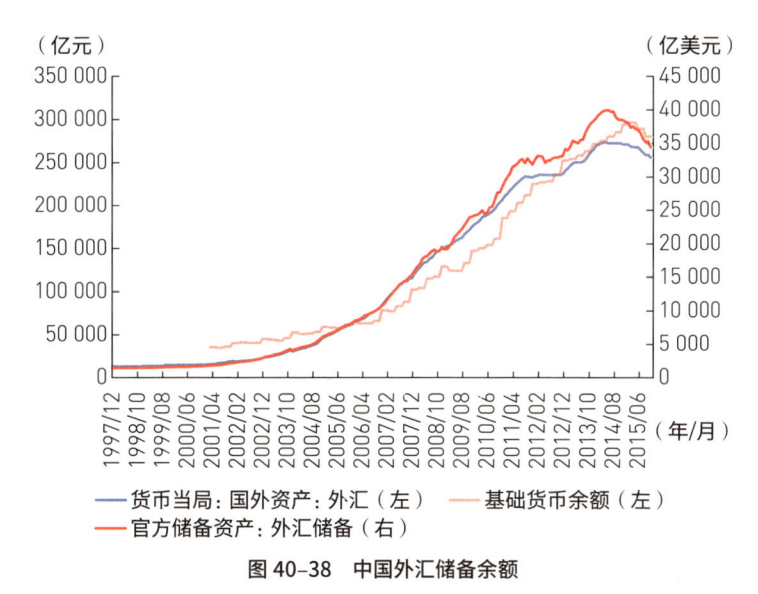

图 40-38　中国外汇储备余额

数据来源：Wind 资讯，中信建投证券研究发展部。

欧洲国家——经济稳定的维持，宽松延续，追求地区的稳定

受德国央行对通货膨胀问题的认识的影响，欧元区是主要经济体中最晚开启 QE 的。2012 年第四季度开启第二库存周期后，在 2014 年第二季度出现回落，进入 2014 年下半年，通胀率大幅走低。在一系列类宽松措施无效后，欧洲央行开启了 QE（2015 年 1 月起，每月购买 600 亿欧元区证券，目标至通胀 2%）。从 2014 年第四季度开始，欧洲国家的第二库存周期被延长，从形态来讲，欧洲当前仍然处于第二库存周期上行期。不过大量基础货币的投放使欧洲出现了货币效率下降的问题，其中一个主要的原因就在于，随着美欧央行货币政策的持续分化，以及在利率平价原则下汇率市场上美元欧元的分化——沦为融资货币的欧元和变为被套息货币的美元，在这样的背景下，货币支持实体经济和通胀的状况也会大打折扣，并引起人们的反思（见图 40-39、图 40-40）。

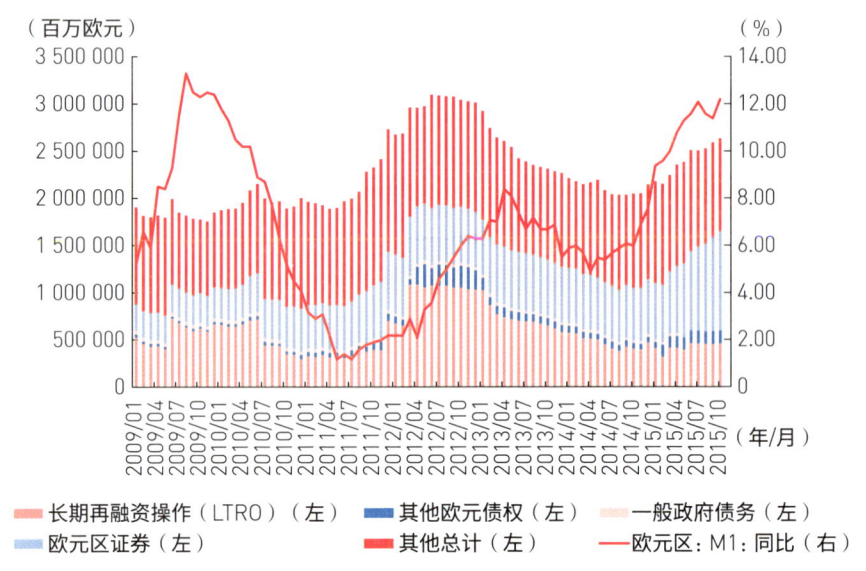

图40-39　欧洲央行资产负债表的扩张与M1增速对比

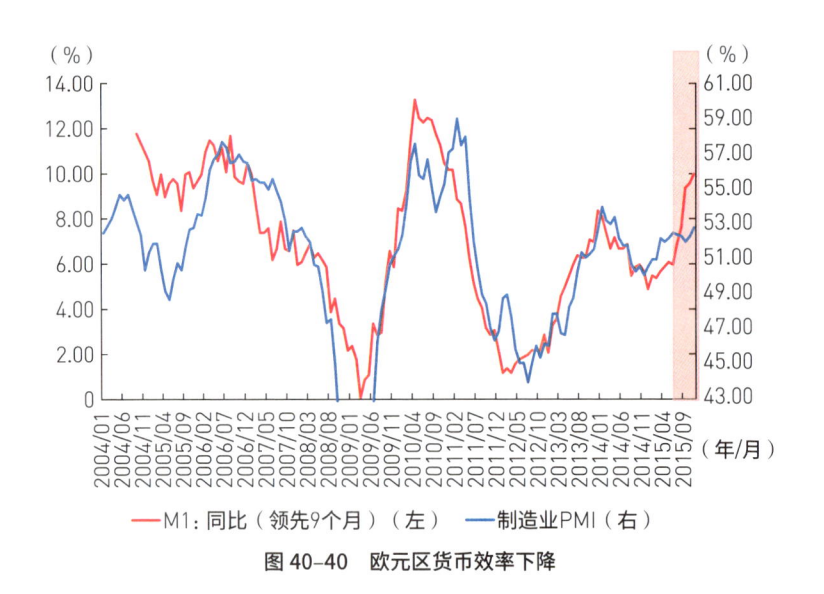

图例：长期再融资操作（LTRO）（左）、其他欧元债权（左）、一般政府债务（左）、欧元区证券（左）、其他总计（左）、欧元区：M1：同比（右）

数据来源：Wind资讯，中信建投证券研究发展部。

图40-40　欧元区货币效率下降

图例：M1：同比（领先9个月）（左）、制造业PMI（右）

数据来源：Wind资讯，中信建投证券研究发展部。

2015年第三季度，欧洲短周期随着全球基本面和风险偏好的收缩而回落，不过随着QE的持续购买，进入2015年第四季度后，欧洲的PMI数据再次出现上翘，整体上欧洲的短周期处于高位震荡状态（见图40-41）。在12月的欧洲央行会议上，新加码的宽松远不及市场预期，虽然会议表述了要将QE规模延长，但是并未如市场预期那样加码QE规模。政策取向从鸽派向鹰派扭转，一方面由于当前从环比来讲短周期依然处于高位，另一方面欧洲央行也开始担忧持续的QE扩张对通胀修复的效果确实有限。欧洲央行官员诺沃特尼表示："欧洲央行上周的决定是正确的，必须关注QE政策的负面影响和引发的泡沫。"由此，欧洲短周期上行期延长到何时，将成为影响2016年上半年资产价格的最机动砝码（可参考图40-42至图40-46）。

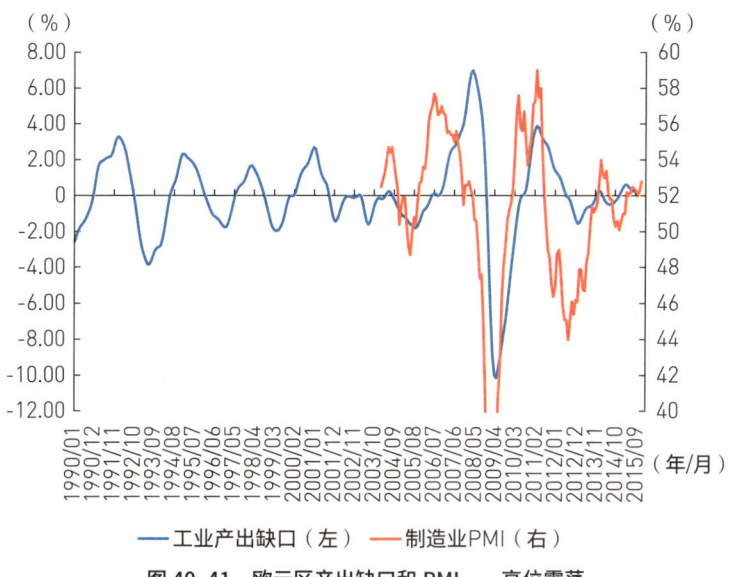

图40-41 欧元区产出缺口和PMI——高位震荡

数据来源：Wind 资讯，中信建投证券研究发展部。

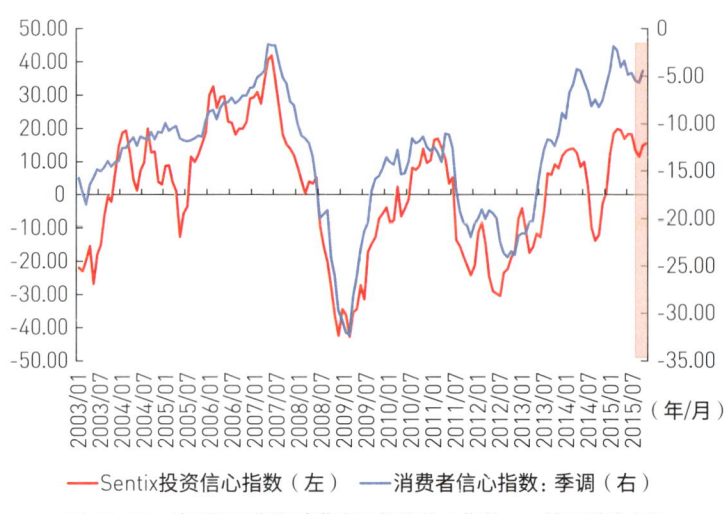

图 40-42　欧洲短周期和消费者及投资信心指数——第三季度上翘

数据来源：Wind 资讯，中信建投证券研究发展部。

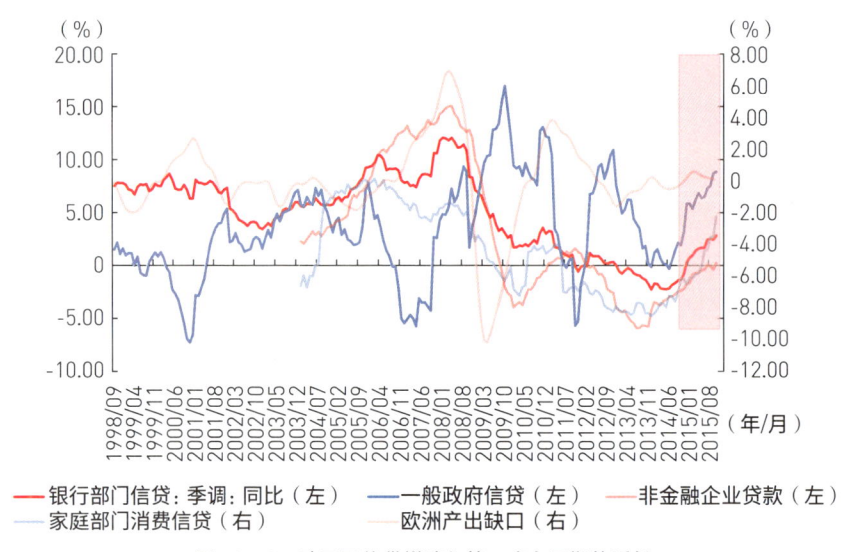

图 40-43　欧元区信贷增速与第二库存周期的延长

数据来源：Wind 资讯，中信建投证券研究发展部。

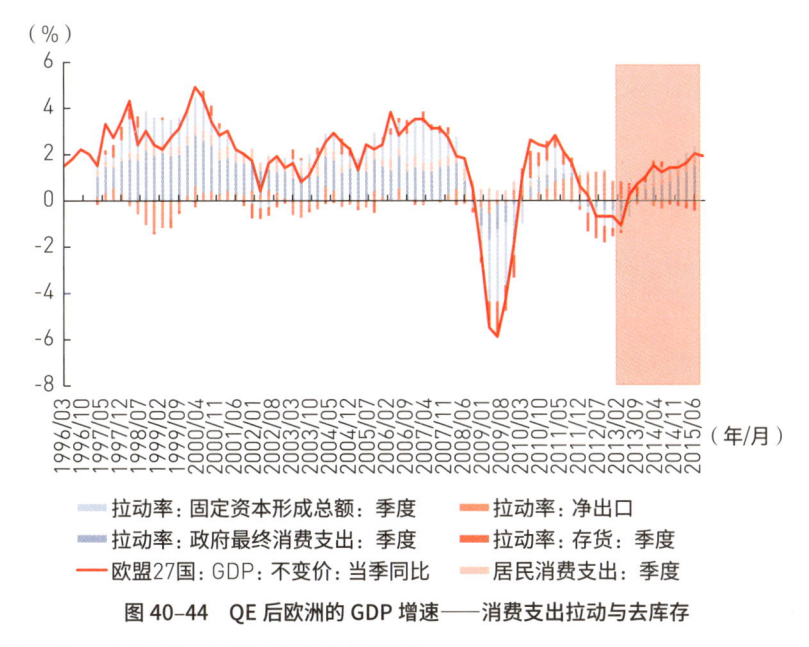

图 40-44 QE 后欧洲的 GDP 增速——消费支出拉动与去库存

数据来源：Wind 资讯，中信建投证券研究发展部。

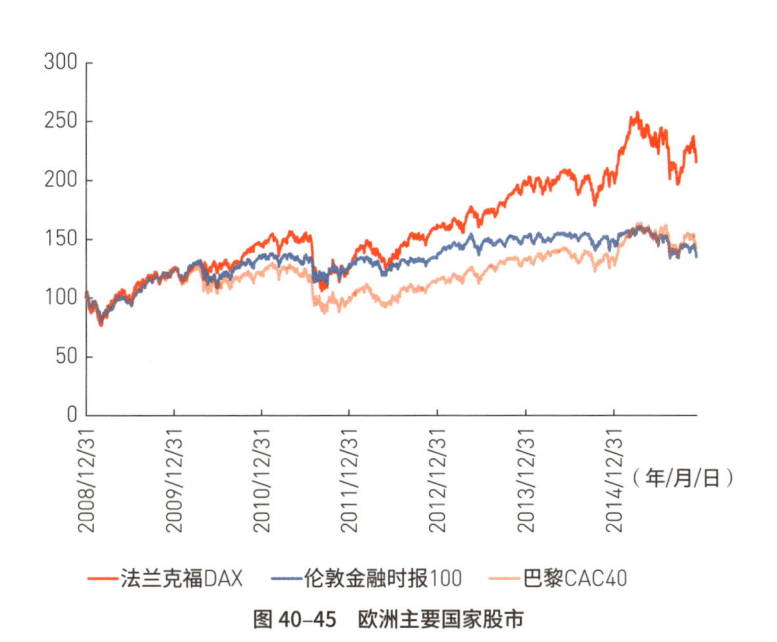

图 40-45 欧洲主要国家股市

数据来源：Wind 资讯，中信建投证券研究发展部。

40 再轮回与再平衡

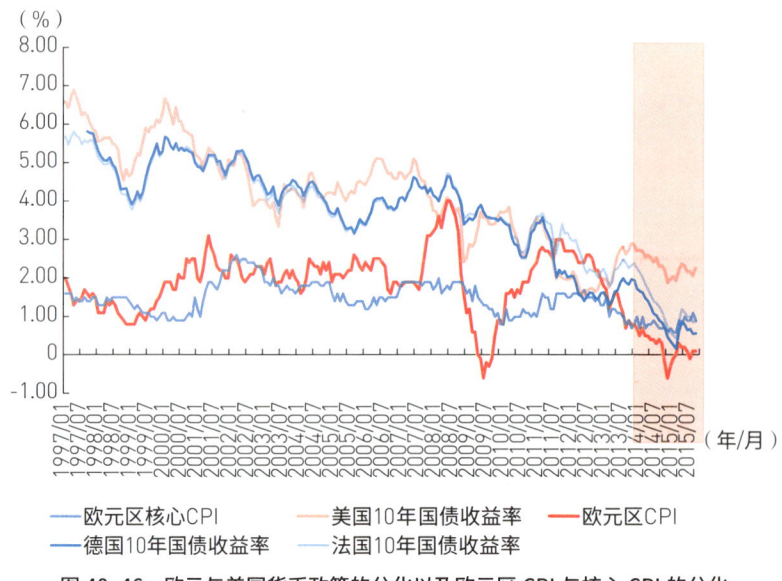

图 40-46　欧元与美国货币政策的分化以及欧元区 CPI 与核心 CPI 的分化

数据来源：Wind 资讯，中信建投证券研究发展部。

从乌克兰危机到叙利亚局势，再到极端恐怖组织 IS 在巴黎发动"欧洲 9·11"，欧洲国家与俄罗斯是否会从剑拔弩张转入阶段性合作，是当前世界格局的重要问题。从中期看，老龄化的欧洲国家渴望修复自身的要素结构（移民政策以及工业 4.0 等）。但是从短期看，这需要经济的稳定和通胀的修复，以及避免全球金融经济和地缘因素于 2016 年在欧洲叠加蔓延。因此，落实到 2016 年，欧洲国家的诉求指向稳定的短周期和通胀的修复。

日本——类似欧洲国家，在饱受经济结构困扰的背景下维持经济

20 世纪 70 年代初，走过了刘易斯拐点的日本逐渐进入工业化成熟阶段，升级转型成功，股票市场走出"慢牛"。1985 年《广场协议》造就了日本"货币升值＋货币宽松"下的大资产泡沫。泡沫的拐点正好对应了劳动人口占比的拐点，此后日本市场开启了地价的持续下行，股票指数整体上处于回落和消化估值阶段。在结构性衰退"失落的 20 年"中，全球康波周期正

好处于上升期，日本经济可以分享海外市场的成长，股市也随着全球的中周期运行而产生周期性反弹。

2009 年新一轮中周期后，日本于 2012 年底在"安倍经济学"的指导思想下开启了 QE，目标是让日本的通胀目标达到 2%。日本央行开启 QE 的时间晚于美国，早于欧洲国家。随着第一轮 QE 的推行，日本在 2012 年底开启了第二库存周期，上行至 2014 年第二季度出现回落后，日本央行开启了 QQE（利率为负的量化加质化货币宽松），试图拉长日本第二库存周期的上行期（见图 40-47）。经过两轮资产购买，日本央行持有国债规模大幅上涨。

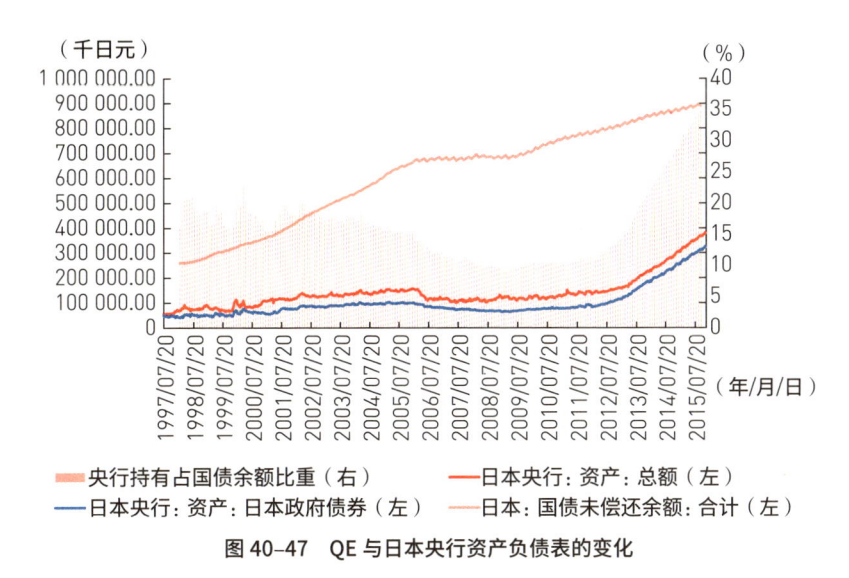

图 40-47　QE 与日本央行资产负债表的变化

数据来源：Wind 资讯，中信建投证券研究发展部。

理论上，在对经济结构这一宿命的反抗方面，安倍需要在量化宽松后推出另外两项政策——财政政策和结构性改革。下一阶段改革通过变革企业治理、完善金融风险管理、削减企业实际税负至 30% 以下、参与高质量亚洲基础设施建设等措施增加企业利润，实行"日本—硅谷"合作形成创新体系，与"工业 4.0"国际优化经济结构（创新）接轨，继续推进"女性经济学"、引进移民、改革大学教育（劳动力）等提高劳动力供给。政策最终将以拉动私人部门投资为核心来提高社会生产力（可参考图 40-48 至图 40-50）。另外，从中期看，TPP（跨太平洋伙伴关系协定）也将对日本贸易和增长产生拉动作用。

图 40-48　日本的全市场指数与 GDP 增速

数据来源：Wind 资讯，中信建投证券研究发展部。

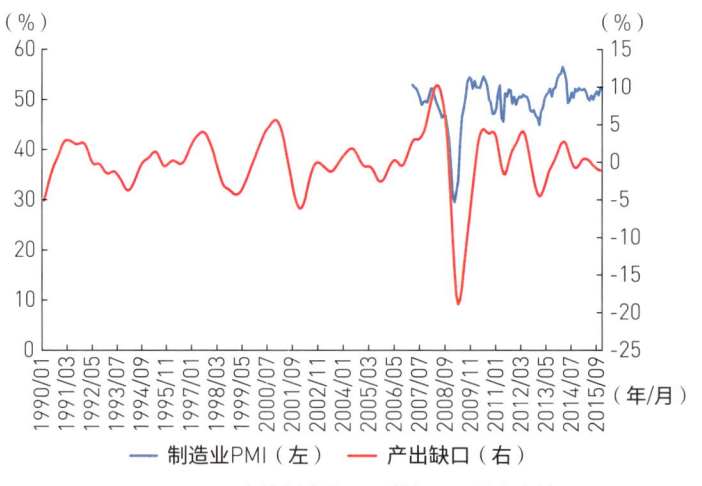

图 40-49　日本的制造业 PMI 数据及工业产出缺口

数据来源：Wind 资讯，中信建投证券研究发展部。

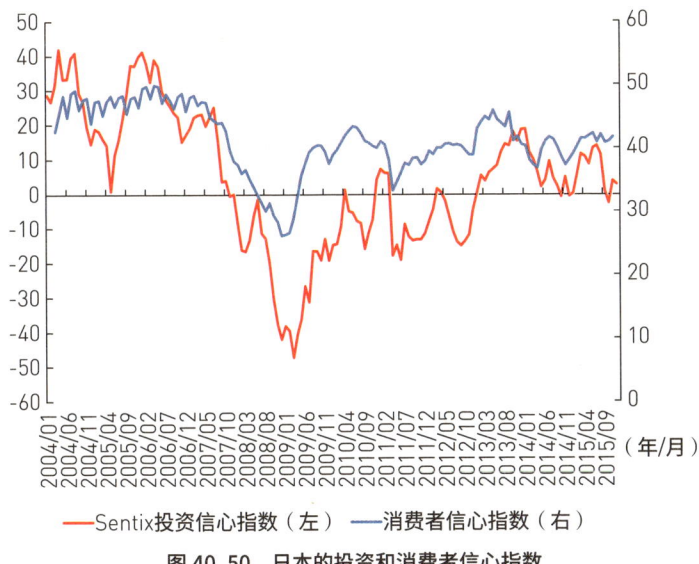

图40-50　日本的投资和消费者信心指数

数据来源：Wind资讯，中信建投证券研究发展部。

那么，从落实日本短期的诉求可以看到其与欧洲国家的相似性。日本2012年底开启第二库存周期上行期，第一轮量化宽松推动了日本的通胀和短周期上行（见图40-51），在第二季度通胀和短周期再次回落的过程中，日本再次推出QE。由于美元走强和全球大宗商品价格下跌的输入型通缩，CPI开启了持续回落的模式，直接影响了再次QE的效果，甚至让人们开始反思。短期来看，全球输入型通胀已经开始对日本QE产生明显影响，当前日本也已经开始担忧持续增加的基础货币。日本中长期的诉求要落实到2016年，同样是渴望价格体系的修复以及开启第三库存周期（可参考图40-52至图40-54）。

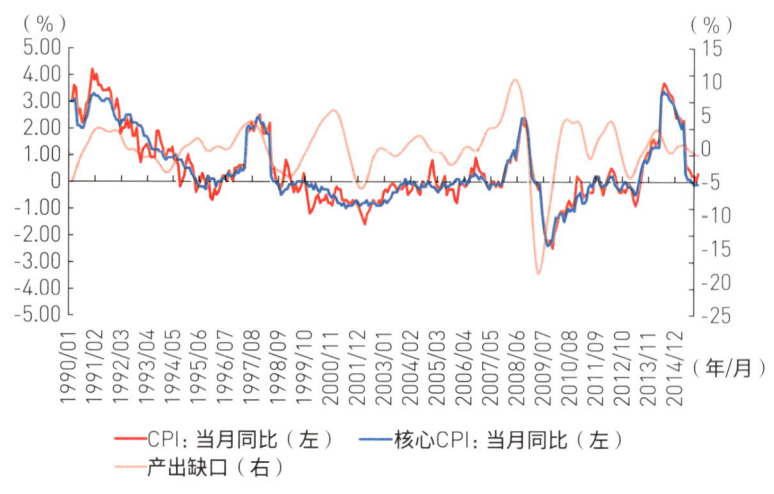

图 40-51 日本的通货膨胀变化与经济周期波动

数据来源：Wind 资讯，中信建投证券研究发展部。

图 40-52 结构型衰退后日本迅速开启压低国债利率之旅

数据来源：Wind 资讯，中信建投证券研究发展部。

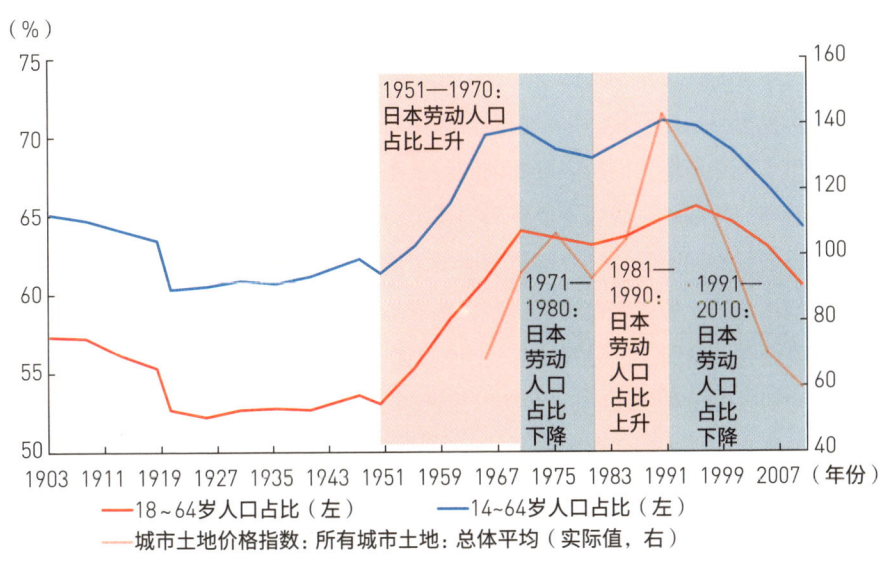

图 40-53 日本劳动人口与地价

数据来源：Wind 资讯，中信建投证券研究发展部。

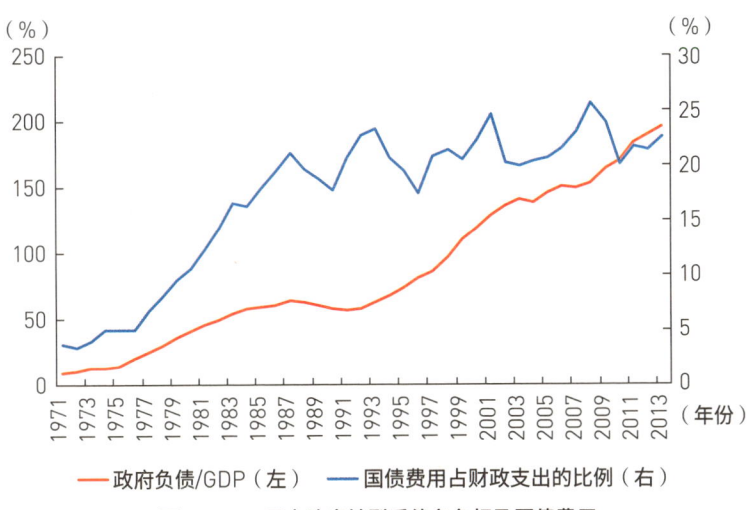

图 40-54 日本政府转型后债务负担及国债费用

数据来源：Wind 资讯，中信建投证券研究发展部。

新兴市场资源国的诉求——为资源而战

国际贸易共生格局自 2009 年金融危机后逐渐走向瓦解，2011 年中国固定资产投资高点出现后，大宗商品价格逐渐迎来了重要拐点。从产出的角度讲，由于新兴市场中的很多资源国的经济基本面主要与大宗商品绑定，大宗商品价格的持续恶化导致主要资源国基本面的恶化。从全球货币信用的角度来看，美元周期的收缩是对资源国输出了量化紧缩，恶化的基本面叠加资本的大规模流出，使新兴市场国家面临经济基本面的严重恶化——增长萎缩与通胀高企，部分国家已经开始向政治危机蔓延。

对新兴市场资源国而言，世界共生产业链中的消费国美国寻求了能源独立和再工业化，而制造国中国在人口结构方面发生变化，也需要工业化转型以及"供给侧改革"。以俄罗斯和巴西为例，俄罗斯在遭到西方的制裁后不得不寻求从地缘战略上向中东扩张，以获得一定的能源谈判权和定价权（见图 40-55、图 40-56）。巴西以及诸多南美国家的左翼政党纷纷被反对党取代，经济危机下的政治危机不断蔓延（见图 40-57、图 40-58）。

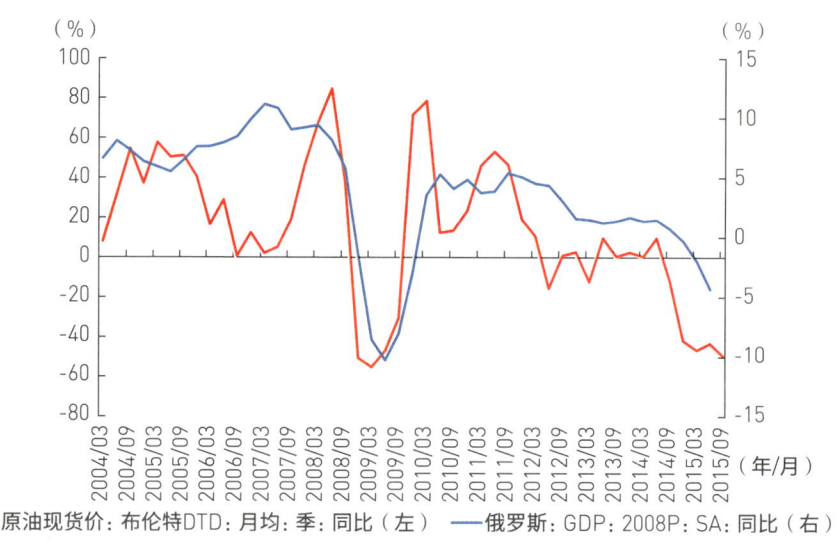

图 40-55　原油价格与俄罗斯 GDP 增长的同比增速

数据来源：Wind 资讯，中信建投证券研究发展部。

图 40-56　俄罗斯股市、国债收益率及通胀率

数据来源：Wind 资讯，中信建投证券研究发展部。

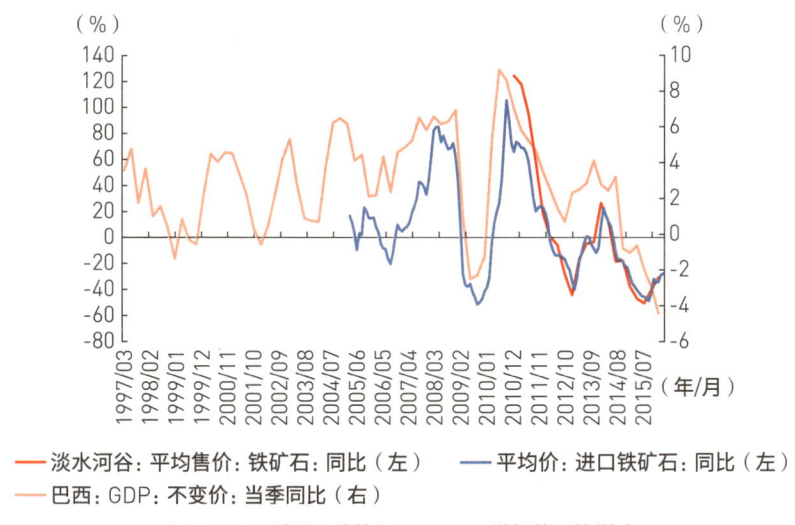

图 40-57　铁矿石价格与巴西 GDP 增长的同比增速

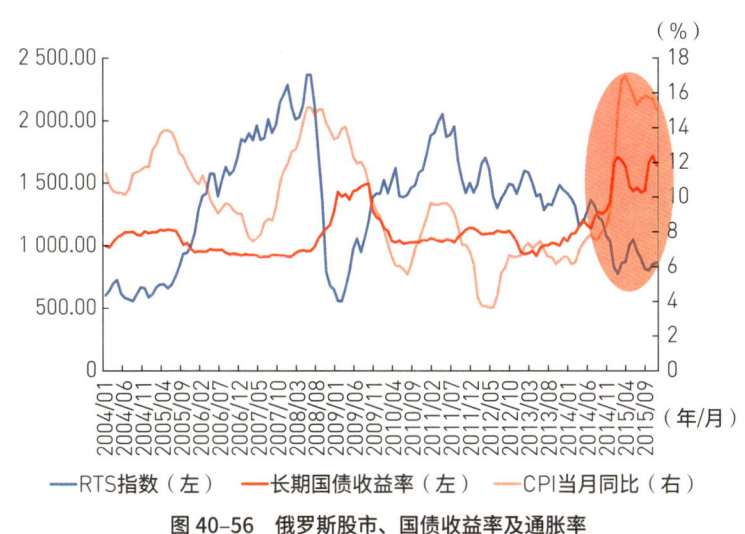

数据来源：Wind 资讯，中信建投证券研究发展部。

40　再轮回与再平衡

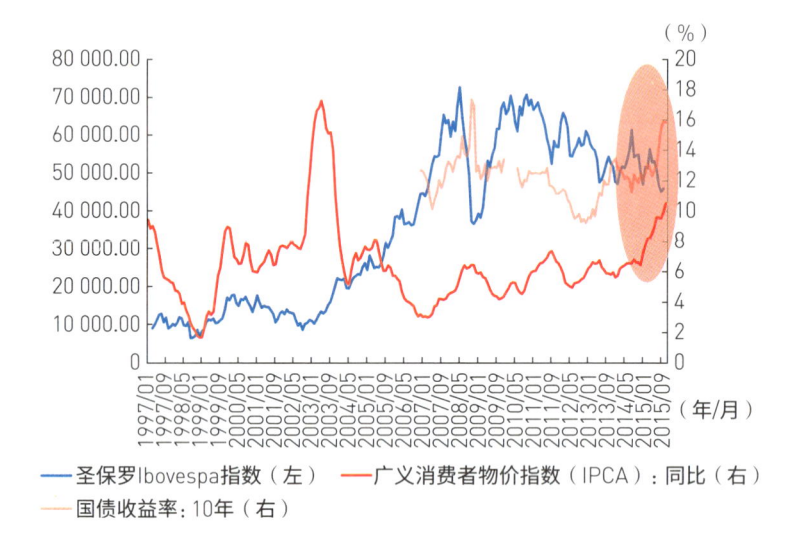

图 40-58　巴西股市、国债利率及通胀率

数据来源：Wind 资讯，中信建投证券研究发展部。

诸多新兴市场国家面临着"经济增长与国际收支恶化—货币贬值—国际收支逆差下的通胀—财政恶化—被下调评级—举债能力大幅减弱—资本外流—经济紧缩—外储继续消耗—资本外流与货币贬值加剧—经济增长和国际收支进一步恶化"的循环（可参考图 40-59 至图 40-62）。从理论上讲，如果大宗商品价格不出现筑底反弹，那么全球性的通缩会使这种恶化一直持续下去。在这种情况下，新兴市场面临一定的僵局。以国际信贷为例，欧洲银行在发展中国家有着大量的风险敞口，随着发展中国家的恶化，相应国家的风险资产将被大量抛售，即欧洲银行可能产生对新兴市场国家去风险敞口的过程。这样，发达国家的货币将会在发达国家体系内部流转——从宽松贬值预期货币流向紧缩升值货币（主要是金融市场而非实体经济），而新兴市场国家出现的流动性匮乏将使情况不断恶化。这将造成两个结果：第一，实体经济的输入型通缩持续；第二，新兴市场国家群体性恶化和风险的蔓延对发达经济体的金融市场产生冲击。

面对持续恶化的基本面，各主要资源国在 2016 年将会面临不得不为资源而战的局面，在旧的全球共生模式土崩瓦解和全球信用收缩的过程中，以发起冲突和输出危机的模式对宿命进行反抗。

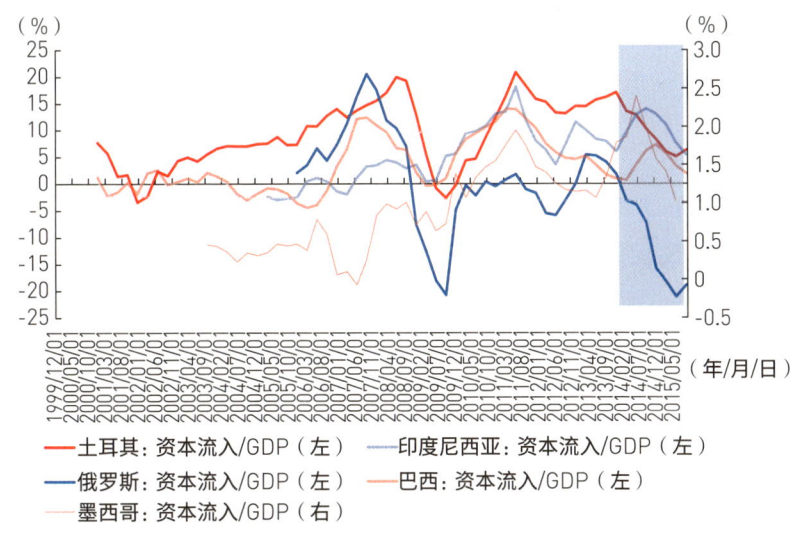

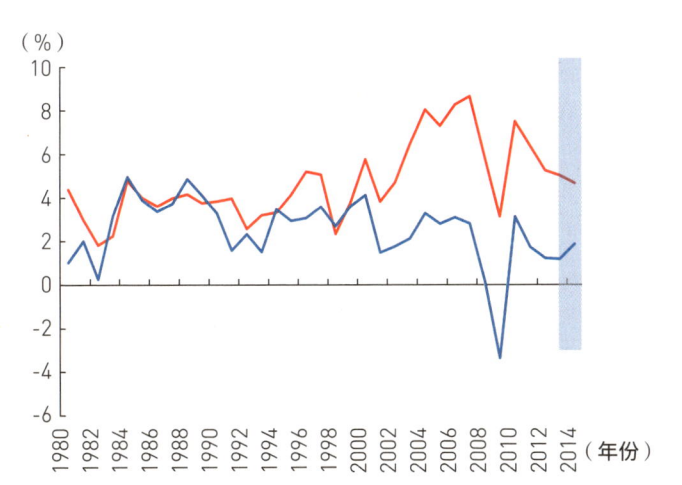

图 40-59 主要国家的资本流入占 GDP 比重

数据来源：Wind 资讯，中信建投证券研究发展部。

图 40-60 新兴市场和发展中经济体与发达经济体 GDP 对比（IMF）

数据来源：Wind 资讯，中信建投证券研究发展部。

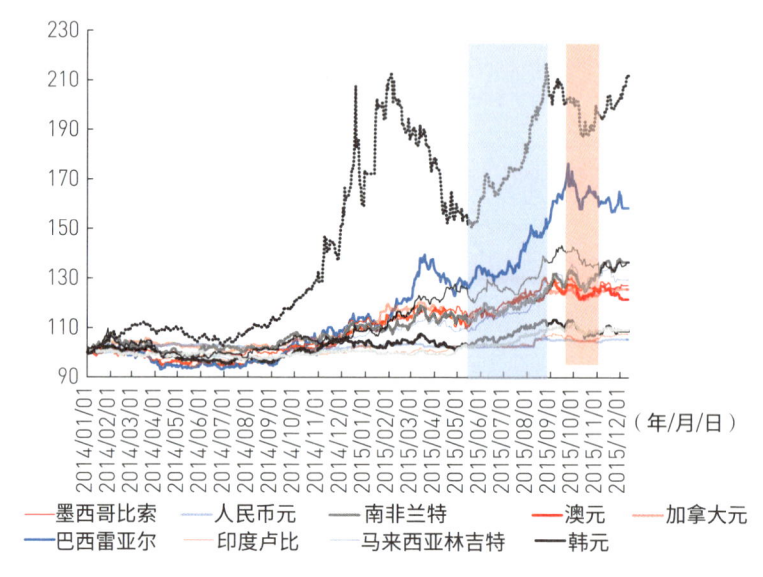

图 40-61　主要新兴市场国家货币指数

数据来源：Wind 资讯，中信建投证券研究发展部。

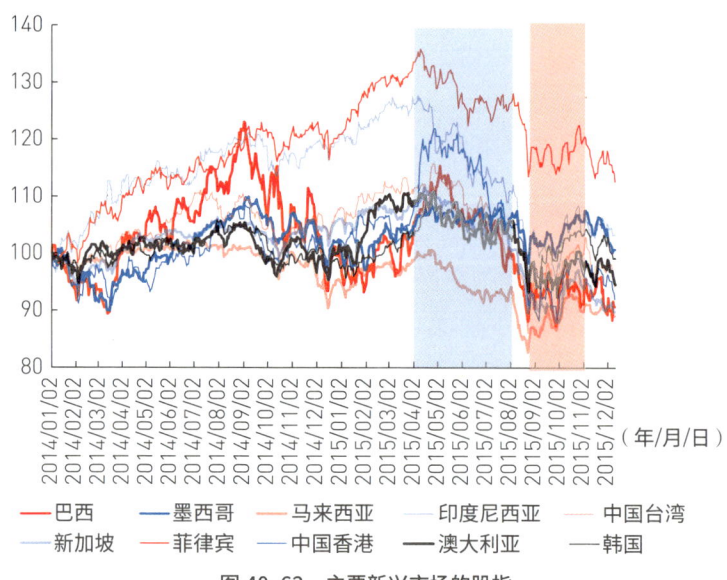

图 40-62　主要新兴市场的股指

数据来源：Wind 资讯，中信建投证券研究发展部。

再轮回与再平衡——主体的诉求与经济系统的融合

轮回——康波周期中国际货币体系的迁移

历史的视角：从衰退后期向萧条期的过渡——未来康波周期的大背景

在全球经济系统中融合主要主体的诉求时，要注意从衰退后期向萧条期过渡的不稳定的康波周期大背景。康波运行中的重要命题是世界秩序、国际货币体系以及相应的全球贸易体系之间的变迁。回升期是寻找和确立这种模式；繁荣期是确立这种模式后使其发展并达到极致（信用周期和经济走势的健康扩张）；衰退期是这种模式爆发危机（信用扩张到达极致后出现崩溃）；从衰退后期到萧条期是试图修复这种模式，但是最终以失败告终（试图修复旧模式，然后尝试新模式）；从萧条期到回升期是再探索并确立新的模式，如此循环往复。

其中货币体系的变迁是核心变量，从历史轮回的视角看，在第三次康波中，1925年（1920—1929年为第三次康波衰退期），英国试图修复以英镑主导的金本位，在政策协调的背景下，美国压低自身利率使黄金流入抬高英国的利率。持续的紧缩使英国难以维持内部均衡，而美国低利率下的泡沫最终也被美国轻微的收紧货币的政策刺破。进入萧条期的前半段，许多国家仍然坚持维护金本位，制约了对银行体系流动性的输送，尤其使银行体系危机蔓延。随着康波萧条期的运行，金本位在世界范围内逐渐走向名存实亡，旧货币体系的瓦解也给全球带来了极大的冲击。进入康波回升期（1937—1948年为第四次康波回升期）后，1944年，布雷顿森林体系的确立确保了战后国际贸易体系的构建，从而奠定了第四次康波繁荣期（1948—1966年为第四次康波繁荣期）的基础。

在第四次康波中，在逐渐进入康波衰退期后，"特里芬两难"下的货币体系开始不断出现问题，1968年（1966—1973年为第四次康波衰退期），爆发了"黄金危机"。危机之后，美国试图平复兑付危机，在维持1∶35官价的基础上，与主要国家达成协议，试图克制黄金的兑换，同时试图制订计划平衡美国的国际支付。此后虽有短暂的平复，但是布雷顿森林体系不得不在1973年被终结，这也标志着第四次康波进入萧条期（1973—1982年为第四次康波萧条期）。在萧条期的前半段，主导国试图以总需求管理重构美国经济，但以失败的全球滞胀而告终。从萧条期的后半段到回升期的前期，石油美元、制造业美元回流机制的确立，以及里根的供给改革重塑了美元信心，奠定了"美债汇兑本位"和第五次康波繁荣期（1991—2005年为第五次康波繁荣期）的基础（见图40-63、图40-64）。

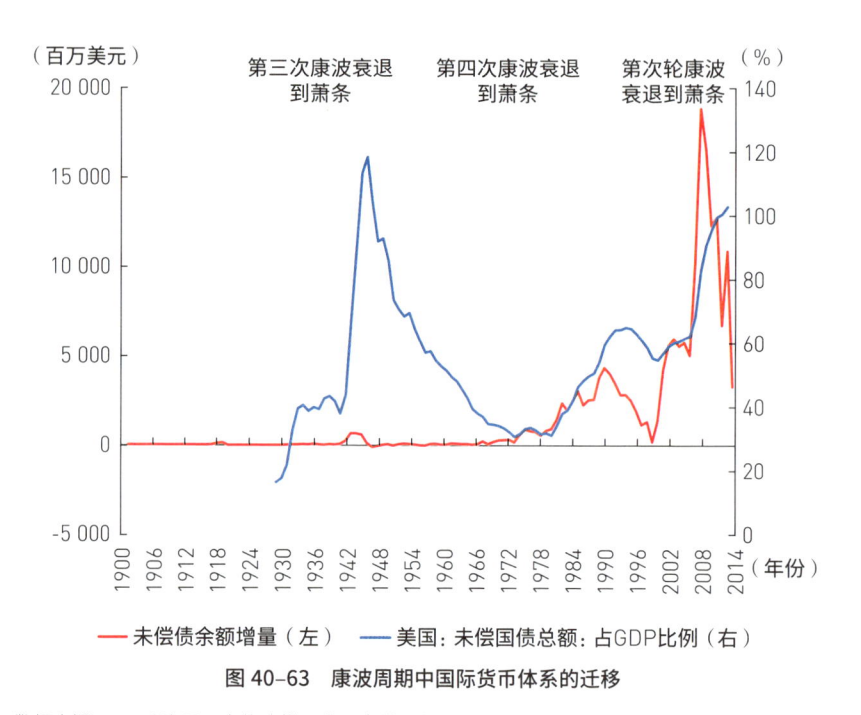

图40-63 康波周期中国际货币体系的迁移

数据来源：Wind 资讯，中信建投证券研究发展部。

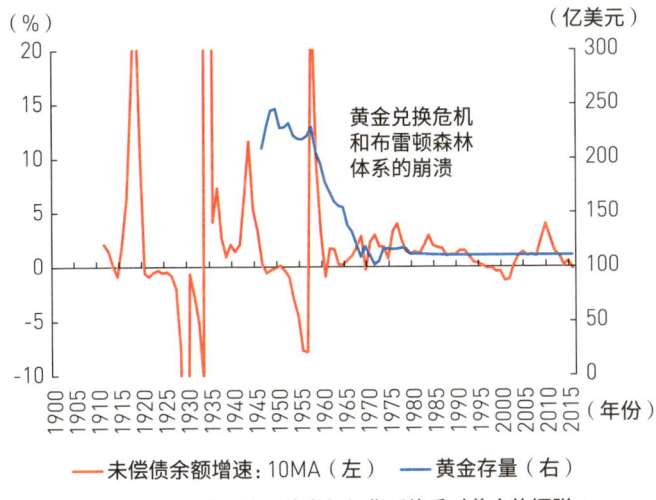

图 40-64　美国的国债发行与货币体系对黄金的摆脱

数据来源：Wind 资讯，中信建投证券研究发展部。

当前康波周期运行的位置是衰退期的后半段，从康波轮回的角度讲，世界经济的结构以及主导第五次康波的货币体系开始表现出重重问题。按照规律，对这种货币体系的维持会逐渐成为抑制全球经济的因素。可以看到，当前的美元周期运行已经开始表现出这样的特征，新一轮美元强势已经开始冲击石油美元和制造业美元，而这两者恰巧是本次货币体系走向繁荣的根基。美联储退出 QE 和首次加息开启的美元强势，是当前全球经济周期运行的一个核心变量。作为主导国，美国美元战略的选择有着丰富的内涵，从历史规律来看，美元战略是美国政策选择的重要辅助手段。

主导国政策的选择——美元战略的视角

第一，美元战略的选择需要从全球经济周期入手。康波周期运行就是主导国以及全球经济运行从回升（"低增长、低通胀"）到繁荣（"高增长、低通胀"）再到衰退（"增长回落、高通胀"），最后到萧条（"低增长、低通胀"）的过程。美元运行的基础是由美国和主要非美经济体的相对强弱决定的。这往往取决于主导国自身经济周期的状态和经济周期的动力，以及其他主要经济体（包括发达国家和发展中国家）经济周期运行节奏和幅度的差异。

第二，美元战略选择是国内和国际战略的融合问题。在经济周期判断的基础上，对财政政策以及国际收支战略的选择往往至关重要。修复国际收支往往就是重塑制造业产业结构或者再工业化，这时往往需要弱势美元。扩张的财政政策由于目的不同，美元战略的选择也不同。扩张的财政政策辅以强势美元，则需要强势的利率和偏紧缩的货币政策使资本回流美国，为经常项目逆差融资（里根前期）。扩张的财政政策辅以弱势美元，则一定会出现美元泛滥和全球信用扩张——世界经济共生模式较强，非美经济体基本面强劲（里根后期和小布什时期）。紧缩的财政政策和产业重构后强劲的基本面是强势美元的天然土壤（克林顿时期）

作为国际储备货币，美元的战略选择需要与美国国内和国际战略双重问题相结合（见图40-65）。美元战略也是能源和国家安全战略相结合的产物。对全球主要非美经济体而言，在共同发展的同时，对不同主要非美经济体在不同阶段进行"遏制"与"平衡"，是美国国家战略和美元战略的基石之一。强美元的选择在金融因素方面可以遏制石油价格，从而对主要的资源国进行打击。另外，强美元的战略造成的资本回流可以造成世界范围内的局部动荡，这一方面拉开了美国经济与其他主要经济体的差距；另一方面形成了对那些试图挑战和冲击美元本位制的货币的冲击，在动态中使美国保持持续的领先优势。这本质上是一个在世界秩序动态演进的过程中美国保持相对优势的游戏。

第三，美元战略的核心要落到资本流动问题上。只要是强势美元就会对全球的信用供给产生明显的影响，通过数据可以看到，海外的美元债务在两种情况下会有明显的收缩。第一种情况是中周期级别的全球金融危机和由此产生的信用收缩。第二种是美国中周期平稳阶段美元强周期过程会对全球的美元债务产生冲击。第一种情况比如2008年金融危机，主导国信用危机势必会对全球的信用体系产生冲击，因此产生了整体的美元债务收缩。第二种情况比如20世纪80年代美元强周期导致的拉美债务危机，20世纪

90年代的亚洲金融危机以及近期美元强势冲击下的全球新兴市场危机，都是强势美元对美元债务的冲击。当在岸美元收紧之时，离岸美元同样跟随收紧。

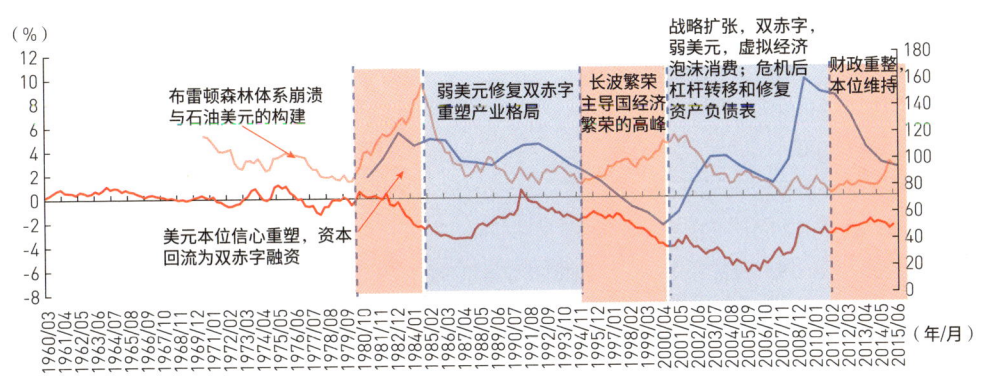

图40-65 美国不同时期国内国际战略的变迁和美元战略的选择

数据来源：中信建投证券研究发展部。

除了信用扩张，海外资本回流美国的国债、企业债和股权市场也是每次美元战略选择的看点。从本质上讲，美元强周期引导资本流入的本质还是争夺流动性的问题。对债券市场而言，强势美元时期本质是私人部门回流美国债券市场，以对冲官方部分维护本国汇率冲销干预而卖出的美债。对股权市场而言，在非中周期危机下的美元强势周期中，美股同样是美元强势的受益者。不过需要注意的是，每一次由于全球经济结构发生变化，流入的情况也不同（可参见图40-66至图40-77）。

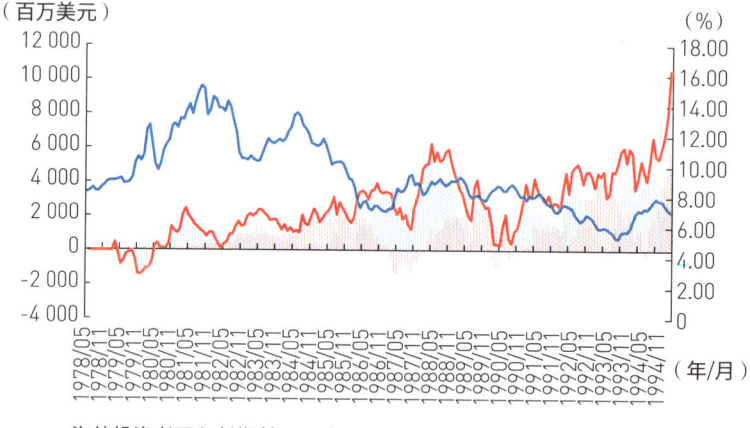

图 40-66　美国海外投资者国债购买资金净流入（1978—1994 年）

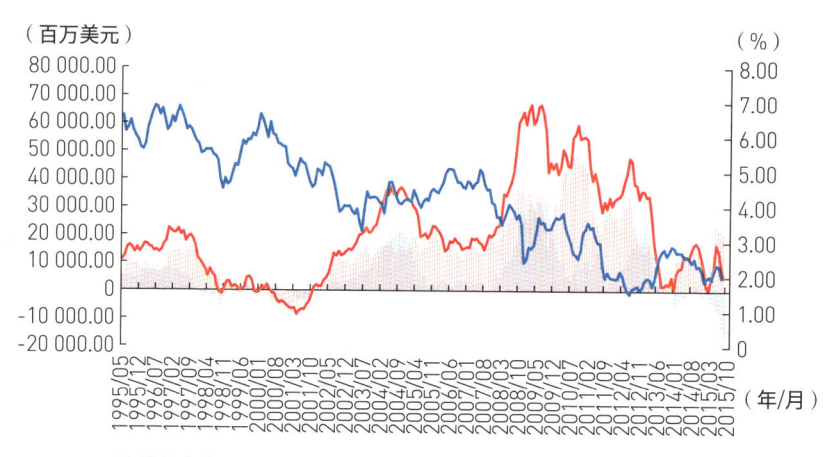

数据来源：Wind 资讯，中信建投证券研究发展部。

图 40-67　美国海外投资者国债购买资金净流入（1995—2015 年）

数据来源：Wind 资讯，中信建投证券研究发展部。

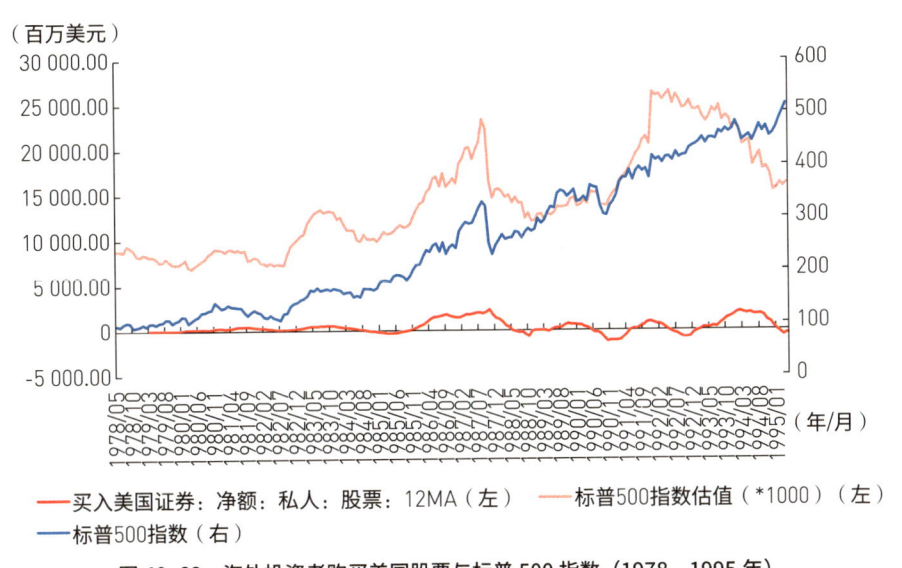

图 40-68　海外投资者购买美国股票与标普 500 指数（1978—1995 年）

数据来源：Wind 资讯，中信建投证券研究发展部。

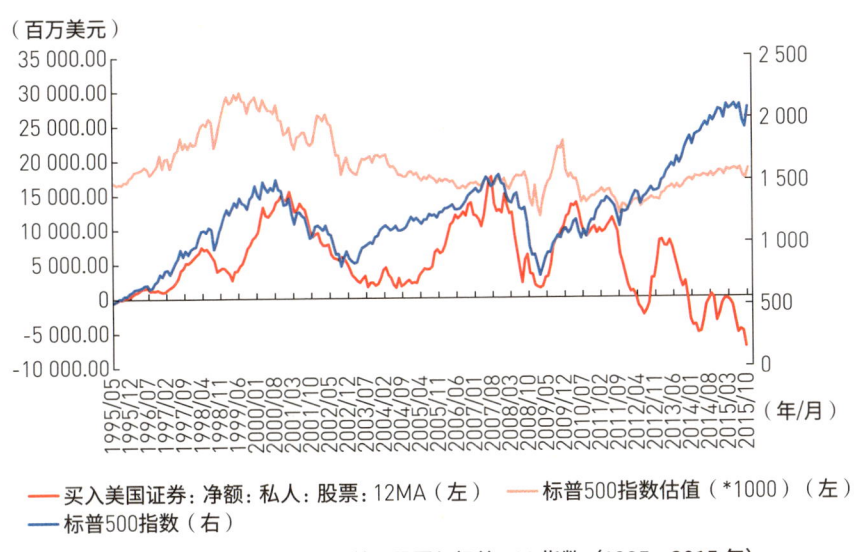

图 40-69　海外投资者购买美国股票与标普 500 指数（1995—2015 年）

数据来源：Wind 资讯，中信建投证券研究发展部。

40　再轮回与再平衡

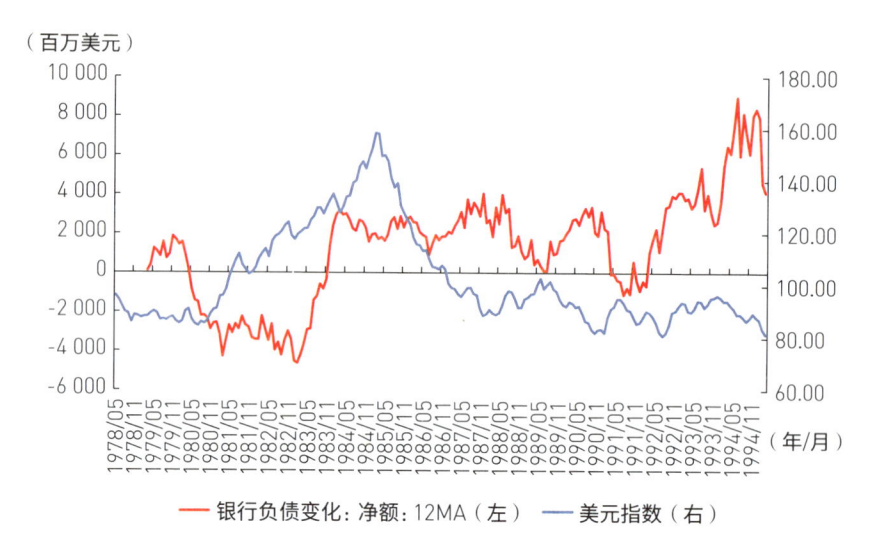

图40-70 海外债务人相对于美国银行体系债务额变化（1978—1994年）

数据来源：Wind资讯，中信建投证券研究发展部。

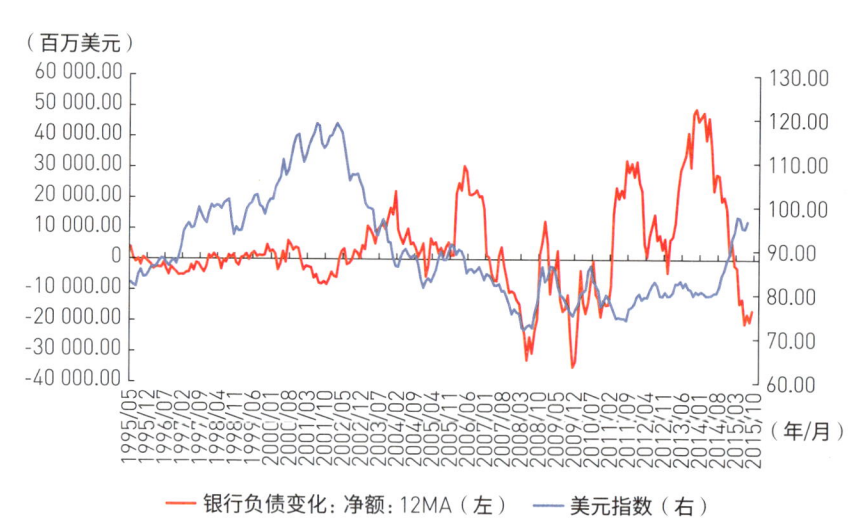

图40-71 海外债务人相对于美国银行体系债务额变化（1995—2015年）

数据来源：Wind资讯，中信建投证券研究发展部。

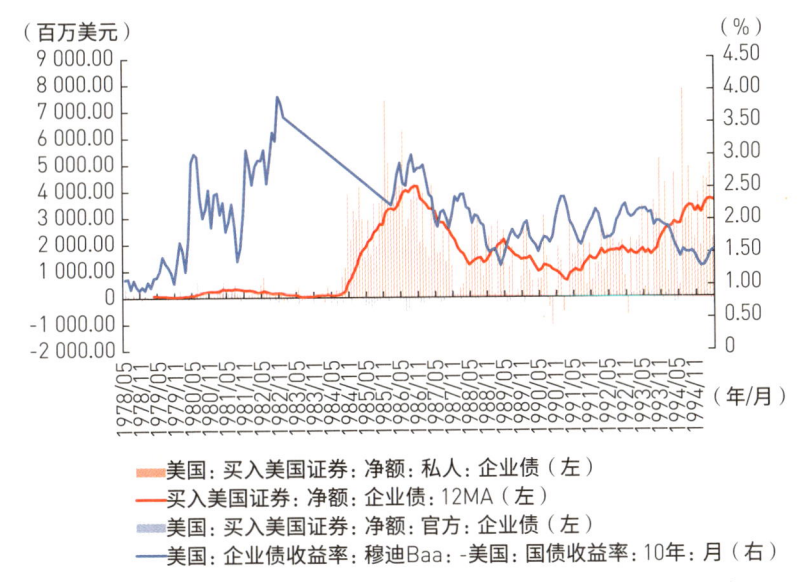

图40-72　海外购买美国企业债资本净流入与美元周期（1978—1994年）

数据来源：Wind资讯，中信建投证券研究发展部。

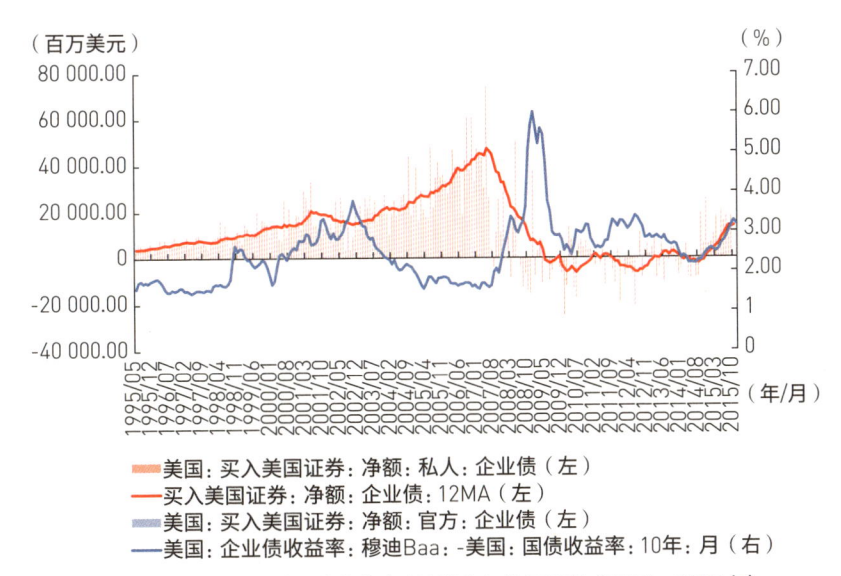

图40-73　海外购买美国企业债资本净流入与美元周期（1995—2015年）

数据来源：Wind资讯，中信建投证券研究发展部。

40　再轮回与再平衡

图 40-74　美国的国际资本净流入与美元周期（1978—1994 年）

数据来源：Wind 资讯，中信建投证券研究发展部。

图 40-75　美国的国际资本净流入与美元周期（1995—2015 年）

数据来源：Wind 资讯，中信建投证券研究发展部。

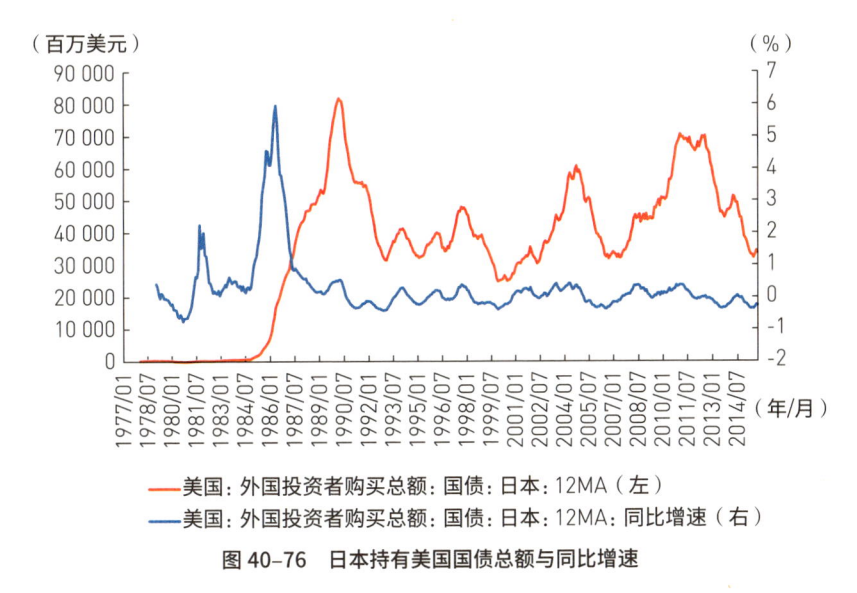

图 40-76　日本持有美国国债总额与同比增速

数据来源：Wind 资讯，中信建投证券研究发展部。

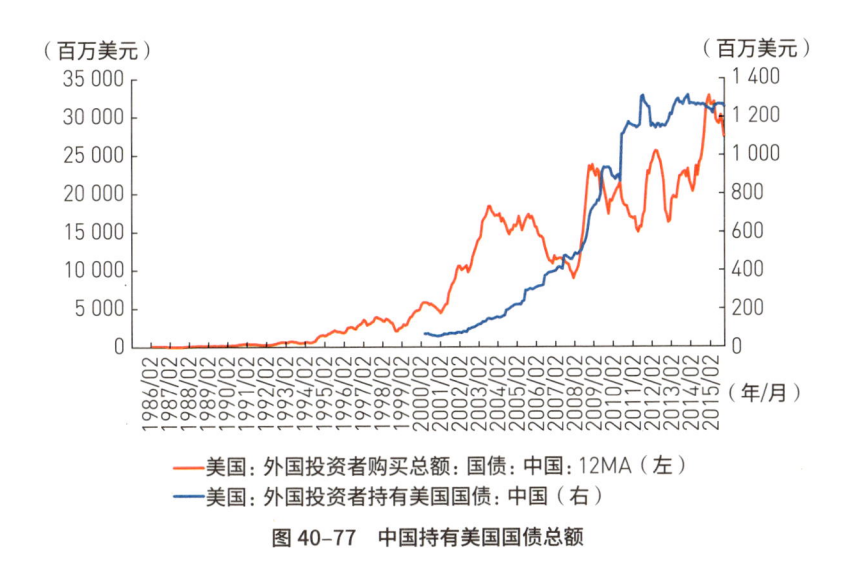

图 40-77　中国持有美国国债总额

数据来源：Wind 资讯，中信建投证券研究发展部。

40　再轮回与再平衡

再轮回——新经济秩序的构建与当前主导国的选择

全球经济结构变化的尝试——再轮回中存在再平衡的诉求

康波周期当前从衰退向萧条过渡的本质,是过去的消费国、制造国和资源国的共生模式出现了重大变化和遭到破坏(见图40-78)。旧有模式在走向瓦解的过程中,需要探索新的模式。这种结构的变化对消费国美国而言,使其在全球经济结构中的诉求发生了变化,开始追求科技创新主导的再工业化和能源独立革命,由此美国对主要制造业国家中国(劳动力成本上升)和主要资源国的依赖有所下降。而对主要制造业国家中国而言,其自身劳动力结构出现变化,也在当前工业化所处的阶段谋求经济发展的转型,从而摆脱对净出口的过度依赖(减少对消费国美国的依赖),同时摆脱对投资的过度依赖(减少资源和能源品的支出)。

图40-78 康波冲击对全球贸易和增长的冲击

数据来源:Wind资讯,中信建投证券研究发展部。

那么对消费国美国和制造国中国而言，随着双方经济关系的变化，以及随着追赶国中国在经济体量和国际地位提升后在国际化上有了新的诉求，双方开启了探索新的全球经济结构的尝试。其中充满了新的复杂博弈，这是所谓"新型大国关系"的由来。而从产业链的角度看，消费国和制造国都在向新的经济结构转型，都在不断地摆脱对资源国的依赖（见图40-79）。就宿命的角度而言，在消费国和制造国的升级过程中，资源国的利益必然受损。

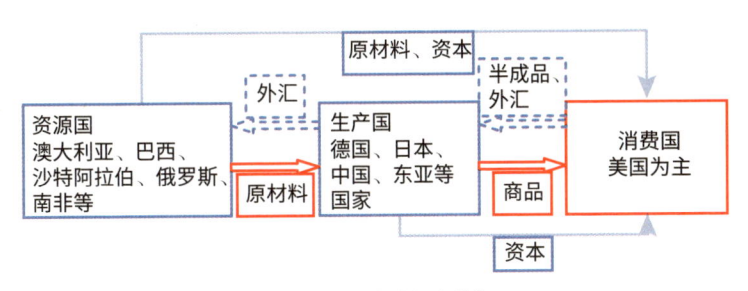

图40-79　全球经济结构

数据来源：中信建投证券研究发展部。

但是我们在前面强调，全球康波周期的位置决定了如果在经济结构重构的过程中没能看到全球经济系统脆弱性的本质，那么对资源国的不断压制很可能会让消费国和制造国受到较大的冲击，从而使中周期危机有可能提前到来。可以看到，作为下游的消费国美国和制造国中国，在顺应大趋势构建新模式的过程中，需要给予资源国在宿命中逆袭的机会。就天时而言，从库存周期运行的角度看，中国经历了持续两年的库存周期下行。从产能周期和库存周期的关系来看，中国在2016年具备开启第三库存周期的条件：2015年底中央经济工作会议对明年稳增长和防风险的定调，就是在调结构中的一次对增长的再平衡和修正的诉求。美国在短周期被持续通缩压制后，未来将不得不选择在资源价格的修正中开始新的库存周期，这同样是一次对经济短周期再平衡的诉求（可参见图40-80）。

因此，从将个体的诉求和经济系统的诉求进行融合的角度看，在消费国和制造国的转型与全球经济结构秩序重建的过程中，需要看到给予资源国阶段性好转的机会对整个经济系统的意义。

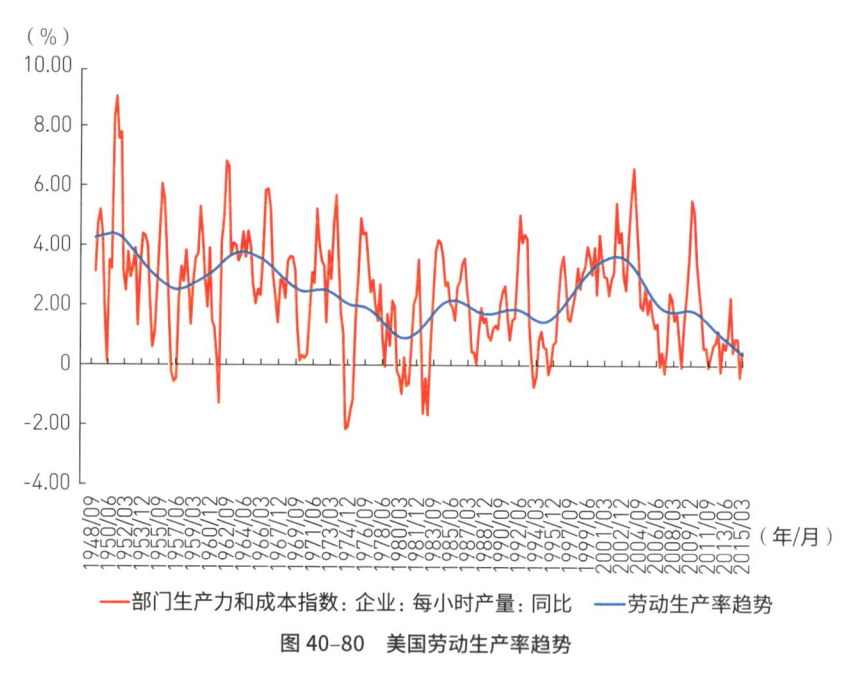

图 40-80　美国劳动生产率趋势

数据来源：Wind 资讯，中信建投证券研究发展部。

当前主导国的政策——本位重振与财政重整的强势美元战略

2008 年金融危机使美国遭受了信用危机的冲击，美国选择通过 QE 支持财政扩张剥离有毒资产，试图摆脱金融危机，重启新的中周期。在实现国家信用向私人部门信用转化的同时，美联储的资产负债表也得到了空前扩张（见图 40-81）。三轮 QE 让美国资产负债表由金融危机前的 8 000 亿美元扩张到 2014 年第四季度退出 QE 时的 4.4 万亿美元。奥巴马政府上台后在经济上面临着在国内重启中周期复苏的重任，美联储杠杆转移的技术选择决定了经济需要财政上的重整，美国由此在国际战略选择上收缩其战略半径，在"后反恐时代"从中东收缩并践行重返亚太战略。而这一系列选择本质上是在财政和债务的约束下，对美元本位的维护和维持。

就打破僵局而言，美国的首要选择是再工业化，即制造业回归与页岩油革命，一方面推动本国的固定资产投资（中周期的动力），另一方面减少能源的依赖从而修复自身的贸易逆差。美联储持续的 MBS 购买最终推动了美国房地产新周期的开启，并且这一轮房地产周期背后有置业周期的支撑。本次中周期前半段，弱美元战略下美国确实在一定程度上修复了经常项目顺差，但是随着全球主流经济体见到中周期高点，随着美国房地产周期的复苏，美元战略开始发生转变。

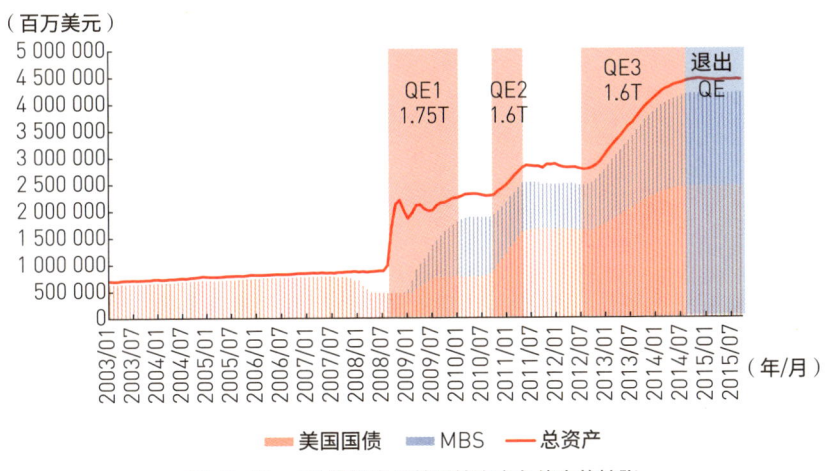

图 40-81　QE 的推出与美联储资产负债表的扩张

数据来源：Wind 资讯，中信建投证券研究发展部。

能源独立革命战略让美国摆脱了对全球能源的依赖，一方面造成了全球能源供给过剩的预期。另一方面，2014 年随着克里米亚战争的爆发，美国通过原油价格遏制俄罗斯的战略诉求得到提升。强势美元有这样的结果：第一，强势美元在"金融因素"上压制了石油价格，其副作用是随着油价的持续下跌，美国的页岩油不断受到冲击，强势美元也伤害了美国的制造业，这样就需要美国经济转向内部并忍受经常项目的恶化；第二，强势美元可以促使资本回流美国，支撑美国的房地产和股权繁荣下的消费服务经济。从再轮回的角度看，在全球经济结构变化的过程中，美国所选择的道路在战略上已经很明确。加息预期的引导和加息通道的开启是最合理的战术选择。

全球资本的回流收缩了全球的信用（发展中国家流动性不足），并使全球的基本面恶化（大宗商品价格的下跌与通缩持续），加息的预期管理却使全球资本意识到回流美国的重要性（不管是出于避发展中国家的险，还是出于套美联储的息），最终私人部门的资本回流美国，以对冲发展中国家因资本外流进行冲销干预而抛售的美国国债。而这种对冲对维持美国资产价格有着重要意义（无风险收益率既不会大幅走高——资本流入的对冲，也不会推升资产价格泡沫——因为有加息和紧缩预期）。不难理解美联储一年多来艰难的预期管理。我们需要看到政策选择的两个维度。

从政策选择的"遏制"与"平衡"角度来看：强势美元对原油价格的抑制给予俄罗斯较大的财政压力，使其军事上的扩张和能源战略整合的计划面临经济上的压力；对欧洲国家和日本而言，在资本自由流动下持续的宽松使得大量资本流入美国、QE的效果受到影响的情况下，它们不得不寻求与美国在更高层级的区域经济合作框架下进行战略上的捆绑；对中国而言，持续的美元强势和资本外流给其资产价格带来了压力（见图40-82）。美国需要在TPP的框架下回应中国的"一带一路"和人民币国际化战略。

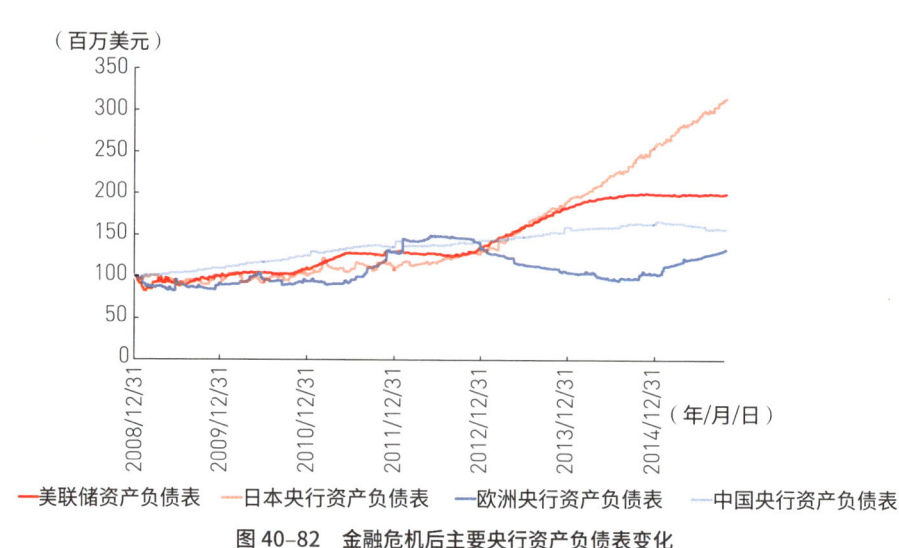

图40-82 金融危机后主要央行资产负债表变化

数据来源：Wind资讯，中信建投证券研究发展部。

从政策选择的"妥协"与"协作"角度来看：在能源价格持续下滑和美国战略半径收缩的背景下，中东局势进一步复杂化，带来了包括恐怖主义外溢的地区局势的复杂化，美国需要寻求在反恐问题上修复与俄罗斯的阶段性关系；不断强势的美元造成的输入型通缩，对欧洲国家、日本等美国需要在未来多边框架下拉拢的合作伙伴产生了明显的影响；中国经济短周期的持续下行对通缩的输出也会冲击美国和全球主要经济体。在这些层面上，美国在政策选择上都需要有战术上的调整。

可以说，美国政策选择的这两个维度，基本上已经包含了"宿命"与"反抗"的内涵。另外，需要注意到的是，前面提到美元战略最终需要落实到资本流动问题上。此次美元强势周期中所产生的资本流入结构与里根和克林顿时期产生的资本流动明显不同，此次美元强周期开启后，美国一直面临着国际资本流入持续下降的问题。里根时期的美元强周期，从康波的角度看，发生在萧条末期向回升期的转换期，而从中周期的角度看，则发生在从中周期的末尾到新一轮中周期的开启时。在财政政策扩张和无风险利率开启下行拐点后，信贷和固定资产投资大幅扩张，资金流入实体经济明显，同时大量流入债券市场。克林顿时期的美元牛市，从康波的角度看发生在繁荣的鼎盛期，在乐观情绪下，大量资金流入美国的股权市场，对冲掉了制造国和资源国的外汇储备冲销抛售。

在这一轮强美元周期的突围中，从国际资本流动的角度看，在国债方面，私人部门持续流入对冲了因主要发展中国家抛售的美国国债，但整体来讲，净流入美国国债市场的资金大幅下降。在股市方面，2014年第四季度后，海外资金一直是净流出，并且规模不断扩大，收紧的流动性和美国短周期下行盈利增速回落是主因。另一方面，和每次强美元周期一样，海外债权不断被冲销。总体来讲，康波衰退后期对全球产生的冲击较大，此次美元强周期开启后，海外资本呈现大规模流出的趋势，与以往美元周期存在较大的不同。这轮美元强周期在消灭全球流动性的同时，也在大规模消灭海外进入美国国内的流动性。

再轮回中的再平衡：在博弈中寻求稳态——未来可能的演进路径

在全球经济系统融合主要经济主体诉求的过程中，我们已经明确了当前全球康波周期位置的大背景，并明确了在康波周期的视角下，存在主要消费国和制造国谋求经济结构变化的尝试。我们强调了这种尝试可能存在的隐患，以及在此基础上世界经济主体对经济短周期的诉求，同时指出，在周期嵌套的框架下，这种诉求当前来看具有时间上的可行性。因此我们认为，未来存在再轮回中的再平衡。诉求的融合点最终的落脚点之一是美元问题。我们梳理了在此前第五次康波周期运行的过程中，主导国美国政策选择和美元周期的关系，并明确了当前阶段美国政府的战略选择和本轮美元强周期的关系。展望本次中周期剩余时间的经济周期运行，在首次名义加息落地后，美元运行的方向和节奏仍然是关键问题。

趋势的把握——强美元周期的时代背景与强美元战略的必然选择

第一，强势美元是大周期的客观因素。本次美元强周期是从2012—2013年开始的，于2014年向上突进，其本质是经济大周期决定的。进入2012年，中国已经迈过固定资产投资的高点，随着2013年房地产投资的最后拉动，2014年中国迎来了重要的房地产投资的拐点。这种房地产大周期自东向西的转移，是美元大周期最主要的背景。美元周期的本质是美国经济和非美主要经济体基本面的强度差异。一方面，当前美国在绝对增长上要好于欧洲国家、日本等主要非美经济体，而中国则面临着充满艰巨挑战的工业化转型期，整体上美国经济要明显好于其他主要经济体，这是重要的基础。另一方面，美国当前中周期理论上未来2-3年仍然有延续的空间，而欧洲国家、日本等经济体仍然处于跟随的位置，因此，美元整体的强势趋势短期内不会改变。

第二，强势美元是美国的国家战略选择。梳理历次美元战略的选择，可以看到当前美国经济和地缘政治上较为强势的美元是美国当前的必然选择。再次强调，QE是一种"非常规化"的货币政策，其直接结果就是造成央行资产负债表的大幅扩张。为了维护储备货币的地位，美国的必然选择是消灭过剩的美元，美联储或最终走向缩减资产负债表。由于QE的节奏和主要国家存在明显的时间差，2014年，美国退出QE并逐渐由美联储向市场传递加息的预期。这事实上传递了两个信号：第一个信号是美国经济本身较为健康，已经走向充分就业后的货币紧缩阶段，从而吸引资金回流美国；第二个信号就是，由于已经走上紧缩，美国对股市和债券市场都采取去泡沫的机制，这样在资金回流的过程中不会引起较大的泡沫。在美元回流的过程中，美国的主要风险资产开始在相对狭窄的空间内稳定运行。

节奏的控制——短周期与资产价格稳定，美元的"健康牛"

既然强美元的趋势有其必然性，那么对大类资产运行而言，重点需要关注美元走强的节奏。如果趋势向上运行是确定的，那么节奏无非分为阶段整固和突围向上两种。在2015年的美元和全球大类资产运行的过程中，我们可以看到在这样的框架下美元和全球大类资产的运行逻辑。未来美国在预期管理下使美元出现趋势走强的过程中不得不考虑以下几个因素。

第一，美国不得不考虑强势美元对美国制造业的持续伤害。2014年下半年美元强势上扬，美元指数上涨20%，冲击了美国的制造业和净出口，使美国在2013年中期开启的强势第二库存周期在2015年第一季度迎来了拐点。随后在3月的议息会议上，美联邦在维持利率不变的情况下，虽然删除了"耐心"，但是大幅下调未来利率路径预估与经济前景预估，被解读为鸽派，随后美元走弱。进入12月，美国就业数据再次向好，并向上修正了11月的就业数据，但是由于11月美国的制造业PMI仍有大幅下降，在必须落实11月加息的基础上（维护美联储的信誉），为了减弱加息造成的美元大幅上涨对美国制造业的冲击，美国通过和欧洲央行协调政策的方式使欧洲央行的宽松不及市场预期，从而压低美元。

第二，美国不得不考虑强势美元产生的外溢效应对自身风险价格的冲击。进入2015年，在美股基本震荡走平的基础上，由于7月美国经济释放了较好的第二季度GDP数据，加息预期和美元走强重燃。8月11日，在A股超预期一次性大幅贬值的状态下，全球出现了因中国基本面恶化而产生的担忧，风险偏好大幅收缩，波及美欧股市，美欧股市短期内大幅下挫。在这样的背景下，市场预期美联储在9月的议息会议上会释放偏鸽派的言论，并推迟加息，经济数据（消费者信心指数等）和9月的就业数据让美联储9月推迟加息和鸽派表述成为事实。

第三，美国不得不考虑人民币超预期贬值因素对全球产生的冲击。由此可以看到，当前中国的经济体量、中国超预期的贬值和恶化会显著地冲击全球和美国。竞争性货币贬值会冲击全球，因此，理论上想完成加息、加入SDR的中国在2016年的贬值应是小幅与可控的。

结论就是，2015年短周期下行期，美元的节奏是"下有底"（见图40-83）——围绕不断向好的就业数据和改善的短周期和通胀数据的加息预期确认，"上有顶"（见图40-84）——围绕短周期和通胀数据的加息预期缓和。2016年美国经济周期需要美元有一个健康的牛市——短周期的健康回升和资产价格的健康上涨（可参见图40-85、图40-86）。

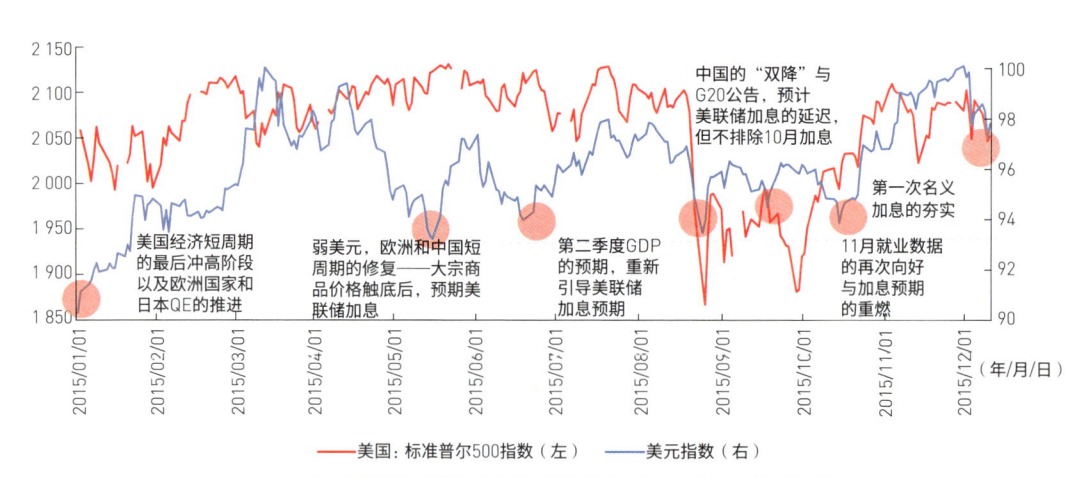

图40-83　围绕就业数据的加息预期确认与美元指数的"下有底"

数据来源：中信建投证券研究发展部。

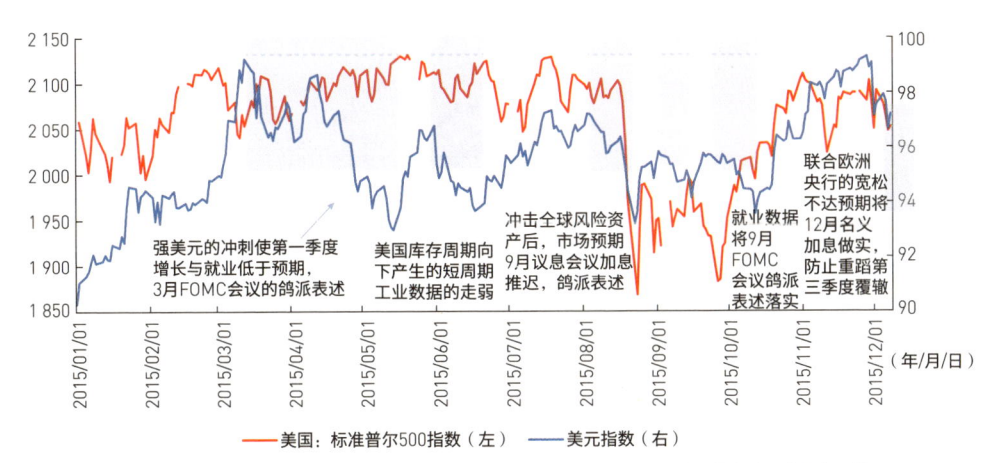

图 40-84 围绕短周期景气度和通胀数据的加息预期缓和与美元指数的"上有顶"

数据来源：中信建投证券研究发展部。

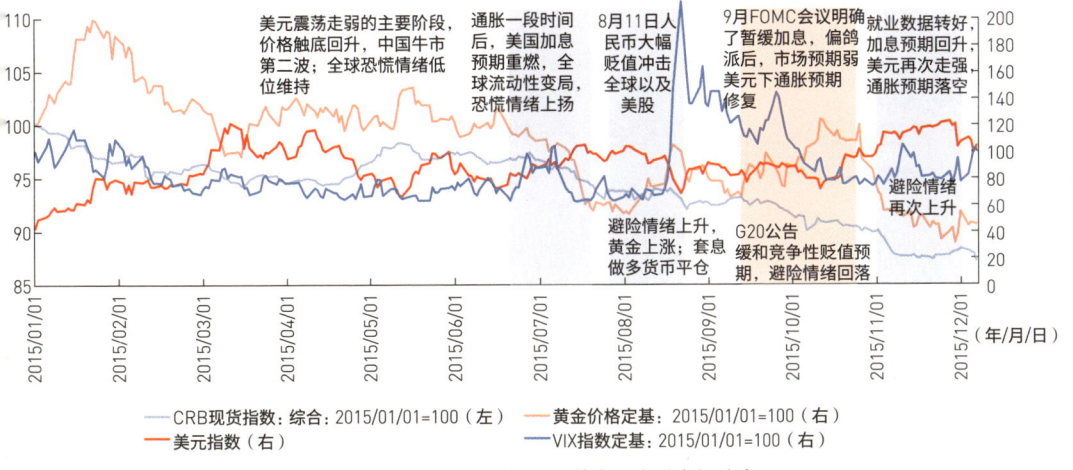

图 40-85 2015年美元运行节奏与金融市场冲击

数据来源：中信建投证券研究发展部。

图 40-86　通胀和美股的关系演绎

数据来源：中信建投证券研究发展部。

2016 年大类资产配置的节奏和风险情景

各主体诉求的博弈与融合——共同指向价格体系的筑底与温和回升

2016 年各经济主体的诉求如下：美国追求股市等资产价格的稳定和健康，收紧货币抑制美股等风险资产的估值泡沫，以第三库存周期拉动盈利复苏，从而推动股市健康上涨；中国加速推进供给侧改革，通过需求管理开启第三库存周期，防止债务风险及汇率风险；欧洲国家和日本仍处于 QE 后的短周期高位震荡期，持续的"输入型"通缩抑制了欧洲国家 QE 的效果，追求价格的企稳；新兴市场国家的资源国需要追求资源的定价权，以发起冲突和输出危机的模式反抗宿命。

落实到融合问题上，需要落实美元体系和美元战略的选择问题，从客观规律上看，当前美国经济的健康程度整体上要好于其他主要经济体，这是重要的基础。此外，理论上美国当前中周期未来 2~3 年仍然有延续的空间，而欧洲国家、日本等经济体仍处于跟随位置，因此美元整体的强势趋势短期内不会改变。从战略角度看，美国也需要较为强势的美元回流美国，与其他经济体保持动态中的差距。以 2015 年的经验来看，美国追求的美元趋势运行节奏是在战略中进行战术选择，在博弈中寻求稳态——美国追求能使其经济和资产价格稳定的美元"健康牛"。

因此，对 2016 年而言，在融合各个主体与世界经济体系的过程中，无论是个体还是整体，都共同指向价格的温和反弹以及在此基础上确保第三库存周期的启动，即主导国和制造国需要给予资源国一次反抗和逆袭的机会，从而在这样的基础上确保世界经济体系不会在当前位置迎来中周期的衰退。因此，可以说通胀问题或者价格问题会成为 2016 年资产运行的一个核心变量。

当然，从另一个角度看，价格只会被控制在温和的反弹幅度内，超预期的上涨需要旧有全球共生模式得到系统性修复，而康波周期决定了这种模式一旦走向决裂，修复就是不可能的。虽有反弹，但是整个价格体系应会被控制在狭窄的区间内，这决定了第三库存周期是一个弱复苏。此外，建立在金融市场繁荣基础上的主流经济体必须防止流动性格局生变：对美国而言，通胀的负面效应可能会是紧缩的超预期和对实际购买力的冲击；对中国而言，在"供给侧改革"红利释放经济增长动能前，债务置换需求下的金融市场稳定以及结构转型需求下的股权市场活跃都是关键领域，因此，通胀价格超预期会打乱节奏并引致风险；对世界经济而言，在重新确立新的技术动力和贸易格局前，超预期的通胀将是重大风险。

2016 年经济周期和大类资产运行的方向与节奏

对全球而言，2016 年和 2015 年最大的不同就是，2015 年是持续通缩预期，2016 年会有通胀预期。这也就决定了对股市而言，宽松逻辑和流动性充裕推动的上涨将不是主要矛盾。在欧洲国家和日本整体上处于跟随状态并作为机动砝码的基础上，中国和美国经济运行的方向和节奏至关重要。

就中国而言,"供给侧改革"将是重要的战略,同时对稳增长和总需求的管理的节奏控制,将使经济在整体上更灵活,在政策上更有弹性。就价格体系来讲,中国可以使用灵活的政策,对"供需因素"进行有节奏的把握。就美国而言,中期强势美元和科技创新等战略,以及对美联储加息和美元走势的节奏进行预期管理,将使经济在整体上更灵活,在政策上更有弹性。就价格体系来讲,美国可以使用灵活的预期管理,在"金融层面"进行有节奏的把握。在时间上我们需要对2016年的第三库存周期有所期待,而对第三库存周期的开启,中美在博弈基础上的协调才是关键。

2016年经济周期运行的节奏如下(见表40-1):

表40-1 大类资产运行的判断

	第一季度		第二季度		下半年	
股市	春季检验	美元加息后的阶段性利空出尽;商品以及经济短周期阶段性触底	震荡回调	全球流动性与美元问题的确认;经济复苏问题的确认	逻辑切换	改革的推进与增长的成效
美国		首次加息后的观察期美元震荡,等待短周期修复,美股需根据经济复苏缓慢向上		如果重新考量加息节奏问题,可能会带来股市的震荡		短周期向上后,盈利增速修复,股市向上
欧洲国家、日本		QE政策的观察期,既有QE政策的维持,短周期可能在高位震荡回落,幅度有限;股市跟随型向上		随着短周期出现疲软可能会有进一步宽松的预期,整体同样是震荡		短周期跟随型复苏,股市缓慢小幅上行
中国		加入SDR后,人民币小幅贬值后释放一定压力,围绕中央经济工作会议和供给侧改革展开结构性行情,降低预期收益		在第一季度基础上会迎来对复苏强度的确认期;考虑注册制带来的影响;股市震荡分化		股市运行的逻辑切换,宽松不是主要矛盾,而是改革及改革对经济的效果提升风险偏好
新兴市场国家		在大宗商品价格企稳后会有超跌反弹的机会,弹性来自货币和风险偏好两个维度		反弹之后需要重新迎来观察期,需要观察资源国的基本面是否进一步恶化		价格缓慢企稳,理论上风险降低
债券	震荡行情	整体以震荡行情为主,流动性依然相对比较宽裕,但是利率的绝对下行空间较小	交易型机会	全球经济脆弱性导致的机会	机会小于上半年	价格的企稳与流动性拐点

续表

	第一季度		第二季度		下半年	
美国	随着商品触底和避险情绪的修复，以及未来再次加息的可能，收益率整体处于震荡走势		随着经济企稳可能会再次出现紧缩预期，美债整体可能仍然会走高		随着企稳的确认，债市的机会差于上半年	
欧洲国家、日本	随着QE进入观察期，以及商品价格触底等预期，收益率下行空间有限		如果有宽松预期，债市则可能重新有交易型机会		跟随型复苏模式，债券收益率可能上行	
中国	虽然经济有好转迹象，但是绝对增长低迷，供给侧去产能和个别信用风险问题将使市场分化，机会向高评级债券集中		如果经济再次回落则可能存在再次宽松的可能，但是整体是交易型机会		价格体系整体向上，整个收益率上行	
新兴市场国家	信用利差的收窄是围绕着预期层面超跌反弹的机会		在超跌反弹后会出现反复，可能重新存在汇率扰动问题		存在风险偏好再次修复带来的机会	
大宗商品	春季筑底	美元加息后的阶段性利空出尽，供需因素下会出现阶段性底部	回落与确认	由经济的脆弱性导致，同时需要美元的确认	机会大于上半年	经济好转和供给侧收缩成效的确认
能源与工业	共生模式崩溃，美元因素的抑制		共生模式的延续，美元抑制的解除		在供需因素下的缓慢上升	
黄金	美元的震荡走弱期，黄金将会存在机会		强美元如果有卷土重来的可能，可能会被重新压制		主要看美元的走势，阶段性走弱的过程中存在机会	

数据来源：中信建投证券研究发展部。

第一季度：在 2015 年 12 月美联储首次加息后，可以看到大宗商品价格（金融因素——美国库存周期目前仍然处于下行期，从加息落地至 2016 年 3 月美联储议息会议，处于首次加息后的政策观察期；供需因素——中国短周期触底以及中央经济工作会议后对 2016 年增长的预期）和短周期运行的触底（主要是前期持续释放的政策累积效果显现）。

第二季度：由于经济结构矛盾下经济复苏的脆弱性，进入第二季度后价格体系和经济短周期的企稳需要得到确认。在第一季度价格触底回升的基础上，美国可能会考虑再次走向紧缩的问题，对流动性可能再次产生冲击，检验短周期复苏基础牢固程度的关键时点就在这一阶段。前期上涨较多的风险资产可能会出现震荡。震荡的幅度取决于是否有超预期的风险，因此，这个时期是重要的观察期。

下半年：站在当前的时点来看 2016 年下半年，对中国而言，政策的持续释放会使下半年迎来第三库存周期确定性的回暖和反弹，传统产业在去产能基础上的低位均衡和新兴产业的高景气度将使经济在第三季度出现向好的格局。美国第三库存周期将进一步开启，这样的短周期共振向上的背景不会给中国的资本外流带来较大的冲击，风险偏好得以提升，这也是经济弱复苏对资产配置走出"垃圾时间"的意义。

风险情景——体系的崩坍与中周期危机的提前出现

第一重风险——中周期维度：再平衡失败与中周期危机的到来

全球经济体系在当前位置处于一种在博弈中寻找均衡的状态，而非处在明显的趋势中。整个经济结构处于从旧有模式向新模式的过渡阶段，无论在经济基本面上还是在金融层面上，当前的世界经济都存在脆弱性。在这种背景下，需要注意未来世界经济运行的整体风险。我们认为，从 2014 年下半年到 2015 年的动荡已经彰显了康波二次冲击靠近的威力，但是这次冲击的典型特征是系统性地冲击了大部分新兴市场国家，并没有集中地冲击到美国。我们认为，2008 年金融危机是康波衰退的一次冲击，而这次对新兴市场国家的冲击只是康波二次冲击的预演，只有美国发生了系统性危机和衰退，才是康波衰退的二次冲击。所谓对宿命的反抗，正是 2015 年新兴市场国家危机到本次中周期危机的阶段。

在宿命与反抗的框架下，过程不一样但结局是一样的。由此可以判断，2016 年需要对大类资产配置提示的风险就是，主导国和制造国再平衡的失败，即全球走出大类资产配置的"垃圾时间"尝试失败，从而使全球提前进入中周期危机（见图 40-87、图 40-88）。

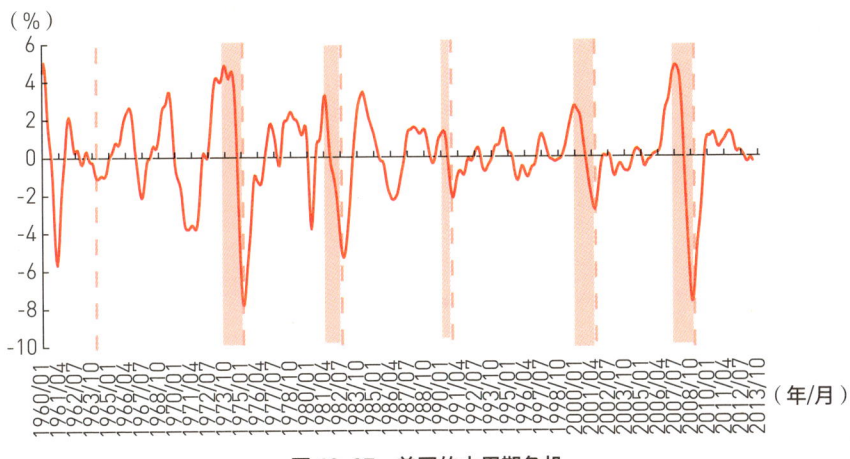

图 40-87　美国的中周期危机

数据来源：Wind 资讯，中信建投证券研究发展部。

第二重风险——短周期维度：第三库存周期开启的波折

第二重风险我们认为来自短周期的维度，即虽然第三库存周期可以开启，但是在开启的过程中波折会相当大。自本次中周期开启以来，每次库存周期的开启和上行期的运行都充满波折：第一库存周期上行期，大量对内投资带来的增长使经济受到了从"过热"到"滞胀"的困扰；第二库存周期的上行期，主要受到了债务治理和清理影子银行所导致的利率大幅上行的困扰。展望未来，在第三库存周期展开的过程中，由于当前经济体系的矛盾，应该意识到风险问题就是干扰第三库存周期的最主要因素。

选择供给侧改革的过程对金融风险的对冲至关重要。中国在转型的过程中面临着由于美国收紧货币预期而产生的资本外流的压力。在转型中，中国需要化解债务风险，并推进金融改革。在前半段，需要用技术性手段对冲这种压力，随着转型效果的体现，资本外逃的压力才会系统性降低。中国在主要资产负债表重建的过程中，在 2016 年需要注意的是金融风险的冲击。如果冲击发生，需要关注的是政策的进一步放松对第三库存周期开启的助推作用。

图 40-88 美国未来将走入康波的萧条期

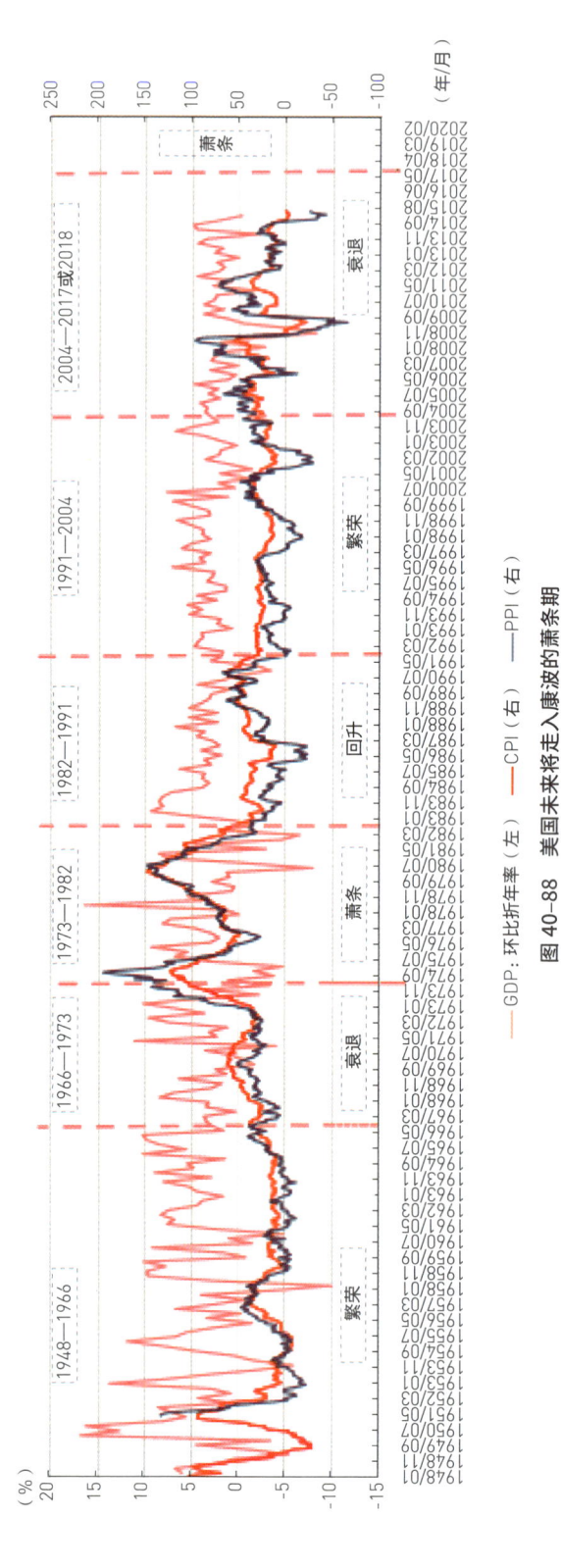

数据来源：Wind 资讯，中信建投证券研究发展部。

41 反抗低点已现 宿命滞胀复来

继续为资源而战

- 2016 年 3 月 7 日

简介

中国库存周期已经触底

2015 年 11 月,我们发布了报告《中国经济即将触底》,指出中国经济将于 2016 年第一季度出现第二库存周期的低点,这一判断正在成为现实,随后将开启第三库存周期。

宏观领先指标积极回升

本章延续之前的逻辑,从观测经济触底的指标体系来看,社会融资余额增速在 2015 年 11 月触底后于 2016 年 1 月提速;PMI 原材料库存季调趋势已于 2015 年 12 月触底,2016 年 1 月开始反弹;PPI 同比增速于 2016 年 1 月大幅触底回升;领先指标指示,第二库存周期低点正在形成。

价升量跌确认价格低点的有效性

目前进入从去库存到补库存阶段的转换点，从理论上看，价格触底后库存应该减少，这意味着需求在回升，从而价格低点会领先库存低点。如果我们认为2015年12月是价格低点，那么整个2016年第一季度都应该呈库存回落趋势，这个趋势可以确认2015年12月价格低点的有效性。化工、有色金属等行业也表现出明显的上述特征。

第三库存周期必定滞胀

从美国第三库存周期运行的规律来看，第三库存周期呈滞胀特征，自第二库存周期下降期开始至第三库存周期上行期，通货膨胀持续上行；CPI回升持续时间明显超过产出缺口，经济停滞或下行过程中CPI仍将持续上行8个月。这也解释了为什么美联储会在第三库存周期中大幅加息。

第三库存周期大宗商品价格必涨

第三库存周期大宗商品存在较高收益率，大宗商品价格必定出现一波上行，其间美联储联邦基准利率与大宗商品价格存在明显的正相关。美联储联邦基准利率是大宗商品价格的领先指标。

大宗商品价格反弹一波三折

2015年11月30日，我们发表了报告《2016年：为资源而战》指出2016年的核心机会是大宗商品价格反弹，大宗商品价格反弹的第一个博弈点在2016年第一季度。报告发布之日正好是大宗商品价格触底之时。我们判断本次大宗商品价格反弹有三波上行，分别在第一季度、下半年和明年（2017年）上半年，目前只是第一波上行。未来一年，在全球第三库存周期的推动下，大宗商品价格的反弹可谓一波三折。

前言：轮回才是永恒

2015年11月，我们发布报告《中国经济即将触底》，报告以产能周期和库存周期的逻辑为出发点，探讨了关于中国经济周期运行的阶段性问题，并在市场上率先明确指出：中国经济将于2016年第一季度出现库存周期级别的低点。按照目前的宏观指标来看，这一预言正朝着我们走来。

关于中国经济库存周期的企稳，上述报告通过两个维度对经济触底做出预判。第一个维度，从宏观经济运行层面来看，我们开发了一套可供观测经济触底的核心指标体系，以触底的先后顺序来看是：社会融资规模增速→产出缺口→PMI原材料库存→工业企业利润→PPI→PMI产成品库存→产成品库存。第二个维度，从细分行业定位来看，每个周期触底前化工产出缺口和有色金属产出缺口将率先企稳，化工、有色金属行业将领先经济周期有所表现。

本报告作为《中国经济即将触底》的姊妹篇，将延续之前的逻辑。从观测经济触底的指标体系来看，社会融资余额增速在2015年11月触底后于2016年1月提速，实体经济的贷款需求连续3个月上升；PMI原材料库存季调趋势已于2015年12月触底，2016年1月开始反弹，产出缺口短期回升的动力在强化；PPI同比增速在2014年7月见顶回落13个月后，也于2016年1月大幅触底回升；在经济周期运行迫近底部的位置，领先行业出现了明显的"价升量跌"，这是库存周期确认有效底部的积极信号。

我们在报告《宿命与反抗》中提出，虽然2015年之后全球将进入中周期的下行阶段，但2016年将出现全球库存周期的反弹，而这个反弹的核心机会就源于大宗商品价格的反弹。大宗商品价格反弹的核心推动力量，就是作为大宗商品最大需求方的中国其经济将在2016年第一季度触底。因此，中国经济的触底将是大宗商品价格反弹由技术性推动到库存推动的核心环节。而在库存推动之时，金融因素和固定资产投资的变化同时存在。随后，大宗商品价格反弹必将走向由滞胀推动，这就是未来大宗商品价格一波三折的年度级别的超跌反弹。

作为市场上最坚定的周期守望者，我们再次提示，中国本次中周期第二库存周期低点已经出现。后续经济企稳回升的力度将由稳增长和供给侧改革的博弈决定。在稳健且适度宽松的货币政策的背景下，如何引导资金进入实体经济，将决定第三库存周期开启的力度，而最终滞胀将不可避免，这就是第三库存周期的宿命。从投资的角度看，仍处于历史大底的超跌早周期品种（有色金属、化工、煤炭等）已出现了明显的配置意义。周期的魅力就在于，你明知道它会来临，但真正来临的时候你依然会心潮澎湃。

周期低点：领先指标出现积极回升迹象

短周期又被称为基钦周期。1923年，英国的约瑟夫·基钦在《经济因素中的周期与倾向》一文中根据美国和英国1890—1922年的利率、物价、生产和就业等统计资料从厂商生产过多时就会形成存货、从而减少生产的现象出发，把这种2~4年的短期调整称为"库存"周期，他从40个月里出现了有规则的上下波动中发现了这种短周期。

2015年11月3日，我们发布《中国经济即将触底》，提出了一套可供观测的触底指标：社会融资规模增速→产出缺口→PMI原材料库存→工业企业利润→PPI→PMI产成品库存→产成品库存。在分行业层面，我们则发现化工、有色金属等上游资源品具备领先宏观经济企稳的属性。

以产出缺口为基准，可将触底指标体系分解为领先型和滞后型两类。领先型指标包括社会融资规模增速和PMI原材料库存季调趋势项。需要明确说明的是，PMI原材料库存季调趋势项是产出缺口的滞后指标，但由于官方数据的公布存在时滞，每月1日公布的PMI数据可被间接视为领先指标。滞后型指标包括工业企业利润、PPI和PMI产成品和产成品库存。

社会融资规模增速作为衡量货币增速变化的核心指标，在经济周期运行过程中承担着第一领先指标的作用，这主要是由货币自身属性决定的。无论是企业的投资需求还是居民的消费需求，最终向产出转换的过程都存在明显的时滞。这也是货币能够成为经济运行过程中的领先指标的重要微观机制。从历史规律来看，货币的增长通常领先于经济增长 1~2 个季度。放眼当下，社会融资余额增速在持续回落 25 个月后于 2015 年 6 月触及第一低点，2015 年 11 月再次确认触底，目前已出现明显的双底确认回升（见图 41-1）。

图 41-1 社会融资余额增速已于 2015 年 11 月触底回升

数据来源：Wind 资讯，中信建投证券研究发展部。

季调后的 PMI 原材料库存周期波动与产出缺口具有较高的契合度，产出缺口略领先于 PMI 原材料库存，在库存周期底部 PMI 原材料库存与产出缺口基本同步。其内在的经济逻辑其实很清晰，产出缺口作为衡量工业体系供需强度变化的主要指标，其回升表明当期需求趋于强势，将带动企业回补原材料导致的库存的提升。目前来看，PMI 原材料库存季调趋势已于 2015 年 12 月触底，2016 年 1 月开始反弹，我们认为这是来自实体经济领先指标的积极微观信号，产出缺口短期回升的动力在强化（见图 41-2）。

就库存周期的表现形式看，库存周期是一种量价变化的过程。理论上，价为量先，库存周期也可以根据量价关系分为四个阶段：被动去库存（价格先于库存下跌）→主动去库存（量价齐跌）→被动补库存（价格先于库存上升）→主动补库存（量价齐升）。在真实的库存周期中，这四个阶段很难被清晰划分，大多时候都是量价同向的过程，但逆向的时候往往能为我们提供更有价值的信息。

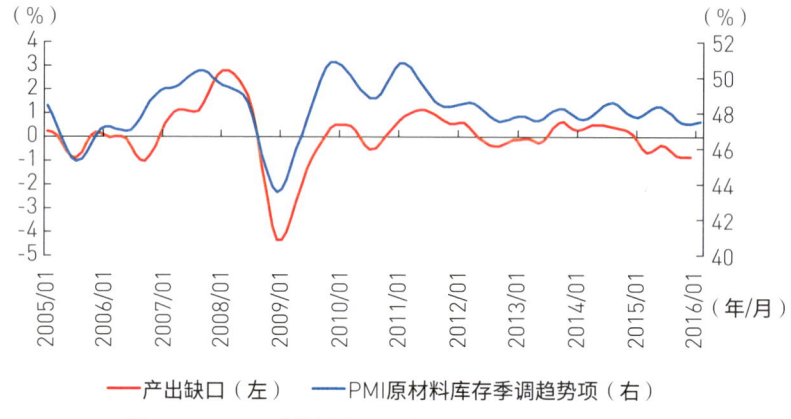

图 41-2　PMI 原材料库存回升表明短期经济回升动力在强化

数据来源：Wind 资讯，中信建投证券研究发展部。

本次中周期第二库存周期自 2014 年 7 月开始进入主动去库存阶段，其间分别于 2014 年 7 月和 2015 年 6 月出现两个阶段的量价齐跌，目前应该是价格触底的从去库存阶段到补库存阶段的转换点。从理论上看，价格触底后库存应该减少，这意味着需求在回升，价格低点从而会领先库存低点，经验证明是领先 1~2 个季度。从大宗商品期货价格看，如果我们认为 2015 年 12 月是价格低点，那么整个第一季度都应该呈库存回落趋势，这个趋势可以确认 2015 年 12 月价格低点的有效性。

工业体系产成品库存作为实体经济中企业经营活动的具体表征，2015 年 12 月产成品库存同比增长 3.3%，较上月下降 1.3%，12 月同期 PPI 同比增长 -5.9%，而 1 月 PPI 同比较上月回升 0.6%~5.6%，打破了连续 5 个月低位"扭曲的平衡"（见图 41-3、图 41-4）。尽管目前没有办法观测到整体经济运行过程中产成品库存的最新变化，但当前的情况正在增加确认 12 月是价格低点的可能性。我们从前期发布的深度报告中明确知道，有色金属和化工等行业具备经济触底的领先性，细分行业结构的变化将提供更确定的经济触底信号。

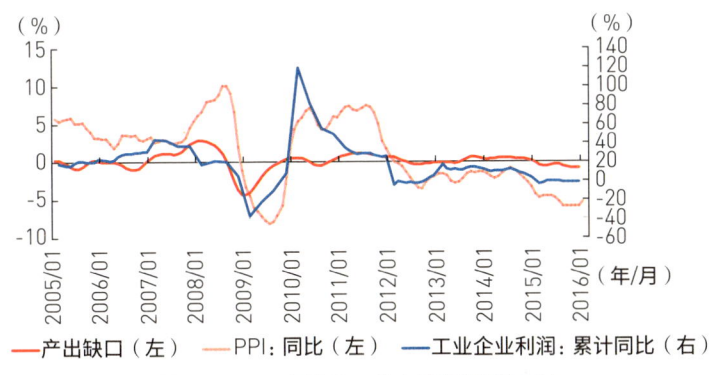

图 41-3　PPI 同比和工业企业利润累计同比

数据来源：Wind 资讯，中信建投证券研究发展部。

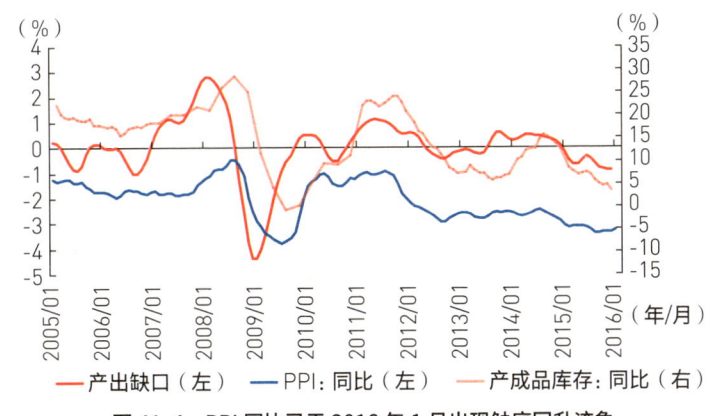

图 41-4　PPI 同比已于 2016 年 1 月出现触底回升迹象

数据来源：Wind 资讯，中信建投证券研究发展部。

本次库存周期低点有个明显的特征，即价格超跌、总需求明显不足，这个特征可能导致产出缺口对价格的领先性减弱。因此，我们倾向于认为，本次库存周期底部价格有可能是产出缺口的领先指标，而生产的恢复有可能更接近库存的低点，所以，产出缺口的回升可能落后于价格。这个判断得到了历史数据的验证，我们观察中国在 1998 年处于亚洲金融危机之后的中周期第三库存周期，其价格对产出缺口表现出领先性（见图 41-5）。而美国在 1986 年大宗商品价格触底时，也表现出价格对产出缺口的领先性。所以，我们认为本次大宗商品价格的触底有可能是产出缺口的领先指标（见图 41-6）。

图 41-5　中国在亚洲金融危机后库存周期价格率先企稳

数据来源：Wind 资讯，中信建投证券研究发展部。

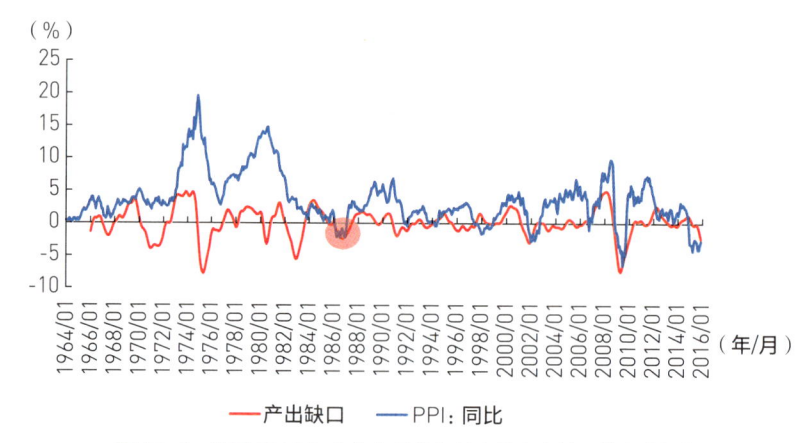

图 41-6　美国 1986 年大宗商品价格触底是产出缺口的领先指标

数据来源：Wind 资讯，中信建投证券研究发展部。

行业结构：细分行业库存周期确认有效底部

以我们在报告《中国经济即将触底》中的研究结论来看，行业的库存周期规律是我们寻找库存周期低点的核心指标，也是我们布局周期大宗商品的指针。在中国库存周期规律中，库存周期触底前，化工、有色金属等早周期品种的次第企稳回升，将帮助我们判断库存周期底部的到来。

从细分行业库存周期运行来看，本次化工库存周期始于 2012 年 5 月，化工产出缺口在经历双底震荡后启动了 19 个月的上行期，受制于房地产周期见顶回落需求下滑的影响，于 2013 年 12 月见顶回落，向下运行 18 个月，于 2015 年 5 月触底回升，领先整体产出缺口触底。值得注意的是，本次化工产出缺口触底反弹后在 2015 年 12 月出现了明显的二次触底确认，这与 12 月国际石油价格仍处于加速探底下跌有关。有色金属冶炼及加工行业库存周期自 2012 年初触底小幅回升后，在 2012 年 8 月再次掉头向下，触底确认后迎来持续近一年的大幅反弹（见图 41-7）。而后持续回落至 2015 年 4 月，连续反弹至今已有 8 个月之久。领先行业的产出缺口已出现明确的筑底迹象。

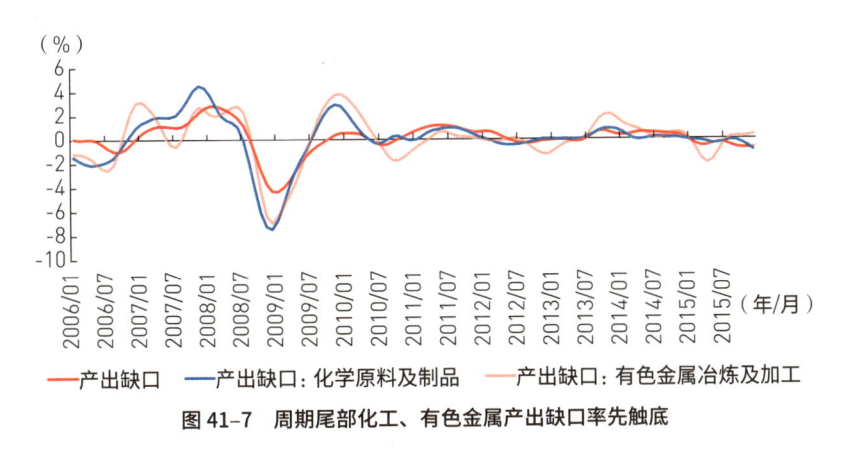

图 41-7　周期尾部化工、有色金属产出缺口率先触底

数据来源：Wind 资讯，中信建投证券研究发展部。

从 PPI 同比和工业企业产成品库存来看，2016 年 1 月化学原料 PPI

同比增长 –6.3%，较上月回升 0.6%，而化学原料 PPI 同比低点在 2015 年 10 月，领先整体 PPI 同比 3 个月触底回升。与此同时，工业企业化工原料产成品库存从 2015 年 11 月较高位的 3.82% 回落至 12 月的 3.26%。同期有色金属行业 PPI 同比也于 2015 年 12 月触底后于 2016 年 1 月快速回升至 –12.10%，同比回升 1.8%，其间同样伴随着产成品库存的高位回落。领先行业在底部区间出现明显的"价升量跌"的逆向信号（见图 41-8）。

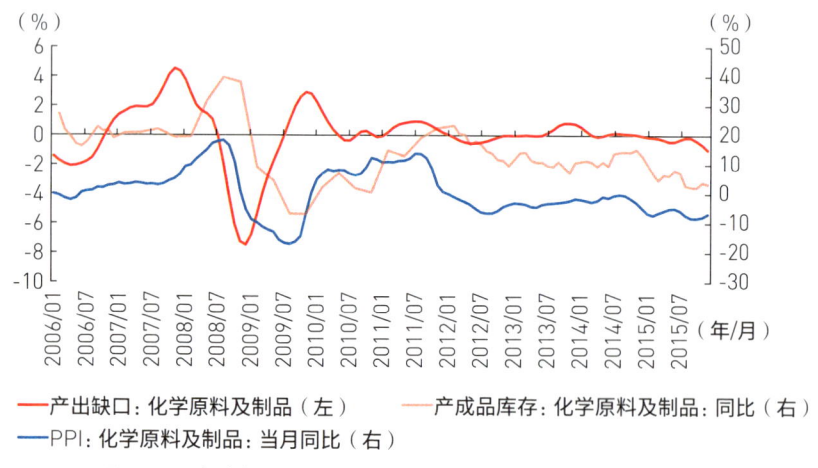

图 41-8 领先行业在底部区间出现明显的"价升量跌"的逆向信号

数据来源：Wind 资讯，中信建投证券研究发展部。

值得注意的是，早周期行业在库存周期运行接近底部区域的过程中，出现了"价升量跌"的逆向信号，这是库存周期运行在从"量价齐跌"向"量价齐升"过程中供需错配的结果，也是库存周期触底前所发出的积极信号。从库存周期底部转换的微观机制来看，价格在经历了长久的下跌后，库存也会随着价格逐步回落，当实体经济出现需求回暖的信号时，价格的反弹是最为迅猛的，而企业的销售和生产却没有跟上，这导致库存在需求回暖的当下仍出现一段时间的回落。"价升量跌"信号的到来，强化了我们对第三库存周期到来的信心。

从更具领先性的 PMI 指标体系来看，1 月中采制造业 PMI 数据回落主要受春节假期影响，部分企业停工减产，导致制造业生产和市场需求均有回落。我们通过回溯历史PMI低点数据发现，自2005年以来，PMI共有22次低点，其中1月至2月共9次（2月共7次），7月至8月共9次，10月至11月共4次。2月是年内PMI的主要低点。

为了更好地比较细分行业PMI的周期波动，我们采取季调后的趋势项数值进行讨论（可参见图41-9至图41-14）。有色金属PMI自2015年8月触底后持续反弹，而化工PMI则受到国际原油不景气的压制，在2015年9月触底维持震荡。从需求侧来看，PMI有色金属冶炼新订单指数大幅反弹，环比持续大幅改善，现有订单数持续攀升表明，行业内部需求回暖的情绪持续回升。从价格侧来看，PMI有色金属价格触底反弹，幅度大于PMI化工，这是因为化工产品价格与原油价格关联性较大。从库存侧来看，伴随着价格触底反弹，化工和有色金属作为领先行业，出现明显的原材料库存和产成品库存下降的趋势，从经济周期运行的时间规律和回落幅度来看，与2009年触底前的景象类似。领先数据PMI中的细分行业同样出现了明显的"价升量跌"的积极信号。

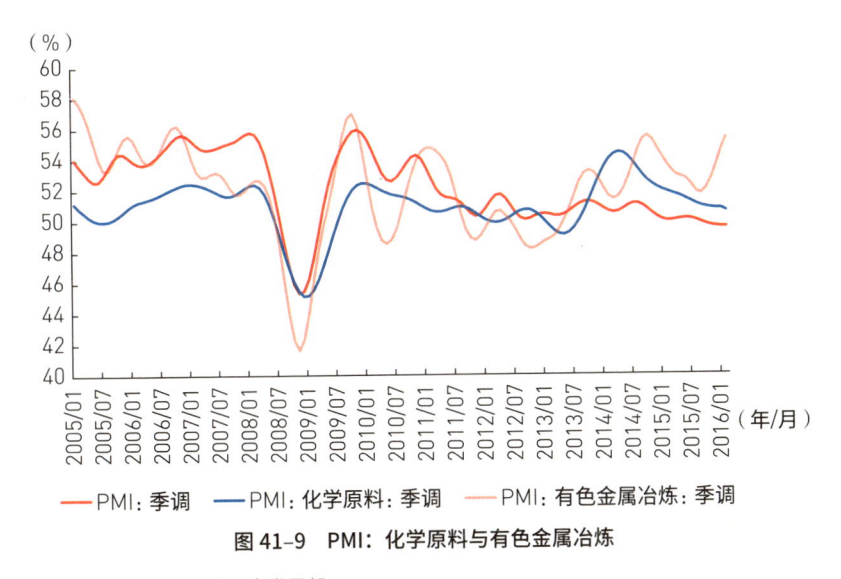

图41-9 PMI：化学原料与有色金属冶炼

数据来源：中信建投证券研究发展部。

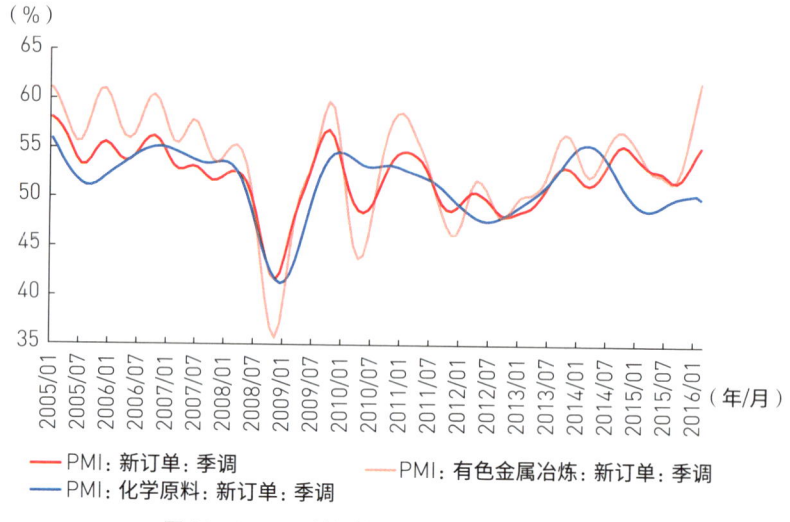

图 41-10　PMI 新订单：化学原料与有色金属冶炼

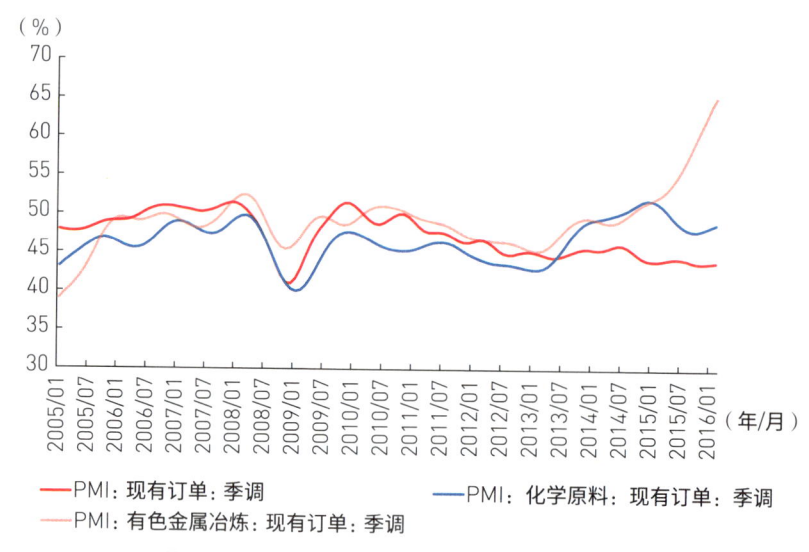

数据来源：中信建投证券研究发展部。

图 41-11　PMI 现有订单：化学原料与有色金属冶炼

数据来源：中信建投证券研究发展部。

图 41-12 PMI 购进价格：化学原料与有色金属冶炼

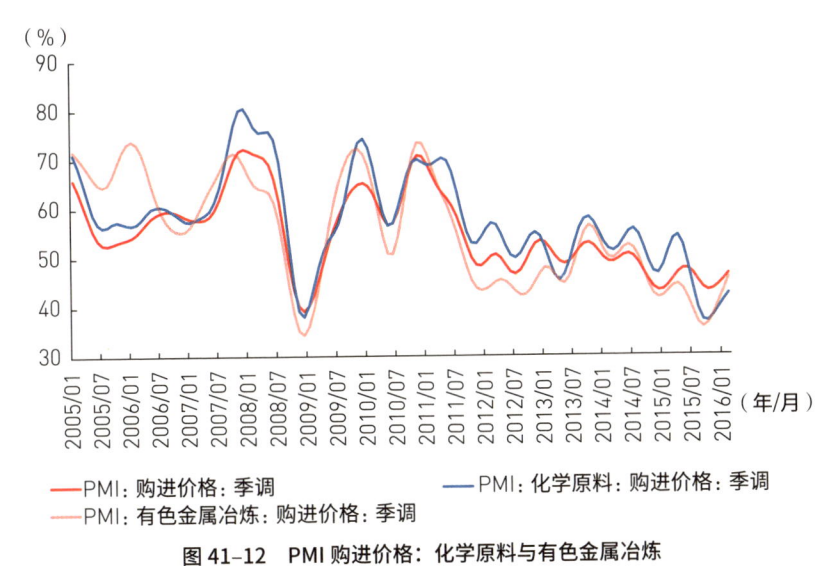

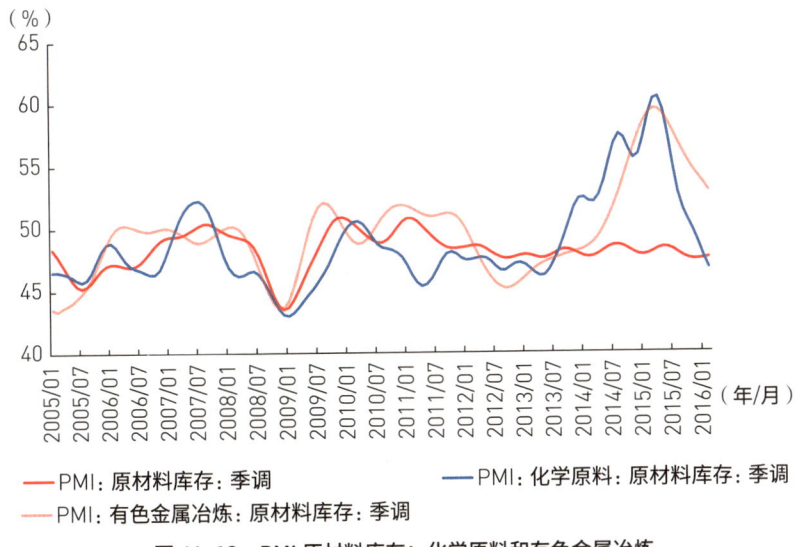

数据来源：中信建投证券研究发展部。

图 41-13 PMI 原材料库存：化学原料和有色金属冶炼

数据来源：中信建投证券研究发展部。

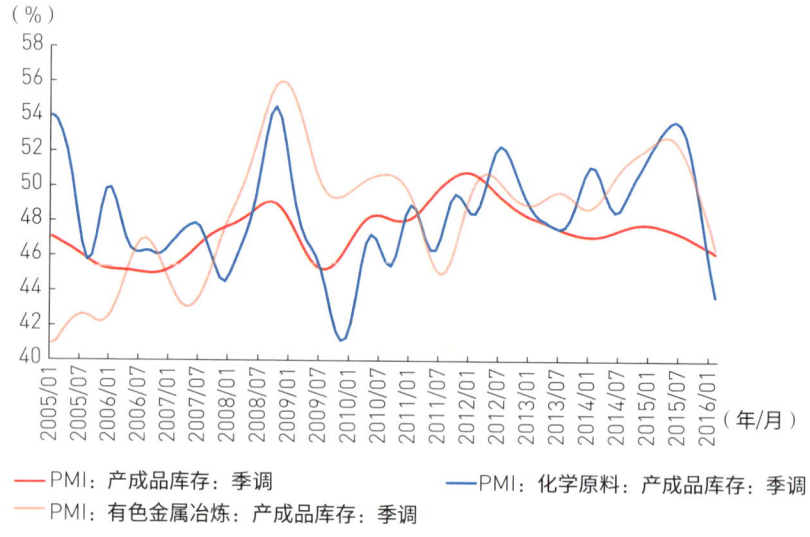

图 41-14　PMI 产成品库存：化学原料和有色金属冶炼

数据来源：中信建投证券研究发展部。

综上所述，从产出缺口运行规律、工业企业量价关系以及 PMI 分行业指标来看，在经济周期运行迫近底部的位置，领先行业出现了明显的"价升量跌"，这是库存周期确认有效底部的积极信号，中国第二库存周期低点已经出现。随后中国将开启第三库存周期，我们将在下节分析第三库存周期的特征。

宿命前瞻：第三库存周期必定滞胀——以美国为例

美国经济周期历史数据较长，是对比分析经济周期运行规律的重要分析对象。从美国第三库存周期运行来看，自 1964 年至今，美国共经历了 5 轮第三库存周期，平均上行期最短持续 10 个月，最长持续 34 个月，平均持续时长为 20.8 个月；下行期最短持续 8 个月，最长持续 18 个月，平均持续 15 个月。衰退和萧条期第三库存周期上行期明显缩短。

从美国第三库存周期运行的规律来看，第三库存周期呈现以下几大特征（见表41-1）：（1）产出缺口回升强度不及第一库存周期，但降幅最大；（2）自第二库存周期下降期开始至第三库存周期上行期，通货膨胀持续上行；（3）个人消费支出自第二库存周期上行期结束后持续回落；（4）设备投资占GDP比重在第三库存周期上行期仍有回升；（5）CRB金属价格指数在第三库存周期上行期快速攀升。

表41-1 三个库存周期运行过程中主要经济变量变化情况（单位：%）

主要经济变量	第一库存周期		第二库存周期		第三库存周期	
	上升	下降	上升	下降	上升	下降
产出缺口	6.58	-2.53	2.98	-3.44	4.57	-7.99
CPI同比	0.15	-0.55	1.30	0.88	0.72	-2.70
基准利率	0.79	-1.31	1.94	-0.83	2.31	-3.66
美元指数	0.04	-0.08	-0.01	0.00	0.04	0.05
消费支出	1.84	-0.42	0.51	-1.20	-0.23	-1.19
设备投资占GDP比重	0.68	-0.06	0.15	-0.13	0.10	-0.78
CRB金属	0.17	-0.01	0.26	-0.07	0.48	-0.24

数据来源：CEIC数据库，中信建投证券研究发展部。

从CPI分项数据来看，第三库存周期运行过程中通货膨胀的主要推动力各有不同，但第三库存周期的通货膨胀大幅回升主要是由CPI能源和CPI食品与饮料贡献的，这与第三库存周期回升过程中能源价格上涨关系密切（见表41-2）。

表41-2 美国三次库存周期中CPI分项与通胀动力（单位：%）

经权重调整后的通胀贡献值	设备投资周期上行期				设备投资周期下行期	
	第一库存周期		第二库存周期		第三库存周期	
	上升	下降	上升	下降	上升	下降
CPI：同比	0.15	-0.55	1.30	0.88	0.72	-2.70
核心CPI：同比	-0.62	-0.25	0.93	0.78	-0.22	-0.14
CPI：能源	0.54	-0.18	0.10	0.61	0.33	-1.65
CPI：食品与饮料	-0.12	0.04	0.31	-0.26	0.47	-0.47
CPI：住宅	-0.27	-0.01	0.77	0.65	-0.14	-0.53

续表

经权重调整后的通胀贡献值	设备投资周期上行期				设备投资周期下行期	
	第一库存周期		第二库存周期		第三库存周期	
	上升	下降	上升	下降	上升	下降
CPI：服装	0.01	0.01	0.02	0.00	0.02	-0.03
CPI：交通运输	0.51	-0.31	0.19	0.45	0.20	-1.28
CPI：医疗保健	-0.12	0.00	-0.01	0.06	0	0.10
CPI：娱乐	0.01	0.01	-0.02	0.00	0	-0.16
CPI：教育与通信	0.02	-0.01	-0.02	-0.01	0.01	0.03
CPI：其他商品与服务	-0.09	-0.01	0.04	0.04	-0.03	0.07
CPI：信息技术、硬件和服务	0	0.01	-0.01	-0.03	0.04	-0.01
CPI：个人计算机及其周边设备	0	0	0	-0.01	0.01	0

数据来源：CEIC 数据库，中信建投证券研究发展部。

综上所述，不难发现，第三库存周期多伴随着通货膨胀的快速回升、个人消费支出的持续回落、货币政策的不断紧缩，持续拉升经济的动力源在逐渐消失，这也是为什么第三库存周期运行中后期多会出现滞胀风险。

回顾美国历史 5 次第三库存周期运行规律，均出现不同程度的滞胀状态。我们用领先指标产出缺口衡量经济增长，用 CPI 同比增速衡量通货膨胀。滞胀的含义是指：经济增长在出现明显的高位震荡或下行过程中通货膨胀持续上行，即产出缺口与 CPI "剪刀差" 持续扩大。

然而，第三库存周期出现滞胀并非短期过程，而是一个经济温和复苏的过程，是一个温和通胀向滞胀传导的过程。第三库存周期运行过程中通往滞胀的路可以被划分为三个阶段：（1）经济回升 + 通胀上行；（2）经济震荡 + 通胀持续上行；（3）经济回落 + 通胀下移。

以第三库存周期滞胀运行时间规律来看，产出缺口平均上行 18 个月，而 CPI 同比平均上行 26.2 个月，CPI 回升持续时间明显超过产出缺口，经济停滞或下行过程中 CPI 仍将持续上行 8 个月。这也解释了为什么美联储在第三库存周期中会出现大幅加息的现象。

因此，第三库存周期开启的过程是复杂的，但滞胀的结果是不变的。通晓美国第三库存周期的历史规律,以及第三库存周期可能出现的经济变量变化情况,将有助于投资者更好地把握中国第三库存周期开启后的投资节奏(见图41-15至图41-19)。

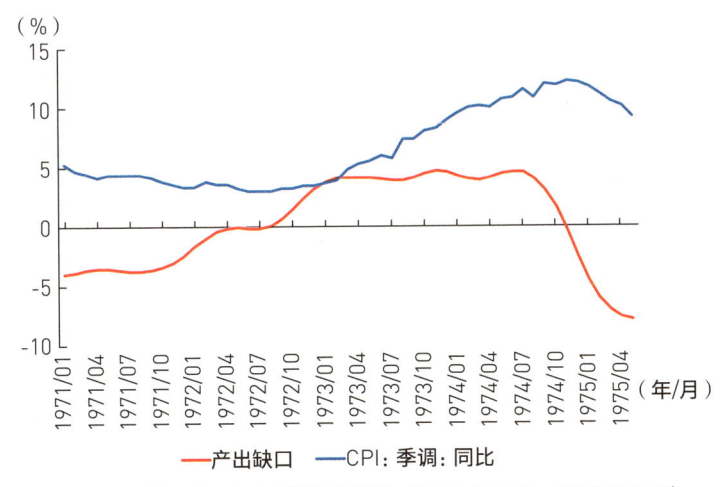

图41-15 美国第三库存周期运行规律(1971年1月—1975年4月)

数据来源:中信建投证券研究发展部。

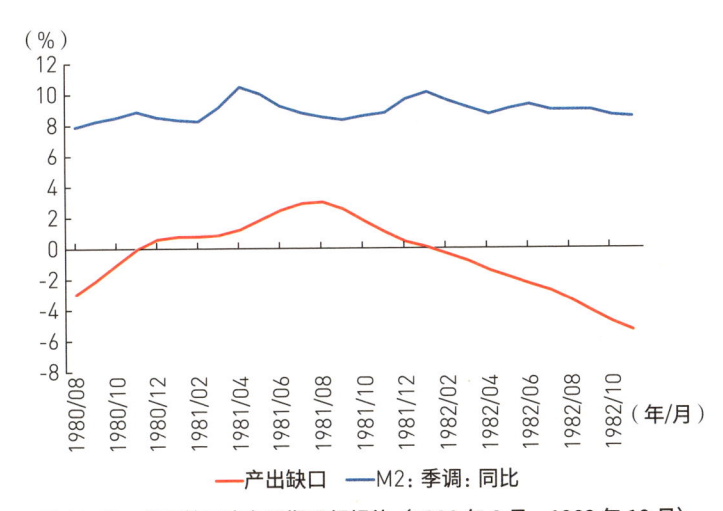

图41-16 美国第三库存周期运行规律(1980年8月—1982年10月)

数据来源:中信建投证券研究发展部。

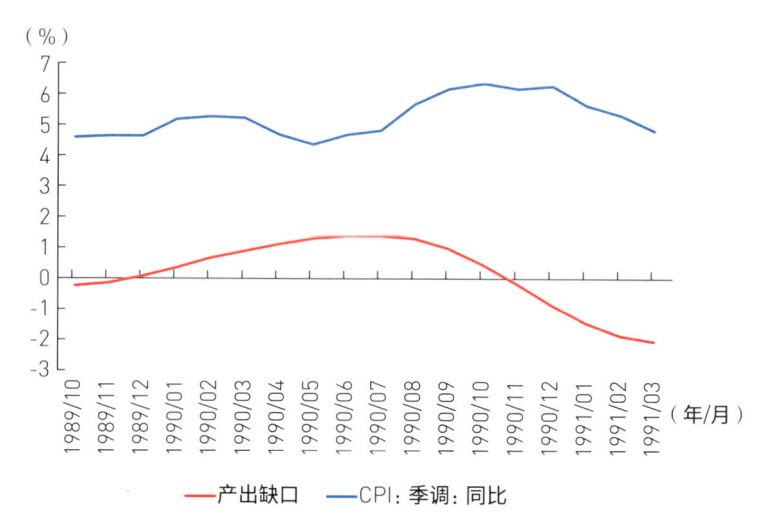

图41-17 美国第三库存周期运行规律（1989年10月—1991年3月）

数据来源：中信建投证券研究发展部。

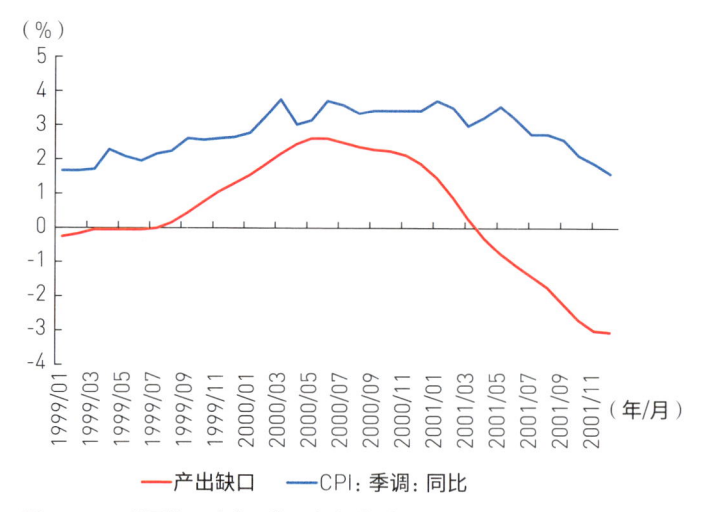

图41-18 美国第三库存周期运行规律（1999年1月—2001年11月）

数据来源：中信建投证券研究发展部。

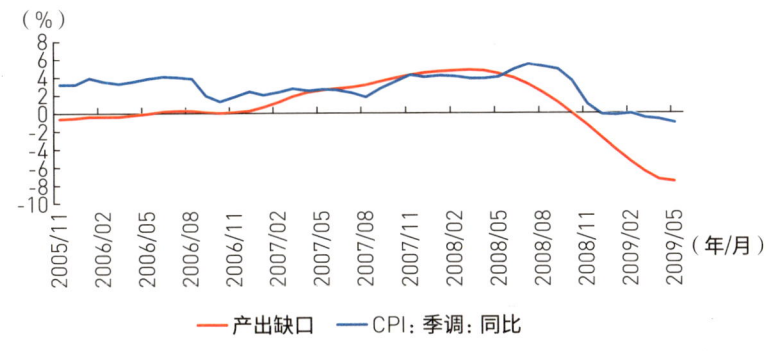

图41-19 美国第三库存周期运行规律（2005年11月—2009年5月）

数据来源：中信建投证券研究发展部。

商品逆袭：第三库存周期与大宗商品

从中周期的意义上看，每次中周期大宗商品价格波动都出现在中后期，我们以自己的方法划分了1964年之后美国6个中周期的库存周期，而就这几个样本看，商品收益率在第三库存周期最高，第一库存周期次之。这个问题也不难理解，这是周期嵌套模式使然。在一个中周期内部，第一库存周期往往是大宗商品价格和资金成本的最低点，随着经济的复苏，大宗商品价格出现修复，此时弹性最大。而中周期第三库存周期往往是滞胀阶段，所以出现大宗商品行情顺理成章。

我们回顾近60年来美联储联邦基准利率与全球大宗商品价格走势，确实发现了大宗商品价格与美联储加息之间存在有趣的关系：（1）正相关性，美联储联邦基准利率与大宗商品价格存在明显的正相关；（2）领先性，美联储联邦基准利率是大宗商品价格的领先指标（见图41-20至图41-23）。

为什么联邦基准利率与大宗商品价格呈正相关？为什么联邦基准利率领先大宗商品价格？我们认为，明确美联储加息规则与大宗商品价格上涨规律密不可分。美联储制定联邦基准利率所采用的泰勒规则正是短期盯住通胀、就业、产出缺口等变量的短期货币调整规则。泰勒规则所紧盯的通货膨胀指标，是联结大宗商品价格和联邦基准利率关系的重要纽带。

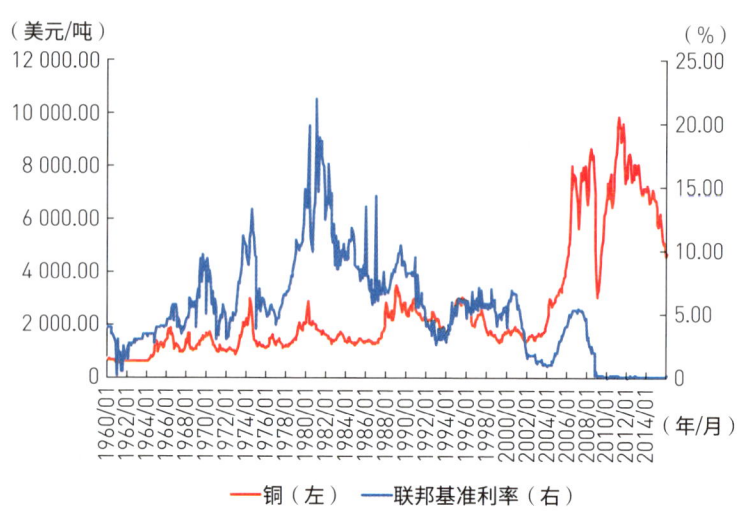

图 41-20　联邦基准利率领先并与铜价正向变动

数据来源：Wind 资讯，中信建投证券研究发展部。

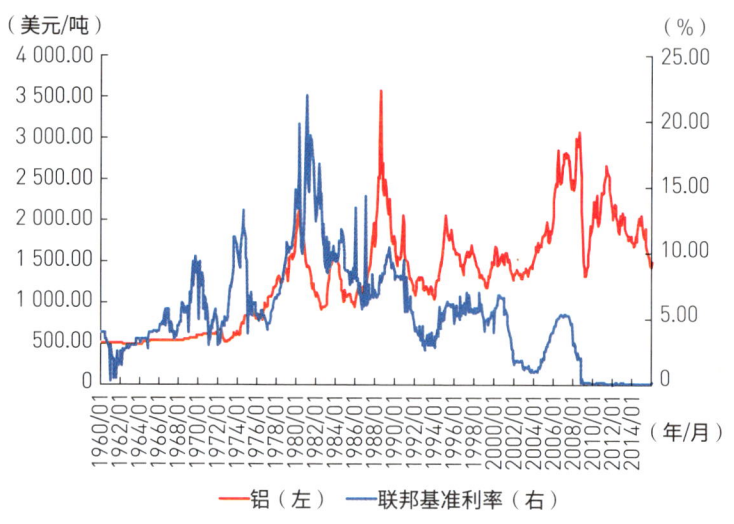

图 41-21　联邦基准利率领先并与铝价正向变动

数据来源：Wind 资讯，中信建投证券研究发展部。

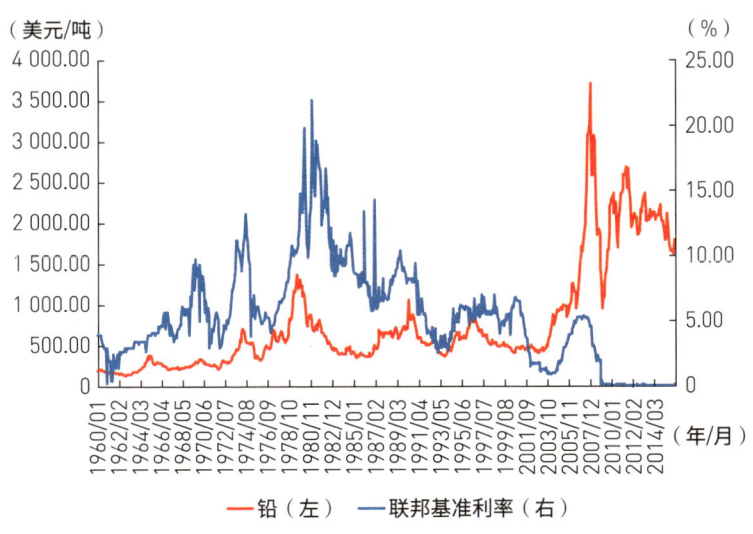

图 41-22 联邦基准利率领先并与铅价正向变动

数据来源：Wind 资讯，中信建投证券研究发展部。

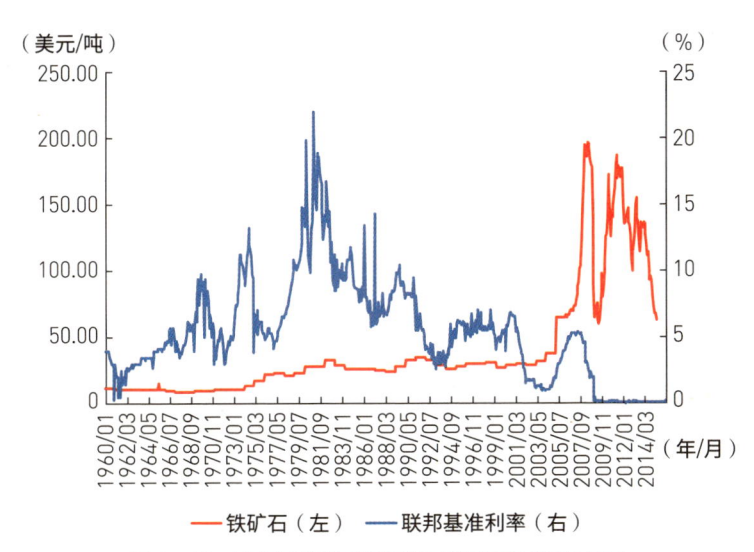

图 41-23 联邦基准利率领先并与铁矿石价格正向变动

数据来源：Wind 资讯，中信建投证券研究发展部。

41 反抗低点已现 宿命滞胀复来

综上所述，我们可以明确看到，第三库存周期的运行过程必定出现通货膨胀，而美联储 2015 年 12 月的加息正是应对通货膨胀持续回升的开端，但正如表 41-3、表 41-4、表 41-5 所统计的，尽管第三库存周期上行期大幅加息，仍较难在短时间内对通货膨胀形成抑制效应。而加息行为所带来的紧缩效应将更快地向实体经济传导，并最终形成滞胀。而在逐步走向滞胀的过程中，如何配置资产是投资者需要更加关注的问题。毫无疑问，大宗商品是最佳配置品种。

表 41-3 第一库存周期上行期：美国大类资产收益率波动情况（单位：%）

	起止时间	国债收益率	CPI	实际房价	美元指数	CRB 现货
第一库存周期上升期	1964 年 9 月—1966 年 8 月	24.58	5.14	-2.42		7.75
	1975 年 6 月—1977 年 5 月	-5.09	12.50	6.55	10.23	13.48
	1983 年 1 月—1984 年 5 月	28.20	5.73	0.95	13.79	23.94
	1991 年 4 月—1995 年 1 月	-3.23	11.17	-4.36	-3.40	13.59
	2002 年 1 月—2002 年 9 月	-23.21	2.20	5.45	-8.89	10.58
	2009 年 6 月—2012 年 6 月	-56.45	6.39	-10.15	2.63	29.75
	平均	-5.87	7.19	-0.66	2.87	16.51

数据来源：中信建投证券研究发展部整理。

表 41-4 第二库存周期上行期：美国大类资产收益率波动情况（单位：%）

	起止时间	国债收益率	CPI	实际房价	美元指数	CRB 现货
第二库存周期上升期	1967 年 8 月—1969 年 9 月	35.61	10.75	-0.08		16.07
	1978 年 2 月—1978 年 12 月	12.20	7.63	5.34	-7.96	13.72
	1986 年 11 月—1988 年 5 月	25.38	6.43	5.18	-16.81	19.41

续表

	起止时间	国债收益率	CPI	实际房价	美元指数	CRB 现货
第二库存周期上升期	1996年3月—1997年12月	-7.34	3.60	2.66	14.20	-2.63
	2003年7月—2005年3月	13.07	5.11	16.29	-13.33	18.89
	2013年8月—2014年11月	-14.96	0.97	3.61	7.68	-3.28
	平均	10.66	5.75	5.50	-3.24	10.36

数据来源：中信建投证券研究发展部整理。

表41-5 第三库存周期上行期：美国大类资产收益率波动情况（单位：%）

	起止时间	国债收益率	CPI	实际房价	美元指数	CRB 现货
第三库存周期上升期	1971年1月—1973年11月	7.85	15.33	-4.60		77.71
	1980年8月—1981年8月	34.59	10.80	-3.93	30.45	-7.37
	1989年10月—1990年7月	5.74	3.82	-2.34	-9.45	2.30
	1999年1月—2000年5月	36.44	4.38	7.04	17.10	-1.94
	2005年11月—2008年3月	-16.82	8.06	-13.51	-20.84	59.45
	平均	13.56	8.48	-3.47	4.32	26.03

数据来源：中信建投证券研究发展部整理。

一波三折

2015年11月30日，我们发表了报告《2016年：为资源而战》。我们指出，现在看2016年的投资，宽松依然是不变的货币环境，只不过宽松的预期不一样。2015年，我们即使看到资源价格的反弹，也一样是预期通货紧缩，但2016年，资源上涨可能带来的是通胀预期，这是一个非常关键的区别。所以资源触底点十分关键，如果大宗商品价格反弹和中国库存周期触底在同一时刻发生，则发生在第一季度的概率较大（见图41-24、图41-

25）。而从美元周期来看，2016年欧洲国家短周期将惯性下滑，量化宽松仍有必要，而第二季度日本同样存在宽松可能。从这些角度看，整个第二季度将是美元变化期，也有可能是流动性变局期。所以，比较理性的状态是第一季度大宗商品价格触底，第二季度后美元偏强，中国复苏需要确认，大宗商品价格底部也要确认，2016年第一季度是一个核心博弈点。

图41-24　外盘：布伦特原油和CRB现货指数于2016年第一季度大幅反弹

数据来源：中信建投证券研究发展部。

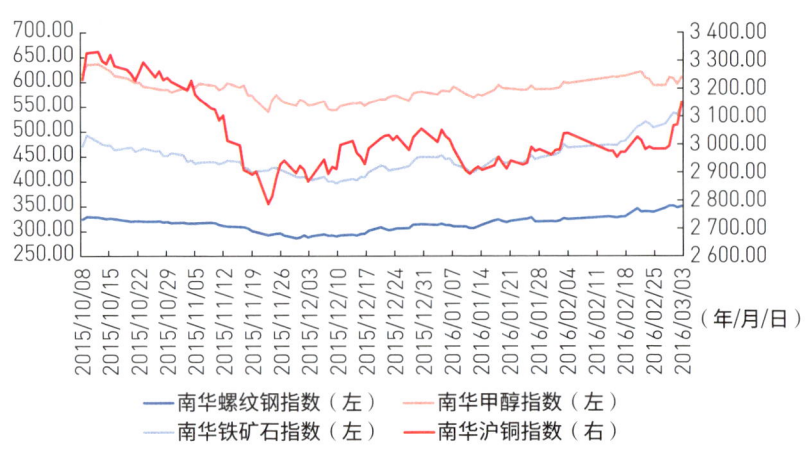

图41-25　内盘：主要大宗商品价格指数于2016年第一季度大幅反弹

数据来源：中信建投证券研究发展部。

巧合的是，这篇报告发布之日，正好是大宗商品价格触底之时，自12月以来，大宗商品价格出现了明显的反弹，而这个反弹中充满了迟疑。以我们的理解，如果仅以供需来研究大宗商品的价格，那就是缘木求鱼、刻舟求剑。周期是一个复杂的系统，这个系统依据自己的规律运行。所以，周期的魅力就在于其巧处可及，其拙处不可及。我们认为，大宗商品价格的年度级别低点已经出现，但目前仍处于技术性反弹阶段，这个反弹本质上是由预期推动的，这个反弹的后半期将进入库存周期的技术反弹阶段，即所谓的库存周期价升量跌阶段，这个阶段开始向需求推动转换。真正的需求推动要到库存低点出现，即4月之后，首先是库存的力量推动量价齐升，然后进入需求确认期。当需求得以确认后，下半年进入需求推动阶段。而最后一波上行将出现在滞胀期，依据经验会出现在2017年。所以，我们判断本次大宗商品价格反弹有三波上行，分别在第一季度、下半年和明年（2017年）上半年，目前只是第一波。未来的一年，在全球第三库存周期的推动下，大宗商品价格的反弹可谓一波三折。

42 弱需求下的价格修复
大宗商品主升段的逻辑及节奏

- 2016 年 7 月 29 日

简介

周期路径：纷繁中的价格主线

结合我们 2016 年 3 月发布的报告《一波三折》中的观点来看，目前第二波主升浪正处在开启过程中。但市场普遍认为，弱需求条件下下半年经济和大宗商品价格缺乏上涨的基础。本章将立足于上述几个问题，从周期视角对如下问题进行解答：（1）大宗商品价格第二波主升浪的反弹时间及幅度；（2）下半年大宗商品价格第二波上涨中的品种选择以及配置时点；（3）弱需求条件下经济是否存在向上修复的动力机制；（4）如果经济存在修复动力，那么修复机制衰竭的特征和时点是什么。

大宗商品周期：一波三折，步入主升

在第二波上涨的过程中，历史可比低点经验显示，第二波平均涨幅至少

为41%，并将向上运行6个月，预计将持续到2016年第四季度。第二波上涨内部存在两个小结构的循环，第二小波远大于第一小波。从大宗商品比价来看，第二波初期以需求拉动的有色金属上涨为主，中后期石油涨幅较大，糖是比较稳定的配置产品，上涨后期和经济回落初期黄金存在明显超额收益，这是第三库存周期走向滞胀过程中避险情绪升温的主要结果，但目前尚未到达探讨滞胀逻辑的核心时点。

库存周期：弱需求下的价格修复

市场普遍出现"实体经济需求不足"的一致性流行观点。根据周期运行规律，我们提出与市场流行观点不同的转变机制，即"价格引导生产修复"，实体经济遵循"价格—生产—利润"的运动轨迹。该机制存在两个明显的运行阶段：阶段一，价格上涨生产修复；阶段二，价格上涨反向压制（即价格博弈机制）。价格博弈机制的开启和下游PPI生活资料涨幅超过PPI生产资料，将冲击实体经济的生产。

从历史规律来看，价格引导生产修复平均持续4个月，库存周期上行期存在2~3个小循环；价格引导利润修复平均持续9个月。按照历史平均规律推算，本次利润修复预计高点将出现在2016年第四季度，这与大宗商品价格第二波回升相吻合。

对实体经济来说，下半年价格再度上涨的核心源于中周期调整中企业经营困难对利润率改善的诉求和低库存的助力。供给侧发力、下半年旺季和美国第三库存周期的逐步修复，将助力大宗商品价格再度向上并带动经济修复。这一阶段大概率将于8月后启动，并持续到第四季度。届时价格博弈机制将再次开启，真正考验实体经济的时刻将出现在2016年第四季度。

弱需求下的价格修复

动荡不安的资产价格与各国错综复杂的经济运行，已然成为2016年影响投资者投资决策的主要原因。面对复杂问题的出现，经济周期研究有在复杂中理清逻辑的独特魅力，我们认为，2016年下半年的投资选择仍将围绕价格主线展开。

从大宗商品周期的运行来看，本次大宗商品价格反弹始于2015年底，而后在2016年4月前后见顶。从大宗商品历史时间和空间调整来看基本到位，当前大宗商品价格逐步迈入第二波主升浪。在第二波上涨中，历史可比低点（1982年和1987年）显示，在第二波主升中，糖、有色金属、黑色金属和贵金属品种的涨幅都将超过第一波。

相较上半年来说，房地产新开工和投资增速等数据表现出需求回落的征兆，市场普遍出现"实体经济需求不足"的一致性流行观点。本章选取PMI生产、PMI购进价格、房地产新开工面积等数据进行验证。研究发现，从2005年至今的8次统计来看，在需求回落条件下，价格引导生产修复，最短持续3个月，最长持续5个月，平均持续4个月。本次第三库存周期实体经济的低库存将是下半年价格和生产修复的重要助力。价格博弈机制的开启是源于PPI生产资料价格向下游PPI生活资料传导后形成的反制，下游PPI生活资料涨幅一旦超过PPI生产资料，就会冲击实体经济的生产。一个库存周期将出现2~3次价格博弈机制的开启。

从经济周期运行的视角看，利润变化本质上仍由价格决定，实体经济的运行遵循"价格—生产—利润"的规律。回顾2000年至今的库存周期，价格引导利润波动，在库存周期触底回升的过程中，价格带领利润持续回升；在库存周期接近高点的过程中，价格的上升对实体经济造成冲击，利润逐步回落，出现价格引导经济修复的阶段二的特征。探讨价格与利润的关系有助于投资者研判下半年价格的走势。从历史规律来看，在每次库存周期触底回升的第一波中，价格与利润同涨最长持续12个月，最短持续7个月，平均持续9个月。本次第三库存周期的价格与利润同涨点出现在2016年2月，按照历史平均规律推算，利润仍将有望震荡爬升持续9个月，预计高点将出现在2016年第四季度，届时或将出现库存周期级别的需求再确认的调整。

综上所述，从本次第三库存周期运行来看，4月前应该是一个库存周期从价升量跌向量价齐升的过程。4月后的看点在于，在弱需求条件下价格如何引导经济持续修复。我们认为，大宗商品价格第二波主升浪已逐步展开，以历史经验来看，第二波最短持续6个月，或将持续到2016年第四季度。第二波主升浪存在两个明显的小波，第二小波运行幅度远超第一波。从价格与利润的运行规律来看，每次库存周期触底回升的上行期，价格与利润同涨最长持续12个月，最短持续7个月，平均持续9个月。本次第三库存周期的价格与利润同涨点出现在2016年2月。按照规律，高点预计出现在2016年第四季度末，这一时点与大宗商品价格第二波回升相吻合，其间或出现1~2个价格引导生产修复的小循环结构。

周期路径：纷繁中的价格主线

2016年注定是全球经济剧烈震荡和波动之年，这是由经济长波衰退转萧条的周期路径决定的，由本次康波各主要经济体创新活力下降后内生经济增长乏力所致。从周期运行的角度看，以主导国美国为主的全球经济在2015年迈过中周期高点，理论上未来3~4年都处于下降趋势，这是中周期中后段投资动力衰减的必经之路。即便如此，中周期给出的也仅仅是方向的选择，在此过程中，路径的选择却是由库存周期的运行节奏决定的。

从库存周期运行规律来看，2016年全球经济的核心命题是，主要经济体将开启第三库存周期，而国别经济运行的节奏差异将导致第三库存周期开启过程中不同演绎路径的出现。值得注意的是，第三库存周期的历史核心规律是价格体系的全面回升，并最终带领经济走向滞胀，这也成为引导第三库存周期运行的核心变量。2016年上半年，我们经历了中国库存周期的触底回升，在经济修复的同时，大宗商品价格走出一波令人叹服的走势，但复苏之路并非坦途。目前来看，价格引导利润持续回升，是下半年经济运行的核心，在这一过程中探讨经济与价格的运行规律至关重要。

从大宗商品周期的运行逻辑来看，在一个康波周期，大宗商品价格波动嵌套着两个大宗商品的产能周期，每个产能周期为期 25~30 年；而在产能周期运动的同时，大宗商品存在 18~20 年的超级周期，两者均服从于康波周期大趋势（见图 42-1、图 42-2）。当前是产能周期下降期 7 年主跌段中的价格第一低点，一个超级周期中存在三个显著的小级别涛动周期（见图 42-3）。本次超级周期自 2001 年后已经出现两次涛动周期，分别为 2001—2008 年、2009—2015 年，我们推测第三次涛动周期将发生在 2016—2019 年。在大宗商品周期运行规律的指导下，我们在上半年精准预测了大宗商品价格的第一波上涨，并在《一波三折》中明确提出 5 月后大宗商品价格面临回调，回调经验时间为 3 个月。截至 7 月，我们认为这种回调已然结束，大宗商品价格第二波主升浪已至。在错综复杂的经济运行中，2016 年下半年的主线仍然围绕价格体系展开，第二波主升浪的上涨时间、上涨空间以及品种选择和配置时间成为当前最令人关注的问题。

周期研究的独特之处是，善于发现复杂关系中的运行逻辑，面对动荡不安的资本市场与错综复杂的经济走势，我们认为 2016 年下半年的投资选择仍将围绕价格主线展开。

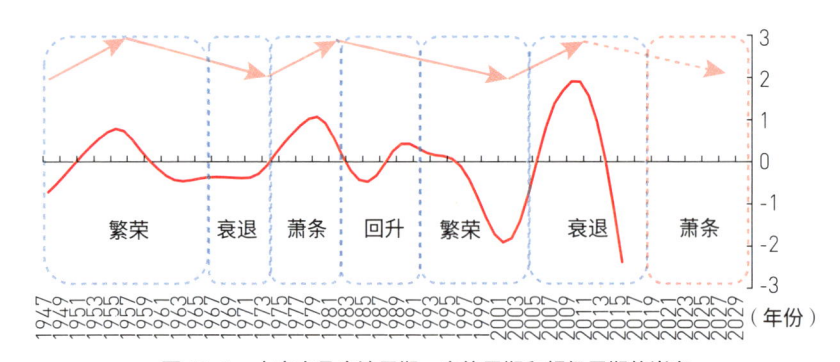

图 42-1 大宗商品康波周期、产能周期和超级周期的嵌套

数据来源：中信建投证券研究发展部。

图42-2 中国产能周期与库存周期变化趋势

数据来源：Wind 资讯，中信建投证券研究发展部。

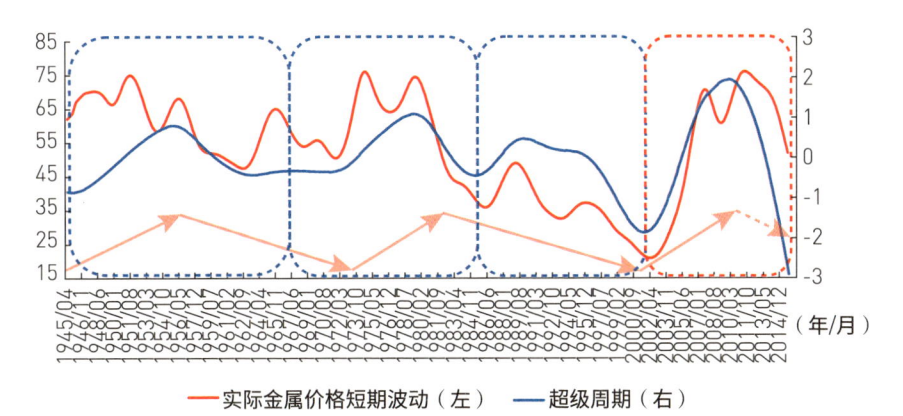

图42-3 大宗商品产能周期、超级周期和涛动周期的嵌套

数据来源：中信建投证券研究发展部。

大宗商品周期：一波三折，步入主升

我们之前对当前大宗商品价格的运行做出了明确定位，在为期20年的产能周期熊市中，核心下降阶段将持续7~8年，而7年主跌段将在第五年形成第一低点，随后出现反弹，反弹后回落，确认7年的最终低点。而第三

库存周期的运行规律显示，叠加大宗商品价格低点的第三库存周期，大宗商品存在明显的超额收益（见表42-1），2016年将迎来大宗商品价格年度级别的反弹。

表42-1 历史上三次库存周期中大宗商品价格平均涨跌率（单位：%）

主要品种	第一库存周期		第二库存周期		第三库存周期	
	平均上升	平均下降	平均上升	平均下降	平均上升	平均下降
石油	13.25	-4.94	4.95	35.20	92.60	-2.01
黄金	11.51	3.80	7.09	28.87	43.55	8.66
铜	13.86	-4.55	33.09	3.24	46.03	-29.25
铅	6.28	7.91	30.73	-3.10	57.71	-30.72
铝	15.62	0.05	27.86	-4.35	6.81	-12.18
铁矿石	12.77	3.26	11.59	6.81	41.49	5.25
平均	11.15	2.61	21.06	20.09	42.60	-9.30

数据来源：Wind 资讯，中信建投证券研究发展部。

正如我们在报告《一波三折》中明确提出的，2016年一波三折的年度级别反弹正在成为现实。2016年7月我们明确指出，当前商品市场探索第二波主升浪的过程已经开启。对当下时点而言，投资者更关注的问题可能是第二波主升浪启动后的上涨时间和空间，第二波上涨细分品种涨幅及可能领涨的品种，在第二波主升浪运行中的品种选择与配置时间。

历史规律：大宗商品第二波幅度与时间

从第三库存周期运行来看，选取美国历史上5次第三库存周期：1971年1月—1973年11月、1980年8月—1981年10月、1989年10月—1990年8月、1999年1月—2000年9月、2005年11月—2008年2月。对每一次第三库存周期上行期大宗商品价格运行做出标识，将其划分为一次触底、一次见顶、二次触底、二次见顶，并据此测算不同品种在不同区间内的反弹幅度和运行时间。按照时间和幅度两个维度进行统计，探讨在第三库存周期运行过程中，大宗商品价格从一次见顶到二次触底以及第二波主升浪的运行过程（可参见图42-4至图42-9、表42-2至表42-4）。

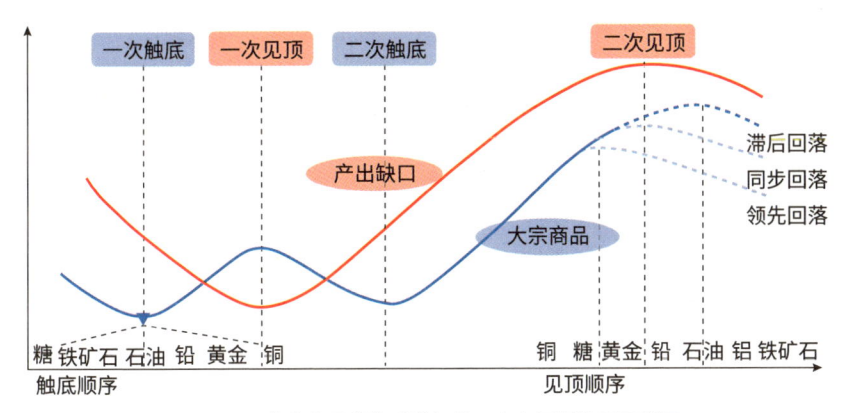

图42-4 大宗商品价格反弹与第三库存周期关系示意图

数据来源：Wind资讯，中信建投证券研究发展部。

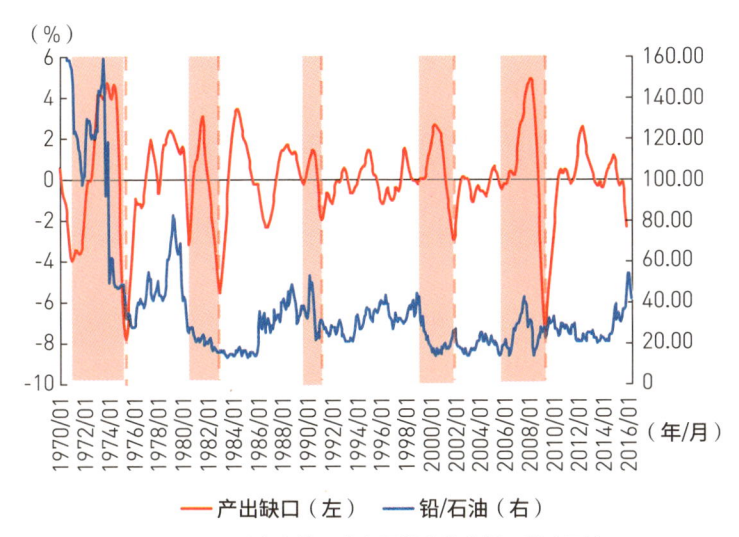

图42-5 历史上第三库存周期走势分析：铅/石油

数据来源：Wind资讯，中信建投证券研究发展部。

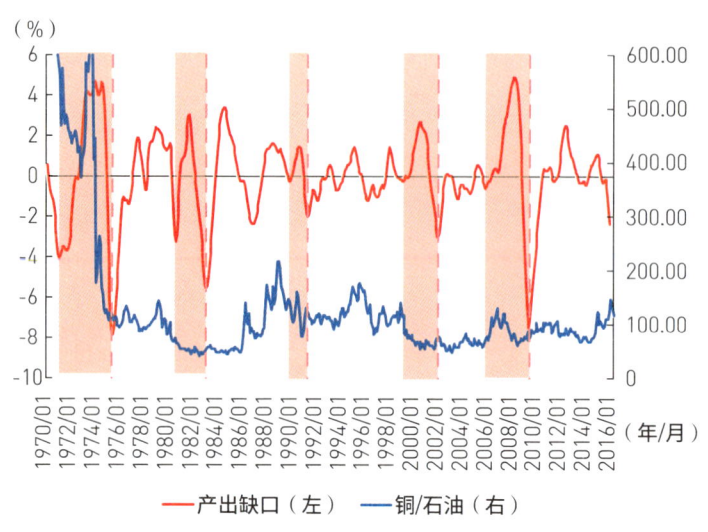

图 42-6 历史上第三库存周期走势分析：铜/石油

数据来源：Wind 资讯，中信建投证券研究发展部。

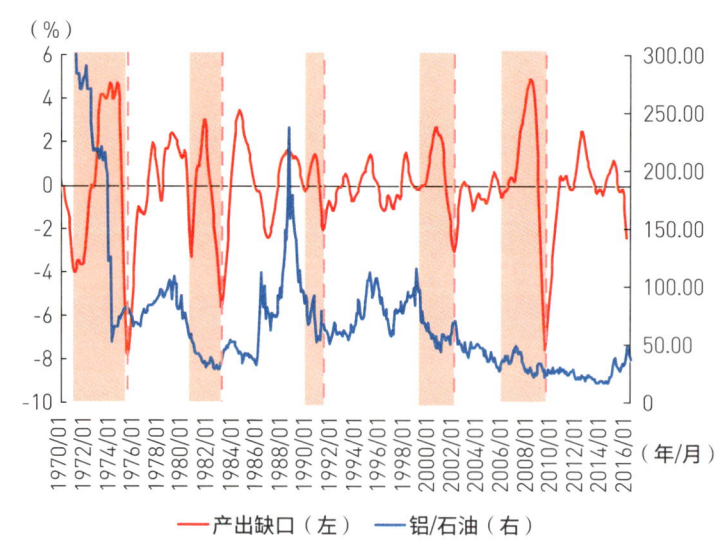

图 42-7 历史上第三库存周期走势分析：铝/石油

数据来源：Wind 资讯，中信建投证券研究发展部。

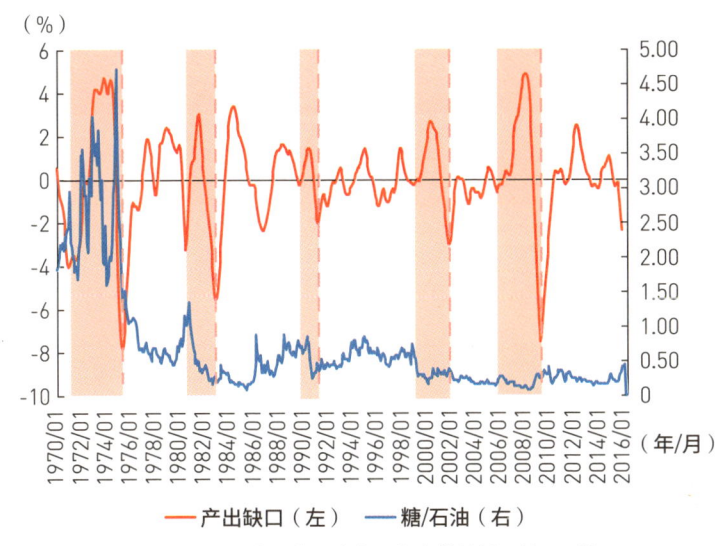

图 42–8　历史上第三库存周期走势分析：糖 / 石油

数据来源：Wind 资讯，中信建投证券研究发展部。

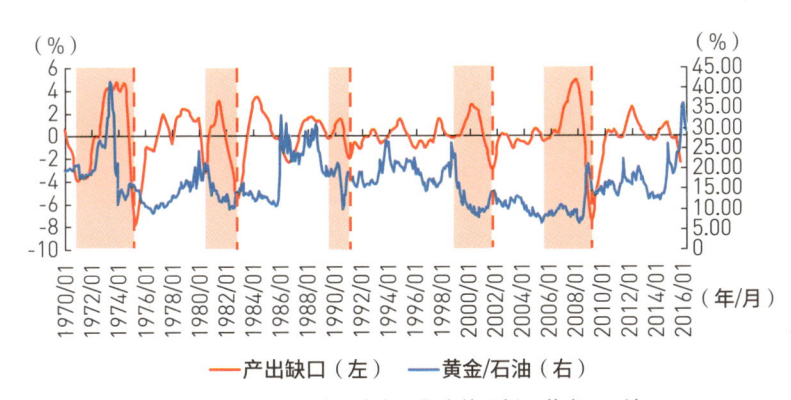

图 42–9　历史上第三库存周期走势分析：黄金 / 石油

数据来源：Wind 资讯，中信建投证券研究发展部。

表 42–2　第三库存周期大宗商品不同区间价格波动幅度（单位：%）

主要品种	总反弹	一次触底反弹	一次见顶到二次触底	二次触底反弹	产出缺口上升期
糖	346	95	-47	299	43

42　弱需求下的价格修复

续表

主要品种	总反弹	一次触底反弹	一次见顶到二次触底	二次触底反弹	产出缺口上升期
石油	277	57	-40	250	166
铅	159	33	-32	158	92
黄金	133	53	-47	55	71
铜	126	22	-22	86	87
铝	45	28	-18	44	9
平均	181	48	-34	149	78

数据来源：Wind 资讯，中信建投证券研究发展部。

表42-3 第三库存周期大宗商品不同区间价格反弹持续时间（单位：月）

主要品种	总时长	一次反弹时间	一次见顶回落时间	二次反弹时间
石油	22.00	3.33	4	17.00
黄金	11.25	4.00	4	6.25
铜	14.00	3.00	4.67	10.25
铅	19.40	4.67	5.4	13.80
铝	24.25	6.40	3	16.25
糖	28.00	7.67	4.8	18.80
平均	19.82	4.84	4.31	13.73

数据来源：Wind 资讯，中信建投证券研究发展部。

表42-4 反弹节奏：大宗商品价格反弹顺序和反弹路径

反弹阶段		反弹顺序
反弹节奏	触底	糖→铁矿石→石油→铅→黄金→铜→**产出缺口**→铝
	见顶	铜→糖→**产出缺口**→黄金→铅→石油→铝→铁矿石
	反弹路径	领先反弹、经济触底时回落、经济回升时再度回升（一波三折）

数据来源：中信建投证券研究发展部。

从大宗商品价格调整幅度来看，第一次触底后平均反弹54%，而后向下平均调整38%，再次确认后将有一个平均幅度达157%的第二波主升浪。

历史上第三库存周期大宗商品价格出现"一波三折"的走势，原因在于，在经历库存周期触底回升的过程中，前期过快上升的价格体系与实体经济逐步回暖的需求形成博弈，价格的过快上涨将导致实体经济面临需求再检验的考验，这与前面提及的第三库存周期所面临的"中周期向下，短周期回升"的周期矛盾有关。

从大宗商品价格调整时间来看，大宗商品价格的第一次反弹平均持续4~5个月，而当库存周期触底后，大宗商品价格的第一次回调将面临4个月左右的调整期。在历史上第三库存周期的运行中，第三库存周期第二次价格反弹平均持续13个月。当然，每一次第三库存周期开启后向上运行的时间有所不同，从历史经验来看，美国第三库存周期平均运行20个月，最长34个月，最短10个月。这意味着每次第三库存周期价格的上升都有长有短，这或将影响价格第二波运行的时间长度。

从第二波反弹品种的顺序和幅度看，第二波的上涨顺序大概率为糖→石油→铝→铅→铜→黄金；涨幅大概率为：糖→石油→铅→铜→黄金→铝；糖的第二波涨幅高达299%，石油位居第二为250%，铝排名最后也上升了44%。而第一波涨幅较小的铜和铅也将在第二波反弹中存在明显的超额收益，这种特征与库存周期需求再确认后的回升逻辑不无关系。我们认为，第三库存周期第一波的上涨多因长期超调的供给收缩带来的上涨，并叠加了中周期回落趋势下资本收益率下行后涌入实物资产的流动性因素。但大宗商品第二波的上涨将逐步从供给侧向需求侧过渡，需求回暖的因素叠加流动性的助力是第二波涨幅更大的原因。

从第二波上涨过程中大宗商品比价来看，在历次第三库存周期的运行过程中，石油作为第二波涨幅较大的品种，从铅、铜、铝、糖、黄金与石油的价格比来看，多项比例达到历史相对较高水平。我们认为，从大宗商品价格比来看，在第二波上涨过程中，石油将成为主要领涨品种。其中，黄金／石油比的变化表明，在库存周期见顶回落的过程中，黄金存在明显的超额收益，这也是我们一直强调的，第三库存周期将从温和通胀走向滞涨，这一过程将导致全球资产避险情绪的大幅升温，并推升黄金价格持续走高。

定位比较：大宗商品周期下的第二波主升浪

从大宗商品周期运行的角度来看，按照产能周期和超级周期的运行，我们对 2011 年开始的大宗商品熊市与 1979 年大宗商品熊市开启的两个低点（1982 年和 1986 年）进行比较。我们想通过类似周期的历史比较，寻找可以指导本次大宗商品价格二次触底反弹的投资节奏。

从 1982 年大宗商品价格的调整和反弹幅度来看，作为产能周期见顶回落主跌段的第一低点，在产出缺口触底回升的过程中，大宗商品价格调整 3 个月，其间价格自高点向下回调 -12%。而后逐步企稳回升，迎来一波 41% 的上涨，第二波上涨共持续 6 个月（见图 42-10）。从品种涨跌幅来看，在 1982 年第二波上升过程中，铝、糖和黄金涨幅靠前。

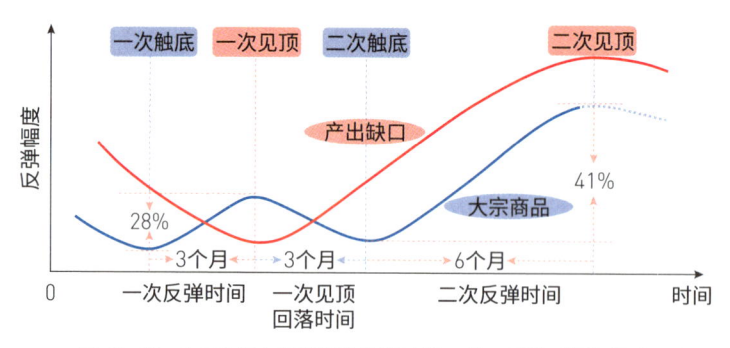

图 42-10　1982 年大宗商品价格触底第一低点反弹时间与幅度

数据来源：Wind 资讯，中信建投证券研究发展部。

从 1982 年大宗商品价格第二波上涨节奏来看，五大品种与石油价格比数据显示，在第二波上涨的过程中：（1）前半段的上涨过程以有色金属领涨为主；（2）库存周期运行中后期出现石油价格相对占优；（3）黄金在产出缺口见顶的过程中也出现明显的价格优势（见图 42-11、图 42-12、表 42-5）。值得注意的是，利用大宗商品周期推导的石油价格涨幅并非第二波上涨的核心，主要原因在于，商品周期运行下的库存周期位置有所不同，也与当时全球经济所面临的石油局势有关。

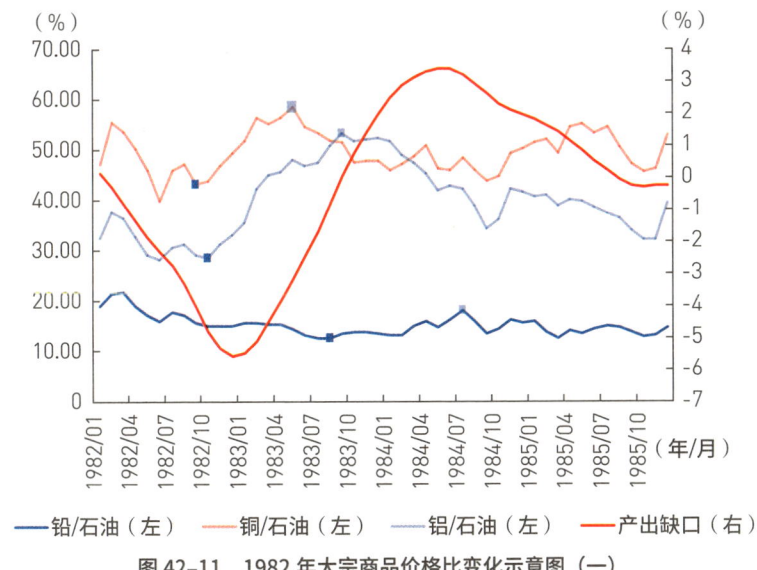

图 42-11　1982 年大宗商品价格比变化示意图（一）

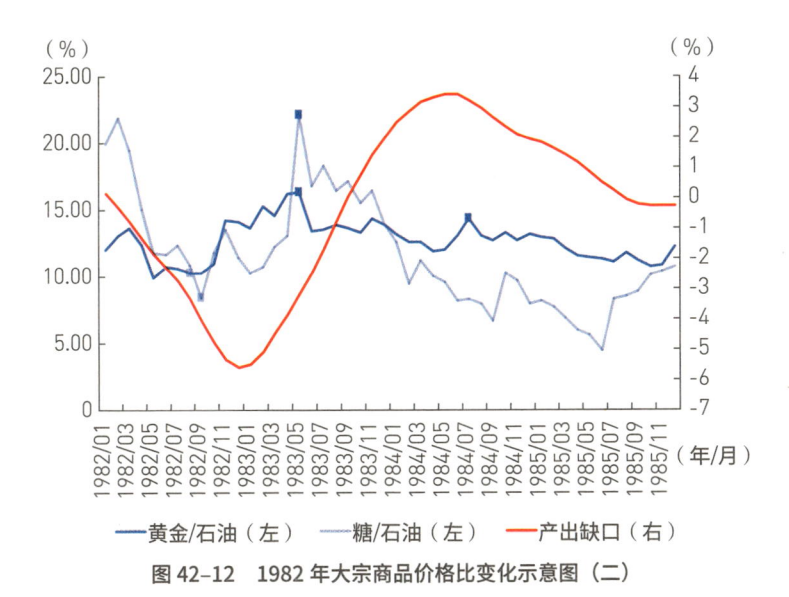

数据来源：Wind 资讯，中信建投证券研究发展部。

图 42-12　1982 年大宗商品价格比变化示意图（二）

数据来源：Wind 资讯，中信建投证券研究发展部。

表 42-5　1982 年可比周期与本次周期价格运行对比分析（单位：%）

主要品种	一次反弹	一次回落	二次反弹
石油	46	-37	24
黄金	78	-13	46
铜	12	0	27
铅	6	-5	26
铝	4	1	72
糖	20	-15	49
平均	28	-12	41

数据来源：Wind 资讯，中信建投证券研究发展部。

从 1986 年大宗商品价格的调整和反弹幅度来看（见图 42-13），作为产能周期见顶回落主跌段的第二低点，在产出缺口触底回升的过程中，大宗商品价格运行出现了为期 3 个月的调整期，这与 1982 年的调整时间一致，而后在新一轮上涨过程中涨幅高达 120%，并持续运行 17 个月，而当时正值康波回升期的第二库存周期，其周期开启后上行期共持续 20 个月。从品种涨跌幅来看，第二波的上涨以铝、铜、糖、石油、黄金等品种为主。

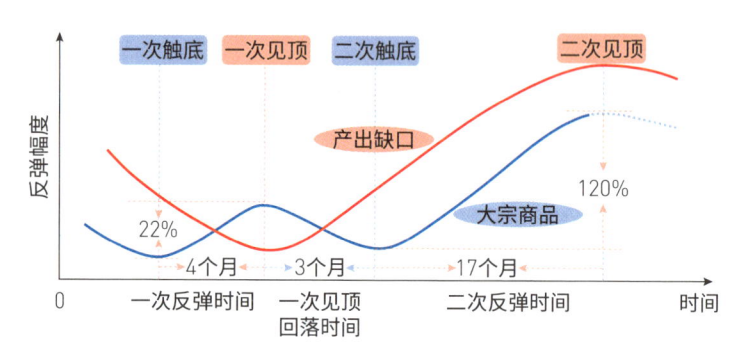

图 42-13　1986 年大宗商品价格触底第一低点反弹时间与幅度

数据来源：Wind 资讯，中信建投证券研究发展部。

从 1986 年大宗商品第二波上涨节奏来看，大宗商品价格比数据显示（见图 42-14、图 42-15），在 1986 年的第二波上涨过程中，铝、铜以较大的涨幅领先于石油，而铅的涨幅相对平稳；糖/石油比显示糖依然维持高涨幅且持续时间较长，黄金价格虽然涨幅平稳，但在周期回落初期存在明显的超额收益。这也从大宗商品周期的角度验证了黄金存在明显的防御特性，当周期回落经济面临衰退时，应该超配黄金。

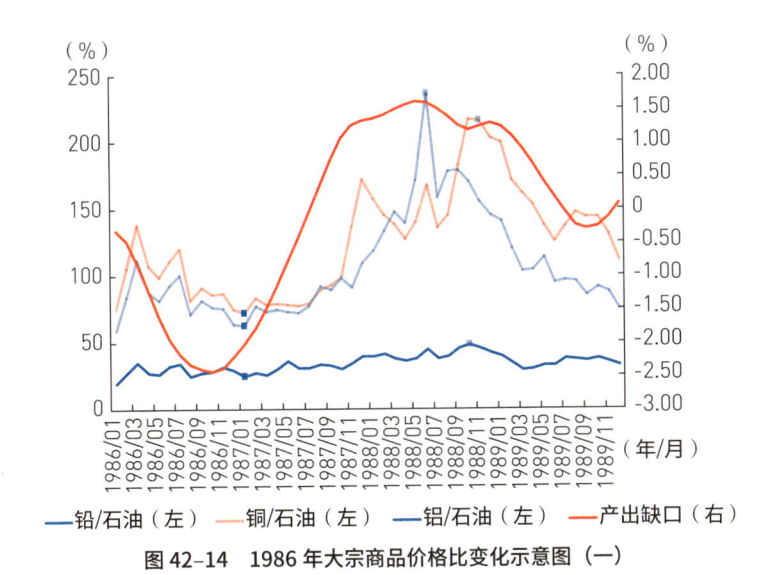

图 42-14　1986 年大宗商品价格比变化示意图（一）

数据来源：Wind 资讯，中信建投证券研究发展部。

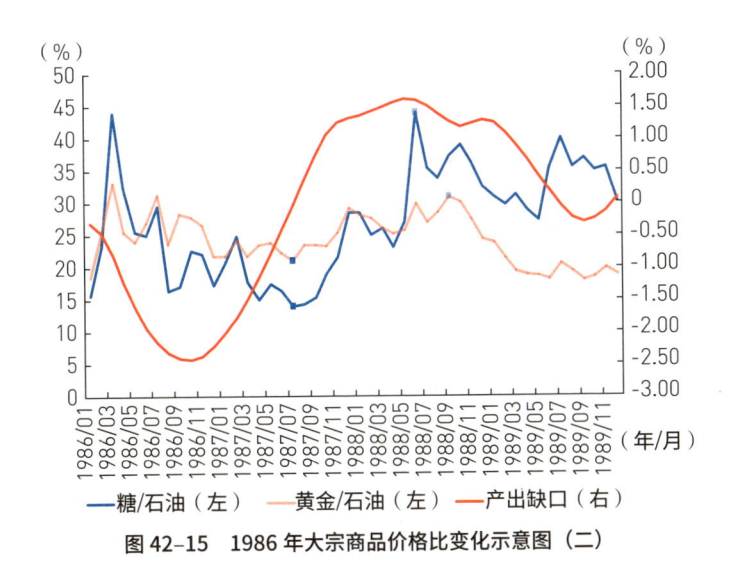

图 42-15　1986 年大宗商品价格比变化示意图（二）

数据来源：Wind 资讯，中信建投证券研究发展部。

综上所述，从 1982 年和 1986 年的可比低点来看，第二波上涨的反弹幅度分别为 41% 和 120%，第二波上涨的反弹时间分别为 6 个月和 17 个月。价格涨跌与时间运行存在较为明显的差异，这与 1982 年和 1986 年所处康波位置和大宗商品周期位置不同有关，1986 年处于康波回升期，经济条件和需求较好，而 1986 年是大宗商品周期的重要低点。从品种选择方面来看，由于实体经济周期运行位置的差异，涨跌幅差异较大但均明显高于第一波的上涨。商品比价显示，在第二波上涨过程中，初期以需求拉动和有色金属涨幅为主，中后期石油涨幅较大，而上涨后期和经济回落初期黄金存在明显的超额收益，糖是第二波上涨中比较稳定的配置产品（见表 42-6）。

表 42-6　1986 年可比周期与本次周期价格运行对比分析（单位：%）

主要品种	一次反弹	一次回落	二次反弹
石油	34	-28	91
黄金	30	0	84
铜	4	-4	131
铅	7	-11	85
铝	9	-8	271
糖	48	-29	58
平均	22	-13	120

数据来源：Wind 资讯，中信建投证券研究发展部。

路径选择：第二波主升浪节奏前瞻

前面系统地梳理了第二波主升浪的确认条件、涨幅和上涨时间，并结合大宗商品周期 1982 年和 1986 年的可比低点对本次大宗商品价格反弹的第二波做出预判。为更好地把握第二波主升浪的投资节奏，下面将利用 CRB 现货金属指数，这与前面分品种进行的统计在结果上或有出入，这是由分品种与单一指标研究所赋予的权重不同导致的（可参考图 42-16 至图 42-22）。

——CRB现货指数：金属：月（左） ——美国：产出缺口（右）

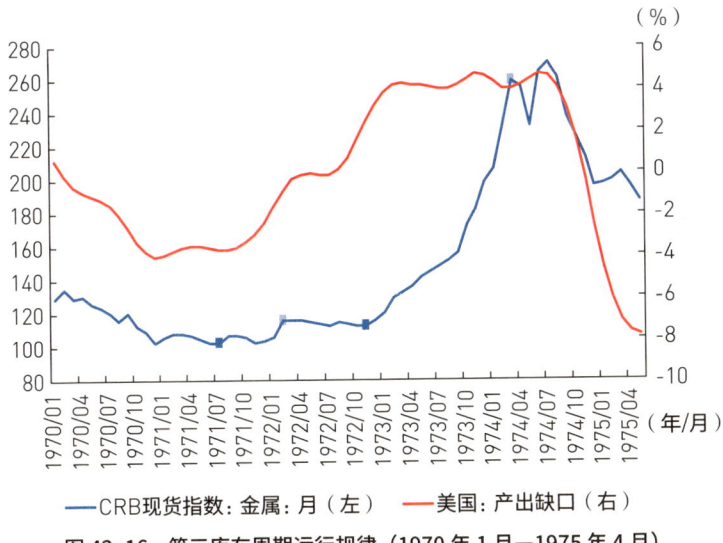

图42-16 第三库存周期运行规律（1970年1月—1975年4月）

数据来源：Wind资讯，中信建投证券研究发展部。

——CRB现货指数：金属：月（左） ——美国：产出缺口（右）

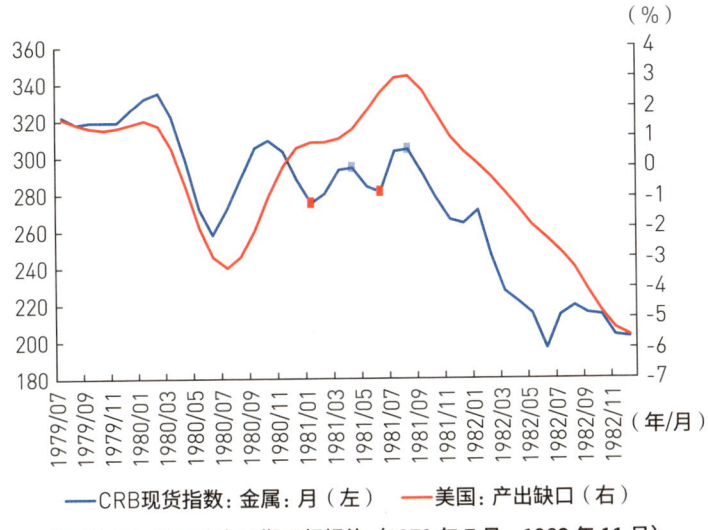

图42-17 第三库存周期运行规律（1979年7月—1982年11月）

数据来源：Wind资讯，中信建投证券研究发展部。

42　弱需求下的价格修复

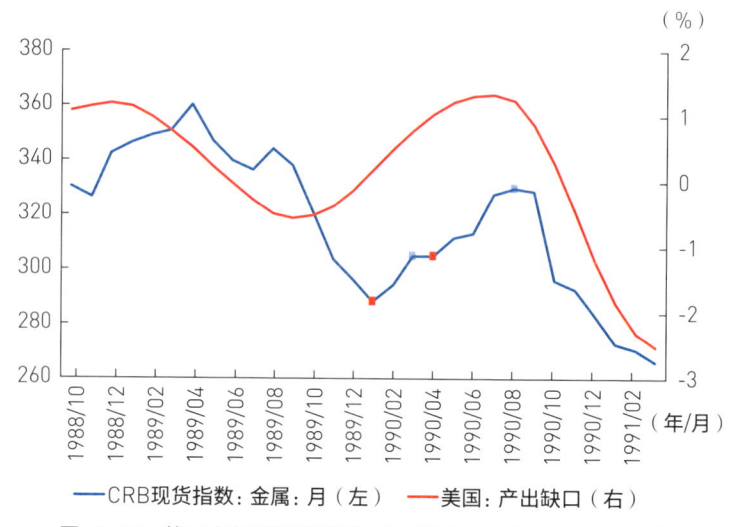

图 42-18　第三库存周期运行规律（1988 年 10 月—1991 年 2 月）

数据来源：Wind 资讯，中信建投证券研究发展部。

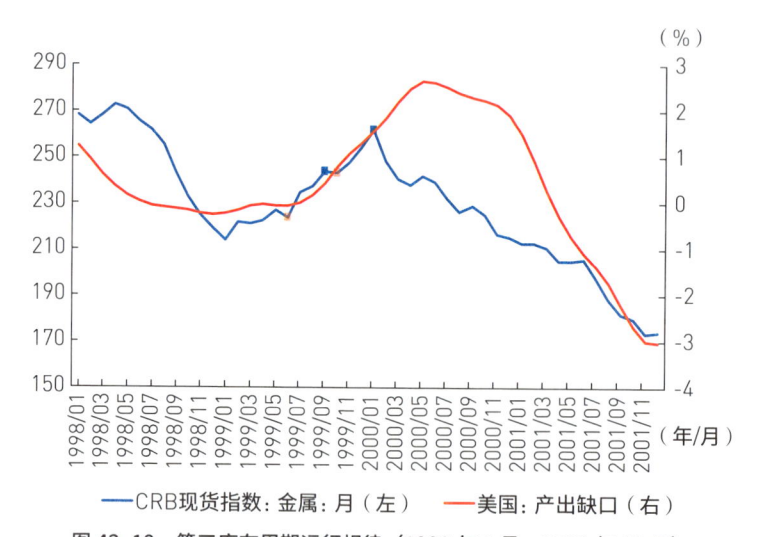

图 42-19　第三库存周期运行规律（1998 年 1 月—2001 年 11 月）

数据来源：Wind 资讯，中信建投证券研究发展部。

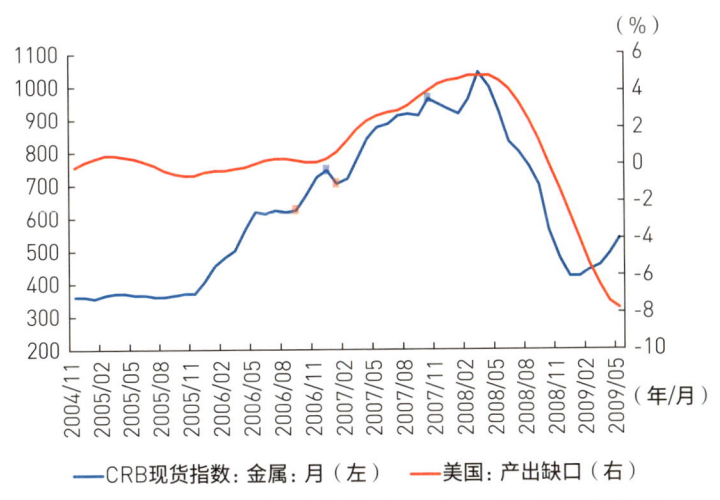

图 42-20　第三库存周期运行规律（2004 年 11 月—2009 年 5 月）

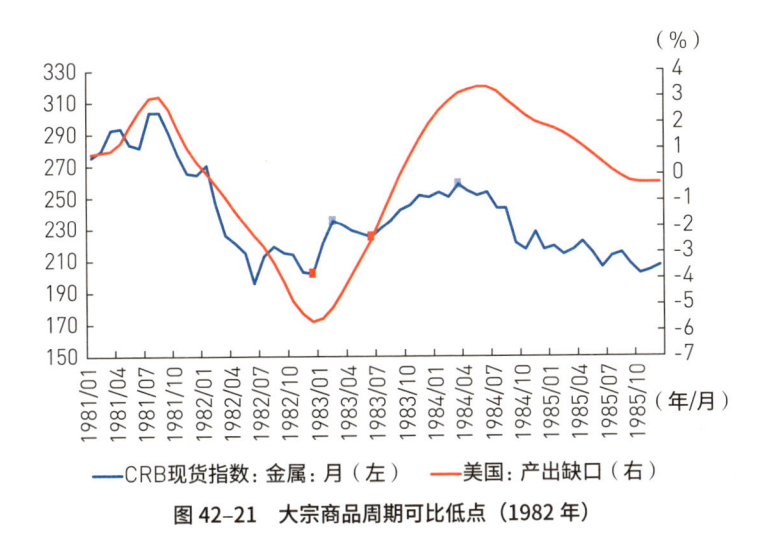

数据来源：Wind 资讯，中信建投证券研究发展部。

图 42-21　大宗商品周期可比低点（1982 年）

数据来源：Wind 资讯，中信建投证券研究发展部。

42　弱需求下的价格修复

图 42-22　本次第三库存周期（2016 年第一季度—？）

数据来源：Wind 资讯，中信建投证券研究发展部。

从 7 次可比周期对比来看，大宗商品价格的第二波运行存在明显阶段。第二波上涨大致可分为 4 个阶段：第一波上涨—第一波回调—第二波上涨—第二波回调。从历史运行规律来看，第二波上涨多呈现明显的两轮上涨，并且第二波的涨幅将超过第一波。

从运行时间来看，以 CRB 金属为主的第二次主升浪第一波上涨多持续 4 个月，而后面临 3 个月的调整期，之后将出现 9 个月的冲顶过程。第二波的上涨平均持续 16 个月，与第三库存周期平均上行期 20 个月类似。从运行幅度来看，以 CRB 金属为主的第二次主升浪第一波上涨平均为 16%，中途的调整过程将出现 -4% 的震荡调整，当调整结束后，第二波回升将出现 36% 的上涨，远大于第一波。

综上所述，尽管选取的指标与前面有差异，可比周期的数据涨跌幅差异较大，但从更普遍的规律来看，我们可以明显发现：大宗商品价格第二波主升浪内部存在两个小结构的循环；第二波上涨大于第一波，而第一波的回调更多通过震荡调整完成。本次第三库存周期自 2016 年 4 月底后面临调整，前面的研究表明，第一波的调整从时间和幅度上都已结束，而 CRB 金属也于 2016 年 7 月初出现小幅回升。从历史规律来看，第二波的演绎仍有较长的路程和空间。

大宗商品展望：价格筑底，步入主升

从大宗商品价格的运行来看，价格在2016年4月后出现了明显的回调。截至2016年6月底，我们可以看到，本次大宗商品价格年度级别的第二波主升浪正在开启，在下半年大宗商品价格运行的过程中，有几点值得关注：

（1）**从第一波的调整时间来看**，本次大宗商品价格反弹始于2015年底，而后在2016年4月前后见顶，调整至6月底近3个月。1982年和1986年的可比商品周期历史调整时间规律均显示，3个月是完成调整的经验区间，目前来看，从调整时间的角度看，大宗商品价格基本完成调整。

（2）**从第一波回落调整幅度来看**，本次大宗商品价格自4月见顶回落，从大宗商品价格的月度均值中枢波动来看，铜、铅、糖（已于2016年2月率先完成调整）出现了明显调整，而石油、黄金和铝相对强势，历史上也常出现不做调整或小幅调整的上涨趋势。从周期运行的经验来看，第一波上涨缺乏需求基础，是导致有色金属回调幅度更大的原因，但从我们跟踪的商品调整幅度来看，已是底部区域。

（3）**从第二波运行幅度与时间来看**，历史经验显示，第二波上涨顺序大概率为：糖→石油→铝→铅→铜→黄金。从1982年和1986年的可比低点来看，第二波平均涨幅分别为41%和120%，第二波平均上涨时间分别持续6个月和17个月，这与1982年和1986年所处康波位置和商品周期位置不同有关，1986年处于康波回升期，经济条件和需求较好，而1986年是大宗商品周期的重要低点。即便如此，我们还是可以看到第二波价格的上涨至少能够持续6个月，或有望达到41%的平均涨幅。

（4）**从第二波运行品种选择来看**，从1982年和1986年的可比低点来看，1982年的涨幅排序为：铝→糖→黄金→铜→铅→石油。1986年的涨幅排序为：铝→铜→石油→铅→黄金→糖，但均明显高于第一波。从品种选择方面来看，尽管经济周期的运行存在位置差异，从铅、铜、铝、糖、黄金与石油的价格比来看，第二波的上涨初期以需求拉动和有色金属涨幅为主，中后期石油涨幅较大，糖是第二波上涨中比较稳定的配置产品，而上涨后期和经济回落初期，黄金存在明显的超额收益，这也是我们一直强调的第三库存周期走向滞胀的核心逻辑，这是全球经济回落过程中避险情绪升温的主要结果。

（5）**第二波主升节奏前瞻。**尽管选取的指标与前面所述有差异，可比周期的数据涨跌幅差异较大，但从更普遍的规律来看，我们可以明显发现：大宗商品价格第二波主升浪内部存在两个小结构的循环；第二波的上涨大于第一波，而第一波的回调更多通过震荡调整完成。本次第三库存周期自2016年4月底后面临调整，前面的研究表明，第一波调整从时间和幅度上都已结束，而CRB金属也于2016年7月初出现小幅回升。从历史规律来看，第二波的演绎仍有较长的路程和空间。

综上所述，从大宗商品价格的历史时间和空间调整来看，当前大宗商品价格逐步迈入第二波主升浪。在第二波上涨的过程中，历史可比低点经验显示，第二波平均涨幅至少为41%，并将向上运行6个月。而从第二波主升浪的节奏把握来看，可以明显看到第二波主升浪内部存在两个小结构循环，第二小波上涨大于第一小波，第一小波的调整多以震荡调整结束。在这一过程中，糖、有色金属、黑色金属和贵金属品种的涨幅都将超过第一波。从大宗商品比价关系来看，第二波上涨初期以需求拉动和有色金属涨幅为主，中后期石油涨幅较大，糖是第二波上涨中比较稳定的配置产品，而上涨后期和经济回落初期黄金存在明显的超额收益，这也是我们一直强调的第三库存周期走向滞胀的核心逻辑。但目前尚未到达讨论滞胀逻辑的核心时点，这是全球经济回落过程中避险情绪升温的主要结果（可参考表42-7）。

表42-7 可比周期与本次周期价格运行现状分析（单位：%）

主要品种	1982年第一低点			1986年第二低点			本次大宗商品价格运行（截至2016年6月30日）	
	一次反弹	一次回落	二次反弹	一次反弹	一次回落	二次反弹	一次反弹	一次回落
石油	46	-37	24	34	-28	91	53	逐步回升
黄金	78	-13	46	30	0	84	20	逐步回升

续表

主要品种	1982年第一低点			1986年第二低点			本次大宗商品价格运行（截至2016年6月30日）	
	一次反弹	一次回落	二次反弹	一次反弹	一次回落	二次反弹	一次反弹	一次回落
铜	12	0	27	4	-4	131	11	-6.41
铅	6	-5	26	7	-11	85	12	-5.21
铝	4	1	72	9	-8	271	9	逐步回升
糖	20	-15	49	48	-29	58	41	-11.23
平均涨跌幅	28	-12	41	22	-13	120	26	—
平均调整时间（月）	3	3	6	4	3	17	3	

数据来源：Wind资讯，中信建投证券研究发展部。

库存周期：弱需求下的价格修复

从库存周期运行规律来看，2016年全球经济的核心命题是主要经济体将开启第三库存周期，第三库存周期的历史核心规律是价格体系的全面回升，并最终带领经济走向滞胀。目前大宗商品价格第二波已经启动，但比较实体经济运行来看，上半年的价格上涨存在比较明显的需求回暖，下半年大宗商品价格第二波的上涨缺乏基础，投资者普遍认为实体经济需求不足，市场最为关注的房地产开工数据和固定资产投资数据自5月后逐步回落。然而，从经济周期运行的逻辑来看，我们认为，弱需求条件下实体经济仍然存在向上修复的动力机制。下文将以价格上涨为核心，探讨2016年下半年弱需求条件下价格引导生产体系修复的理论机制和条件，并建立后续跟踪实体经济运行的指标体系，对修复机制衰竭的特征和时间做出预判。

转变机理：价格引导生产体系修复

研究本次第三库存周期的运行机制，需要对当前库存周期的性质进行定位比较，我们选取 2005 年和 2012 年的库存周期进行对比分析。从中周期的角度来看，2005 年、2012 年和 2016 年三个可比库存周期均出现在中周期逐步迈过高点区域，投资对经济增长的拉动影响有限。值得注意的是，三次可比库存周期在更高级别的周期位置存在差异。例如，2005 年和 2012 年库存周期均处于房地产周期的上行期和康波繁荣向衰退的过渡阶段，而 2016 年的第三库存周期仅是房地产周期回落趋势中的反弹，全球康波运行也步入衰退转萧条的二次冲击阶段。因此，本次第三库存周期开启过程所面临的需求动力相较于之前更为疲弱。

经济周期的运行规律决定，2016 年开启的第三库存周期是经济运行的内在规律。在当前需求偏弱的情况下，探讨本次第三库存周期的运行机制至关重要。根据周期运行规律，我们提出与市场流行观点不同的转变机制，即价格引导生产修复。从周期框架出发，价格引导生产修复存在两个阶段的逻辑链。

阶段一：价格上涨生产修复，这是周期逻辑链的前半段。在价格快速回升的过程中，企业利润率得以提高，促使企业在利润改善的动力下扩大其生产（见图 42-23）。这种现象本质上是指，尽管第三库存周期需求疲弱，企业可能对需求变化感受不强烈，但对利润变化感受很强烈。这与我们前期强调的需求回落并不一定影响当期的生产体系运行一致，生产体系的运行本质上取决于企业能否盈利，而价格上涨的前半段为企业保持盈利提供了安全垫。价格波动与企业利润息息相关（见图 42-24）。

阶段二：价格上涨反向压制，这是周期逻辑链的后半段。过快上升的价格本身就是一把"双刃剑"。价格在持续修复一段时间后，将逐步向下游传导，带动经济中的价格体系全面回升。但在需求相对疲弱的环境下，下游生产企业将通过自身较强的议价能力对上游企业快速提升的利润率进行反向压制，这种反向压制机制一旦形成，上游企业在需求相对疲弱的条件下将出现利润收缩的情况，叠加前期生产修复所带来的供给，将全面冲击实体经济再度向下运行（见图42-25）。

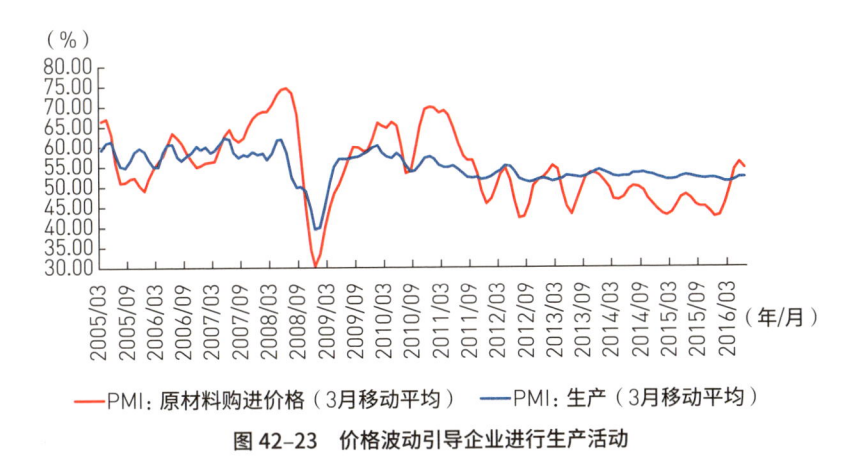

图42-23 价格波动引导企业进行生产活动

数据来源：Wind资讯，中信建投证券研究发展部。

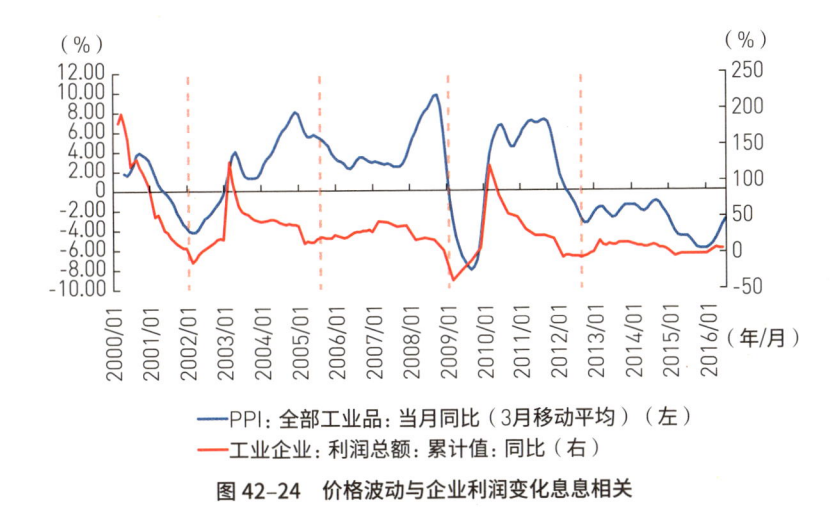

图42-24 价格波动与企业利润变化息息相关

数据来源：Wind资讯，中信建投证券研究发展部。

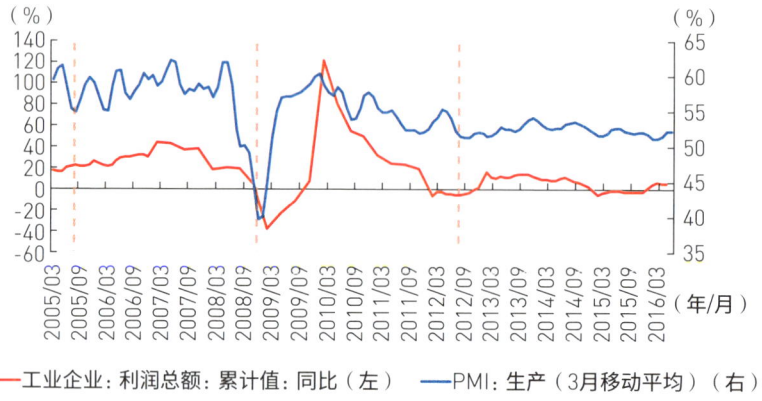

图42-25　企业生产活动修复是利润的领先指标

数据来源：Wind资讯，中信建投证券研究发展部。

周期运行：价格博弈决定经济强弱

价格博弈决定经济强弱

在上面构建的转变机理的基础上，我们选取PMI生产、PMI购进价格、房地产新开工面积、PPI和CPI数据对经济周期的运动进行分析。PMI生产作为生产强弱的替代指标，并使用与之匹配的PMI购进价格进行判断，PMI购进价格是PPI的领先指标（见图42-26）；PPI和CPI数据则反映了实体经济各环节的价格波动情况；在此基础上使用商品房新开工面积作为下游需求的主要代表。

从阶段一的周期逻辑来看，经济周期历史运行表明，在需求疲弱条件下，价格引导生产修复机制确实存在（见图42-27）。从2005年和2012年的可比库存周期来看，在库存周期运行过程中多出现需求回落，但价格体系持续向上过程中将引导生产体系持续修复。自2005年至今的8次统计来看，在需求回落条件下，价格引导生产修复，最短持续3个月，最长持续5个月，平均持续4个月。值得注意的是，从一个完整的周期运行来看，第三库存周期最短向上运行10个月。也就是说，一个上行期存在2~3个价格引导生产同时修复的小循环结构，这与大宗商品价格上涨过程中所表现出的运行节奏类似。

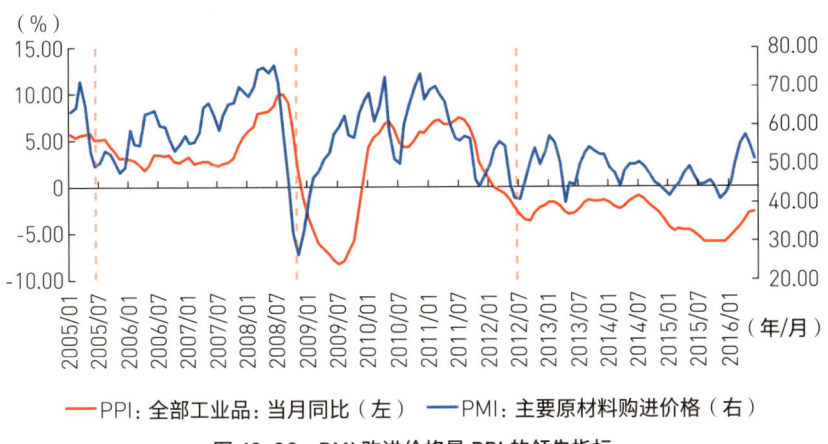

图 42-26　PMI 购进价格是 PPI 的领先指标

数据来源：Wind，中信建投证券研究发展部。

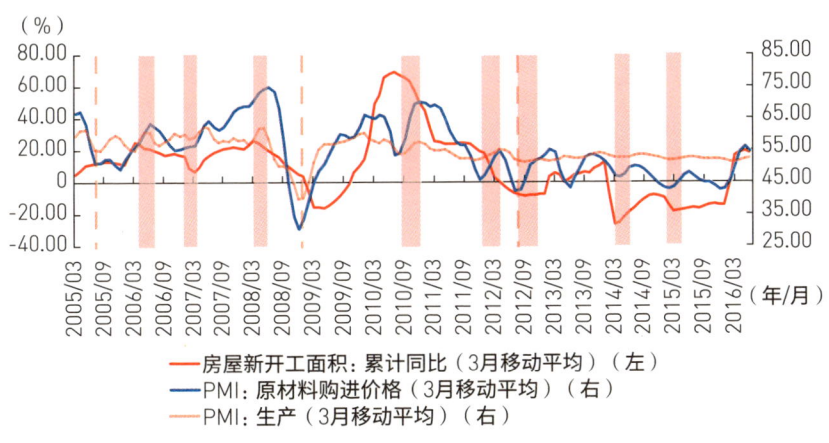

图 42-27　阶段一：下游需求疲软，价格引导生产体系修复

数据来源：Wind 资讯，中信建投证券研究发展部。

从阶段二的周期逻辑来看，我们采用 PPI 和 CPI 体系对其进行研究。从 PPI 体系来看，PPI 可分为 PPI 生产资料和 PPI 生活资料，分别反映产业链不同环节的价格变化情况。以 2005 年和 2012 年的可比库存周期来看，可以发现存在以下几个运行特征。

（1）**价格引导修复**：在 PPI 生产资料回升的过程中，企业对于生产利润的预期逐步修复，低库存状态下企业重新复产，并在弱需求的带动下产生利润改善；在库存周期运行过程中，第一库存周期价格修复对利润引导最明显，第二和第三库存周期次之。这是因为 PPI 严重超跌之后，对利润的影响最明显，中周期末期企业面临持续亏损，利润对价格的变化极其敏感，企业自身追逐利润的诉求最大化（见图 42-28）。

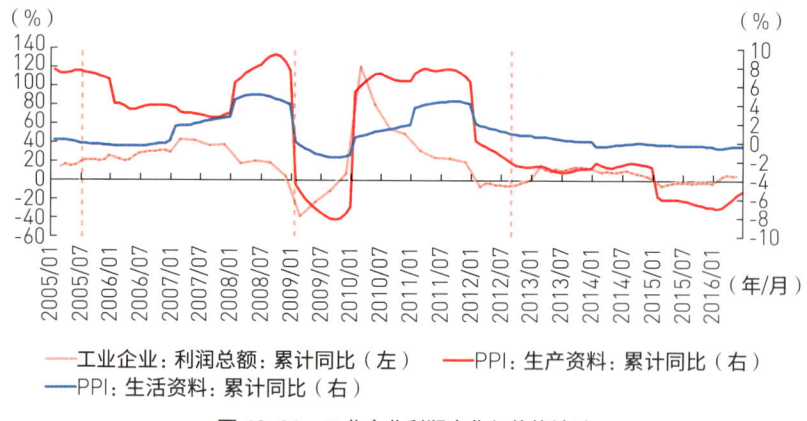

图 42-28 工业企业利润变化与价格波动

数据来源：Wind 资讯，中信建投证券研究发展部。

（2）**价格向后传导**：PPI 生产资料价格上涨到一定程度后，将逐步向下游 PPI 生活资料传导，这是由实体经济产业链价格运动规律决定的，在下游景气度偏低的情况下，出现下游挤压上游利润的"价格博弈"状态。自此，上述两点属于价格引导生产修复的阶段一。

（3）**博弈机制启动**：下游企业对终端需求的感知更为敏感，在企业感知需求不振的过程中，上游成本逐步开始传导，通过溢价能力促使上游压缩利润空间，出现 PPI 生活资料价格上升幅度超过 PPI 生产资料的情况，即"价格博弈指数"明显回升；上游企业预期利润率将发生变化，并出现生产动力强弱的反复；一个库存周期将开启 2~3 次价格博弈机制。

（4）**博弈机制破灭**：一个库存周期将开启 2~3 次价格博弈机制，每一次价格博弈机制的开启，企业的生产和销售将出现反复，但上游企业缺乏对需求的准确感知，使得其在这一过程中库存中枢水平不断抬升；在需求疲软的条件下，前期生产积累的产品将转化为库存，库存的持续堆积将在某个时点出现供过于求的局面，价格体系面临最终的瓦解。值得注意的是，上述特征也出现在 CPI 和 PPI 的价格体系中，再次证明了存在价格博弈机制，即弱需求下价格引导生产复苏的阶段二。

自此，我们从周期运行的视角验证了弱需求条件下经济仍然存在价格引导生产体系修复的可能性。复苏的路径遵循：价格—利润—生产。具体可分为两个阶段：阶段一，价格上涨生产修复；阶段二，价格上涨反向压制（见图 42-29、图 42-30）；并且存在四个明显特征：价格引导修复—价格向后传导—博弈机制启动—博弈机制破灭。价格引导生产修复同步回升平均持续 4 个月，而第三库存周期上行期至少持续 10 个月，也就是说，上行期运行过程中至少包括 2~3 个价格引导生产的小循环结构。这与大宗商品价格上涨过程中所表现出来的运行节奏类似。

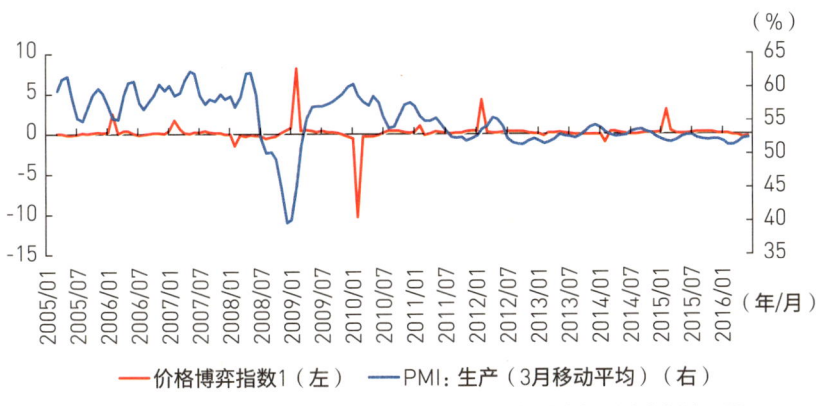

图 42-29　阶段二：价格上涨反向压制生产，价格博弈机制决定经济强弱

数据来源：Wind 资讯，中信建投证券研究发展部。

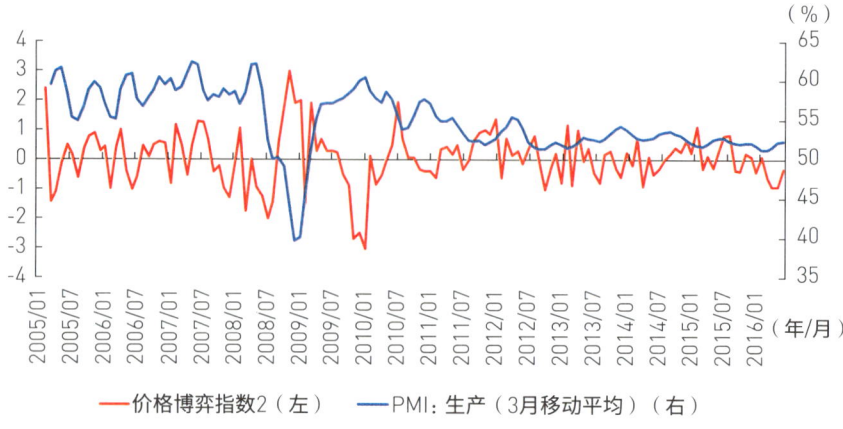

图42-30　阶段二：PPI和CPI价格体系也存在价格上涨反向压制生产

数据来源：Wind资讯，中信建投证券研究发展部。

价格引导利润修复与展望

前面系统验证了价格引导生产修复的两阶段逻辑，按照上述逻辑继续推导，我们会发现价格引导利润必将结束。但何时结束，以什么条件结束，却是需要进一步探讨的问题。

以周期运行的规律来看，利润变化本质上仍由价格决定，而实体经济的运动过程遵循：价格—生产—利润。回顾2000年至今的库存周期，价格引导利润波动，在库存周期触底回升的过程中，价格带领利润持续回升；在库存周期运行接近高点的过程中，价格上升本身对实体经济造成冲击，利润逐步回落，出现了价格引导经济修复的阶段二特征。

从价格与利润的历史运行规律来看，每次库存周期触底回升的上行期，价格与利润同涨最长持续12个月，最短持续7个月，平均持续9个月（见图42-31）。本次第三库存周期的价格与利润同涨点出现在2016年2月，以历史经验推算，利润仍有望震荡爬升，最少将持续7个月，到2016年9月，而平均将持续9个月，预计高点大概率出现在2016年第四季度。届时或出现价格博弈机制阶段二的特征，如果需求确认失败，经济周期将面临回落。

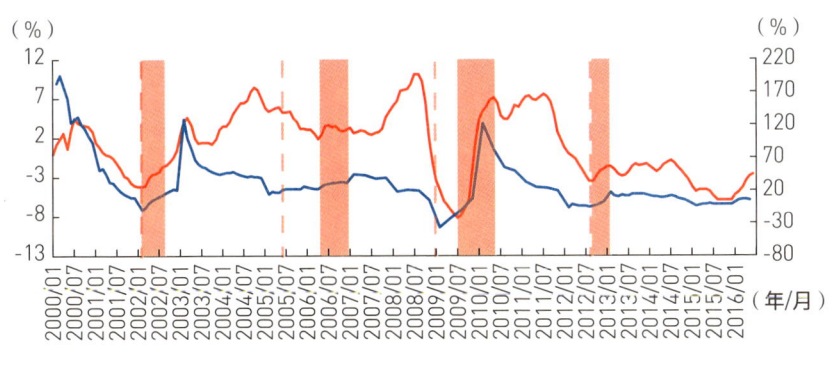

图 42-31　库存周期触底后价格将引导利润向上修复

数据来源：中信建投证券研究发展部。

综上所述，从本次第三库存周期运行来看，2016 年第一季度经济触底，在价格快速上升的引导下，上半年出现了明显的经济修复。但自 2016 年 5 月开始，房地产新开工面积和投资均出现明显回落，市场出现"实体经济需求不足"的一致性流行观点。我们认为，弱需求条件存在价格引导经济修复的可能性。研究表明，PMI 生产为标准的低点出现在 2016 年 2 月，价格引导生产修复平均持续 4 个月，预计 7~8 月将出现小幅回落。但从价格与利润的运行关系来看，库存周期触底后平均修复 9 个月，大概率将持续到 2016 年第四季度，这个过程存在 1~2 个价格引导生产修复的小结构。在价格引领的经济修复逻辑下，实体经济仍有回升的动力，真正考验实体经济的时刻将出现在第四季度，这与大宗商品价格第二波主升浪至少持续 6 个月相一致。届时价格博弈机制启动，实体经济面临需求的再确认（见图 42-32）。如果确认失败，博弈机制将面临破灭，或将出现第三库存周期标志性的滞胀特征。

图 42-32 价格博弈指数仍是观测工业企业利润变化的重要指标

数据来源：中信建投证券研究发展部。

助力条件：低库存打开价格上涨空间

前面完成了对弱需求下价格引导生产修复的两阶段的探讨。研究发现，价格引导修复机制的开启多出现在中周期中后段，理论上，中周期运行中后段存在如下特征：（1）处于去产能的中后期，投资动力衰减，企业面临产能收缩的情况；（2）在经济回落的过程中，利润逐步下降，甚至亏损；（3）库存水平理应被压得很低，价格引导下企业容易出现复产。从逻辑上看，中周期中后段实体经济库存偏低，而低库存有望助力价格上涨和生产修复。下面将着重探讨库存、价格和生产之间的联动机制，研究历史运行过程中低库存条件能否助力价格和生产回升。

就库存周期的表现形式看，库存周期是一种量价变化的过程。理论上，价为量先，库存周期也可以根据量价关系分为四个阶段：被动去库存（价格先于库存下跌）→主动去库存（量价齐跌）→被动补库存（价格先于库存上升）→主动补库存（量价齐升）。从 PMI 购进价格与工业企业产成品库存运行来看，价格领先成品库存波动，但在产成品库存大幅回升的过程中，供需格局的改变将对价格形成反制（见图 42-33）。反之，当库存水平偏低但需求改善或利润改善时，企业加大生产，将助力价格持续上涨。

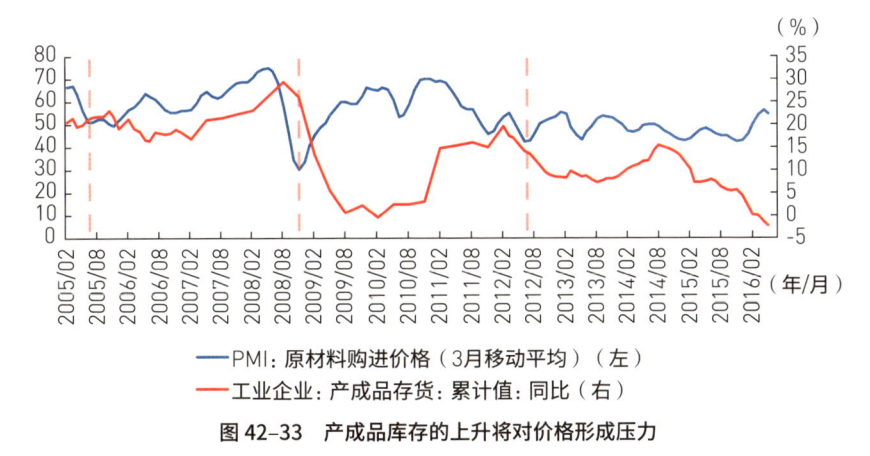

图42-33 产成品库存的上升将对价格形成压力

数据来源：Wind 资讯，中信建投证券研究发展部。

　　在需求持续回落的过程中，价格的上涨引导生产逐步修复。此时实体经济多处于库存回落或震荡走平阶段，即弱需求下低库存是助力企业追逐利润率、投入生产的必要条件之一。而在价格引导下，库存逐步从低位回补，PMI价格平均领先产成品库存2~3个季度。过高的库存水平将改变实体经济的供需格局，并带动价格再次回落。在一个库存周期中，这种模式至少出现2次。而每一次循环完成后，实体经济的库存中枢都将逐步得到抬升，并最终对价格和生产体系形成冲击，导致库存周期完结。目前，以我们测算的相对库存来看，2016年初至今，实体经济库存维持低位震荡，并处于本次中周期下降趋势最底部，低库存不仅为价格上涨赢得空间，还将延长生产体系修复的时间。

　　综上所述，中周期中后段实体经济多出现经营亏损、库存低位等现象，当价格维持高位并存在弱需求复苏的预期时，企业将出现利润率改善预期，重新投入生产运营带动经济逐步修复，而低库存是探讨这一结论的重要前提。目前，以我们测算的相对库存来看，2016年初至今，实体经济库存维持低位震荡（见图42-34），并处于本次中周期下降趋势最底部。从PMI价格平均领先产成品库存2~3个季度来看，本次价格上涨的低点出现在2015年12月，按照库存周期的运行规律，产成品库存低点应该出现在7月至8

月，8月后有望迎来一波库存回补。伴随着中国下半年旺季到来和美国第三库存周期的修复，实体经济有望在价格的带领下逐步得到修复。然而，弱需求下库存回升本身对价格就是一种制约，而这种制约结合前面提及的价格博弈机制将是下半年观测实体经济的最佳组合。当下游价格回升速度超越上游时，上游生产加速后带来库存攀升，企业利润面临再平衡，将引导价格体系逐步调整，这种情况预计出现在2016年第四季度。

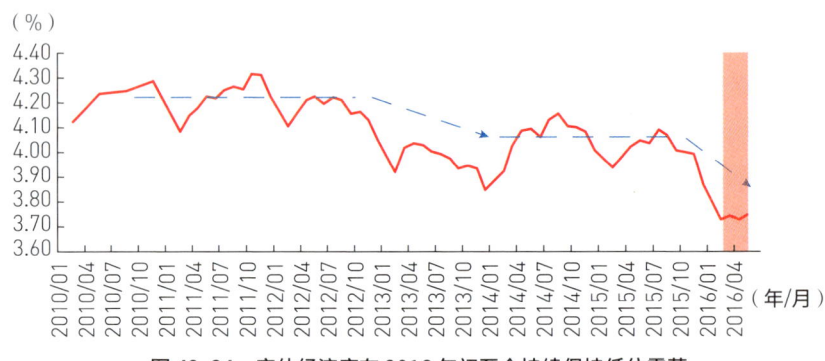

图42-34　实体经济库存2016年初至今持续保持低位震荡

数据来源：Wind资讯，中信建投证券研究发展部。

周期展望：弱需求下的价格修复

前面以价格上涨为核心，系统探讨2016年下半年弱需求条件下价格引导生产体系修复的理论机制和条件，并建立后续跟踪实体经济运行的指标体系，对修复机制衰竭的特征和时间做出预判。我们得出如下核心结论。

（1）价格引导生产体系修复。中周期逐步迈过高点区域，投资对经济增长的拉动有限，而更高级别的周期约束使得本次第三库存周期所面临的需求动力较之前更为疲弱。经济周期的运行规律决定，2016年开启第三库存周期是经济运行的内在规律。在当前需求偏弱的情况下，探讨本次第三库存周期的运行机制至关重要。根据周期运行规律，我们提出与市场流行观点不同的转变机制，即价格引导生产修复。从周期框架出发，价格引导生产修复存在两阶段的逻辑链：阶段一，价格上涨生产修复；阶段二，价格上涨反向压制（价格博弈机制）。

（2）**价格博弈决定经济强弱**。经济周期历史数据证实，实体经济确实存在价格引导生产修复的情况。自2005年至今的8次统计来看，在需求回落条件下，价格引导生产修复（两者同时回升），最短持续3个月，最长持续5个月，平均持续4个月。一个完整的弱需求修复机制存在四个明显特征：价格引导修复—价格向后传导—博弈机制启动—博弈机制破灭。从本次第三库存周期运行来看，价格的持续上涨将带来实体经济生产的修复，在弱需求条件下经济或将维持稳定。我们构建的价格博弈指数当前处于低位，表明当前正处于价格引导生产修复的阶段一。

（3）**价格引导利润修复及展望**。从周期运行的规律来看，利润变化本质上仍由价格决定。利润是我们观测下半年经济运行机制破灭的主要变量。从历史规律来看，在每次库存周期触底回升的第一波过程中，价格与利润同涨最长持续12个月，最短持续7个月，平均持续9个月。本次第三库存周期的价格与利润同涨点出现在2016年2月，按照历史平均规律推算，利润仍有望震荡爬升，平均将持续9个月，预计高点出现在2016年第四季度末，届时将出现库存周期需求再确认的调整。这一时点与大宗商品价格的第二波回升相吻合。

（4）**低库存打开价格上涨空间**。中周期中后段实体经济多出现经营亏损、库存低位等现象。当价格维持高位并存在弱需求复苏的预期时，企业将出现利润率改善预期，重新投入生产运营带动经济逐步修复，而低库存是探讨这一结论的重要前提。目前，从我们测算的相对库存来看，2016年初至今，实体经济库存维持低位震荡，并处于本次中周期下降趋势最底部。从PMI价格平均领先产成品库存2~3个季度来看，本次价格上涨的低点出现在2015年12月，按照库存周期的运行规律，产成品库存低点应该出现在7月至8月，8月后有望迎来一波库存回补。伴随着中国下半年旺季的到来和美国第三库存周期的修复，实体经济有望在价格的引导下逐步得到修复。

综上所述，从本次第三库存周期运行来看，4月前应该是一个库存周期从价升量跌向量价齐升的过程；4月后的看点在于，在弱需求条件下，价格如何引导经济持续修复。我们认为,大宗商品价格的第二波主升浪已逐步展开。以历史经验看,第二波最短将持续 6 个月,或将持续到 2016 年第四季度。第二波主升浪存在两个明显的小波,第二小波运行幅度远超第一小波。从价格与利润的运行规律来看,每次库存周期触底回升的上行期,价格与利润同涨最长持续 12 个月,最短持续 7 个月,平均持续 9 个月。本次第三库存周期的价格与利润同涨点出现在 2016 年 2 月,按照规律推算,高点预计出现在 2016 年第四季度末,这一时点与大宗商品价格的第二波回升相吻合,这一过程或出现 1~2 个价格引导生产修复的小循环结构。如果需求确认失败,或将出现第三库存周期标志性的滞胀特征。

后记
人生是一场康波

在这本书即将结束之际,我受邀为本书撰写一篇后记,当作儿子对父亲的纪念。

首先,请允许我向每一位选择这本书的读者朋友表示最诚挚的感激之情。感谢你们在我父亲去世近十个春秋之际,仍愿意关注康波周期理论和他的宏观研究成果,这表明他的研究思想在十年后仍然煜煜生辉。

这是我第一次参与一本书的出版工作,在亲身投入其中后,我才深刻体会到,这本书的再版绝非易事。一路走来,我们经历了无数次修改、完善和挑战。但是,一想到这本书的出版能够让更多投资者和广大读者了解父亲的思想,并在未来的投资或人生决策中取得更大收益,所有的辛苦都随之消散,化作心中的欣慰与满足。

这本书紧紧围绕"人生财富靠康波"的主题,向读者朋友介绍了我的父亲在从事宏观策略研究近二十年的研究生涯中的研究分析框架和研究案例。康波本身是一个社会演化的过程,包括技术创新、社会结构、经济发展、制度框架和社会文化等多个方面,因此,"人生是一场康波"的背后,其实凝结着他对康德拉季耶夫周期本身及其背后的经济学原理鞭辟入里的理解与思考。

在他的职业生涯中,他对经济周期拐点的判断多次得到较为准确的验证,比如2008年全球经济步入衰退及2009年中国经济的迅速复苏等。这些"开天眼"般的预测,让他在投资者乃至更广大的群体中名声大噪,并被一些业内人士称为"周期天王""尼古拉斯·金涛"。在我看来,这些结论已经足够吸引人们对他的研究产生兴趣,但我也希望读者朋友能够更进一步,关注他的研究框架与研究思想,因为这才是他研究成果中最耀眼的部分,也是他的理论对未来经济周期现象和人生财富积累体现出真正解释力的地方。

自我记事起,父亲工作就十分勤奋。或许正是印证了他"周期研究需倾尽一生"的那句话,他几乎每日都工作到深夜,阅读大量的学术专著、文献,这一方面为他的研究打下了极为坚实的理论基础,又为他的身体问题埋下了隐患。2016年,即使是在缠绵病榻之际,他也不倦地工作,整理自己的学术思想和理论框架。他的英年早逝不仅对我们的家庭是一个沉重的打击,对于策略研究领域而言,他尚未完善的周期研究理论框架也因此留下了莫大的遗憾。

在工作领域之外,他在生活中是一个严格但又慈爱的父亲,是一位中国传统艺术及工艺品爱好者,是一个极为有趣的人。我很感激他为我留下了无尽的精神财富,让我能够在求学路上不断鞭策自己,以他为典范。而他对我的教育,帮助我构建了坚实的精神体系,使我在面对他的离世时,不至于沉溺于悲伤和思念之中。

一路走来,首先要感谢我的母亲,感谢她在我成长过程中无尽的关爱和付出,也要感谢她在这本书出版过程中的付出。

感谢父亲的同事和好友,以及无数仁人志士。这本书的出版离不开他们的推进和支持。

感谢这本书的编辑和中信出版集团团队为该书出版工作所做的卓越贡献。

感谢中信建投证券和长江证券对这本书的版权授权的大力支持。

感谢所有投资者和广大读者朋友对这本书和周金涛的周期策略理论的支持。

展望未来，全球经济格局正处于深刻的变化期，技术创新加速演化，社会正在不断变革。在父亲的影响下，我成为一名经济学专业的学生，并孜孜不倦地筑牢自己的经济学理论基础。我有责任和义务继续完善父亲提出的周期策略理论思想，为中国的经济学理论研究做出自己的独特贡献。

希望广大投资者在阅读这本书之后，能够加深对经济周期的理解，顺势而为，在康波周期的正确时点，完成自己的人生财富积累。

在这本书的最后，愿伟大祖国繁荣富强，愿每一位读者在人生康波中踏浪前行，幸福美满！

周允元